Mein beinahe vollkommen glückliches Leben

Gesellschaft für Westfälische Wirtschaftsgeschichte e.V.

Kleine Schriften Heft 36

Inhaltsverzeichnis

Zum Geleit

Die Gesellschaft für Westfälische Wirtschaftsgeschichte hat schon einmal ein Selbstzeugnis eines westfälischen Unternehmers veröffentlicht: die Erinnerungen Johann Heinrich Basses zu seinen Geschäften in Amerika im ausgehenden 18. Jahrhundert. Der Unternehmer Bernd Windhoff beschreibt in der vorliegenden, von Burkhard Spinnen zu einem literarischen Text verdichteten Autobiographie ebenfalls ein ereignisreiches Leben.

Die Publikation gibt dem interessierten Leser Einblick in das Denken und Handeln eines westfälischen Unternehmers der Nachkriegszeit. Sie bietet der Wissenschaft damit eine besondere Quelle, denn Selbstzeugnisse dieser Art gibt es nur von wenigen mittelständischen Unternehmern. Die Autobiographie zeichnet die Entwicklung der unterschiedlichen Unternehmen der Familie Windhoff in Berlin und Westfalen nach, insbesondere der Windhoff AG in Rheine. Damit rückt ein Wirtschaftsraum in den Mittelpunkt, der bisher nur wenig erforscht ist. Die Region war monostrukturiert, die Textilindustrie stellte über 90 % der industriellen Arbeitsplätze. Ihr Niedergang traf Rheine und Umgebung schwer. Die Windhoff AG ist ein gutes Beispiel für die erfolgreiche Bewältigung des Strukturwandels – heute ist die gewerbliche Produktion im Westmünsterland zu alter Stärke zurückgekehrt.

Bernd Windhoff weist keine typische Unternehmerkarriere auf. Seine Vorgänger waren typische Ingenieurunternehmer. Windhoff hätte dagegen auch professioneller Tennisspieler werden oder eine wissenschaftliche Karriere einschlagen können. Als sein Vater ihm den Einstieg ins Familienunternehmen antrug, nahm Bernd Windhoff gern an.

Die Windhoff AG ist ein gutes Beispiel für den außergewöhnlichen Erfolg von Familienunternehmen. Wenn ein Familienunternehmen seine Eigenständigkeit verliert, in ein größeres Konzerngebilde eingegliedert und der Eigentümerunternehmer als Treiber fehlt, wirkt sich dies oft negativ auf die Entwicklung des Unternehmens aus.

Dortmund, im November 2019
Dr. Ansgar Fendel, Vorsitzender der Gesellschaft für Westfälische Wirtschaftsgeschichte

Zu diesem Buch

Durch das 2003 erschienene Buch „Der schwarze Grat. Die Geschichte des Unternehmers Walter Lindenmaier aus Laupheim" war Bernd Windhoff auf Burkhard Spinnen aufmerksam geworden. Der in Münster lebende Schriftsteller hat dann zwischen 2016 und 2018 die Lebenserinnerungen des Unternehmers verfasst. Bernd Windhoff, geboren im Dezember 1939, war Anfang der 1970er-Jahre in das elterliche Unternehmen eingetreten, das auf die 1889 gegründete Rheiner Maschinenfabrik und die Motoren-, Fahrzeug- und Maschinenfabrik Gebrüder Windhoff GmbH von 1902 zurückgeht. Er war bis 1997 Vorsitzender der Windhoff AG und schied dann auf Druck eines Großaktionärs, der seit dem Börsengang von 1993 mittlerweile über mehr als 40 % des Aktienkapitals verfügte, aus dem Unternehmen aus.

Das nun vorliegende sehr private und nicht nur auf das Unternehmen beschränkte Selbstzeugnis eines Unternehmers in literarisch ästhetischer Prägung eröffnet jenseits der klassischen Unternehmensgeschichte und der historischen Methode der „oral history" neue, erfrischende Blicke auf die Unternehmensgeschichte. Es ist ein Ausdruck großen Vertrauens, der Gesellschaft für Westfälische Wirtschaftsgeschichte dieses Manuskript zur Veröffentlichung zur Verfügung zu stellen. Der Text, ergänzt um ein Essay von Burkhard Spinnen zum zeitgenössischen Unternehmerbild, entstand frei von den komplexen theoretisch-methodischen Modellen der Wirtschaftsgeschichte, der Autobiographieforschung und der „Oral history". Letzere Methode wurde in Deutschland maßgeblich auf Initiative von Lutz Niethammer und Alexander von Plato zu einer wissenschaftlichen Disziplin entwickelt. Mit der 1988 begründeten Zeitschrift „Bios. Zeitschrift für Biographieforschung, Oral History und Lebensverlaufsanalysen" verfügt die „Oral-History-Forschung" über ein wirkungsmächtiges wissenschaftliches Diskussionsforum.

Die Idee zu einer Veröffentlichung in den „Kleinen Schriften" der Gesellschaft für Westfälische Wirtschaftsgeschichte entstand in einem Gespräch mit Dr. Burkhard Spinnen, mit dem mich gemeinsame Studienjahre im Fach Germanistik in Münster verbinden, am Rande einer Kuratoriumssitzung des Westfälischen Heimatbundes. Schnell war klar, dass die autobiographische Erzählung einer historisch kritischen Einbettung bedurfte. Ich danke Frau Dr. Sabine Kittel und Herrn Dr. Harald Wixforth für die so fachkundige Einordnung der Lebenserinnerungen von Bernd Windhoff in die moderne Autobiografieforschung und die Wirtschaftsgeschichte der Bundesrepublik.

Ich wünsche den Leserinnen und Lesern eine anregende Lektüre und viele neue Einsichten „anderer Art" in das westfälische Wirtschaftsleben.

Dortmund, im November 2019

Dr. Karl-Peter Ellerbrock, Geschäftsführer der Gesellschaft für Westfälische Wirtschaftsgeschichte

Sabine Kittel

Über biografisches Erinnern. Überlegungen aus der Autobiografieforschung

Vergangenheit an sich existiert nicht, fasste einst Maurice Halbwachs seine Untersuchungen zum „kollektiven Gedächtnis“ zusammen.[1] Sie wird erst durch unsere Erinnerungen an ein bestimmtes Ereignis beziehungsweise an die Zeitläufe geformt, wird den Vorstellungen der Menschen angepasst. Erinnerungen an die Vergangenheit wiederum, so der französische Soziologe vor fast einhundert Jahren, entstehen erst durch Gespräche mit anderen Menschen und festigen sich durch die gemeinsame Reflexion über Ereignisse. Ob freiwillig oder unfreiwillig, der Einzelne ist Halbwachs zufolge zwangsläufig Teil einer Gruppe, an deren kollektivem Gedächtnis er partizipiert und das er auch mitgestaltet. Er könne sich dem nicht entziehen, streng genommen gäbe es gar kein individuelles Gedächtnis, da dieses stets von den sozialen Bedingungen geprägt ist. Das Gedächtnis ist demzufolge weniger Ergebnis persönlicher Erinnerungs- und Vergessensleistungen, als vielmehr eine soziale Konstruktion – ein soziales Produkt, das durch den Austausch mit anderen und dem (meist unbewussten) Abgleichen und Anpassen der verschiedenen Erinnerungsvarianten zu einem kollektiven Gedächtnis wird.[2]

Das Theorieangebot des Soziologen Halbwachs ist in den letzten Jahrzehnten in den Geschichtswissenschaften stark rezipiert worden – auch und gerade mit Blick auf autobiografische Praktiken wie Zeitzeugeninterviews, das Verfassen von Briefen, Tagebüchern oder Autobiografien. So haben sich Wissenschaftlerinnen und Wissenschaftler seither mit verschiedenen Gedächtnisformen und -ausprägungen befasst und Halbwachs’ Theorien weiterentwickelt. Der Sozialpsychologe Harald Welzer etwa untersuchte mit einer Forschungsgruppe, wie sich Erinnerungen an die NS-Vergangenheit im Laufe der Jahre innerhalb der Familien wandelten.[3] Das „soziale Gedächtnis“, so Welzer, verschleierte innerhalb der Generationen manche Erinnerungen, veränderte diese oder ließ teilweise auch ganz neue entstehen.[4] Gerade im familiären Umfeld sind also, den Ergebnissen der Untersuchung folgend, Erinnerungen an die Vergangenheit vom Wunsch nach Tradierung familiärer Werte und Wertvorstellungen geleitet, die an die Weitergabe von Familienerfahrung und damit familiärer Kontinuität geknüpft sind. Neben der grundlegenden Gefahr der Unzuverlässigkeit menschlicher Erinnerung steht somit der Verdacht im Raum, das damalige Handeln und Denken könnte zum Zwecke einer übergeordneten Idee neu bewertet und die Lebenserzählungen – als soziales Gedächtnis – nachträglich geglättet werden. Die Literaturwissenschaftlerin Aleida Assmann verwies in ihren Forschungen daher besonders darauf, dass sich in Erinnerungen weniger die Vergangenheit an sich, als vielmehr das Verhältnis zu dieser widerspiegele.[5]

Auch eine Autobiografie muss sich den Fragen von Erinnern und Vergessen als aktivem Akt der Vergangenheitsvergegenwärtigung stellen. Die Autobiografie wird zwar gemeinhin vor allem als ein literarisches Genre – folglich als eine Textgattung – charakterisiert, bei dem die Darstellung des eigenen Lebens oder eines Lebensabschnitts auf literarische Weise erfolgt. Damit werden gewissermaßen auch Erwartungen der Leser und Leserinnen eines autobiografischen Werkes bedient, die in diesen die authentische Lebensgeschichte eines Menschen sowie Wahrhaftigkeit und Ehrlichkeit des Schreibenden erwarten. Doch welche besondere Bedeutung Gedächtnis und Erinnerung für eine Autobiografie und für ihre Autoren und Autorinnen haben, zeigt sich bei der genaueren Inspizierung des Begriffs.

Georg Misch, Philosoph und Historiker, skizzierte die Autobiografie ganz einfach als eine „Beschreibung (graphia) des Lebens (bios) eines Einzelnen durch diesen selbst (auto)“.[6] Schien Misch die „Beschreibung“ wie auch den „Autor“ als zentrale Bestandteile seiner Begriffsdefinition als selbsterklärend zu begreifen, so versuchte er den Begriff des „Lebens“ dann doch genauer zu erfassen. Er knüpfte an dieses die Frage nach der Identität, die sich der Autobiograf mit seiner Lebenserzählung zuschreibe: „Er selbst weiß um diese Bedeutung seiner Erlebnisse, gleichviel, ob er es hervorhebt oder nicht. Er versteht sein Leben allein durch die Bedeutung, die er ihnen beimisst. Dieses Wissen, das ihn instand setzt, sein Leben als ein einheitliches Ganzes zu verstehen, hat sich in ihm im Laufe des Lebens aus den Erlebnissen herausgebildet […].“[7] Mischs Überlegung, dass Autobiografen mit ihrer Niederschrift den „Lauf des Lebens“ erst selbst erschreiben und dabei zum Zwecke der Einheitlichkeit und Geschlossenheit gewichten, erinnert an Aleida Assmanns Ausführungen über die Bedeutung der Gegenwart für die Rückerinnerung. Der Zusammenhang des Lebens, so lässt sich resümieren, entsteht in der Autobiografie durch das Aneinanderfügen von Ereignissen, die – und das ist entscheidend – aus der retrospektiven Betrachtung heraus ausgewählt wurden.

Bereits der Philosoph Wilhelm Dilthey, ein Lehrer Georg Mischs, hatte den „Zusammenhang des Lebens“ in der autobiografischen Literatur erörtert und auf die persönliche Auslegung von Erlebnissen hingewiesen: „Eine Deutung des Lebens in seiner geheimnisvollen Verbindung von Zufall, Schicksal und Charakter. Wohin wir blicken, arbeitet unser Bewusstsein, mit dem Leben fertig zu werden.“[8] Diltheys Gedanken folgend vollzieht sich in der Autobiografie, die auch als Zusammenfassung des erlebten Lebens verstanden werden kann, zugleich eine Sinnstiftung und ein Identifikationsangebot. Beides entsteht im Zuge der Festlegung, Darstellung, Interpretation und Neuinterpretation vergangener Ereignisse und der zunehmend größeren Bedeutung, die manche Geschichten für die persönliche Lebensgeschichte erhalten. Je mehr einzelne Erlebnisse für eine schlüssige Beschreibung des Lebenswegs stehen können, desto mehr verlieren Fragen nach der Plausibilität oder Realität mancher Schilderungen an Bedeutung, doch umso wichtiger wird zugleich die literarische Form, für die die Grenzen zwischen Dichtung und Wahrheit fließend sind.

Der französische Autobiografieforscher Philippe Lejeune wiederum schuf aus literaturwissenschaftlicher Perspektive heraus eine interessante und neue Grundlage zur theoretischen Einordnung der Autobiografie. Er setzte die Einheit von „Autor, Erzähler und Figur“, mit der sich Autobiograf wie Autobiografin an eine fiktive Leserschaft richte, in den Fokus seiner Auseinandersetzung: „Erzähler und Figur sind die Gestalten, auf die sich, im Inneren des Textes, das Subjekt der Aussage und das Subjekt des Ausgesagten beziehen; der Autor, am Rande des Textes durch seinen Namen vertreten, ist also der Bezugsträger, auf den durch den autobiografischen Pakt das Subjekt der Aussage verweist.“[9] Ausgehend von einem Modell, das die Adressaten der Autobiografien ebenfalls in den Blick nahm, entwarf Lejeune das Konzept des autobiografischen Pakts: „Damit es überhaupt eine Autobiografie geben kann, muss der Autor mit seinen Lesern einen Pakt, einen Vertrag eingehen, in dem er verspricht, sein Leben, und nichts als sein Leben, in allen Einzelheiten zu erzählen.“ Sobald die Leserinnen und Leser das Angebot annehmen und „Autor, Erzähler und Figur“ als eines anerkennen, kommt Lejeune zufolge der Pakt zustande und das Werk kann als autobiografischer Text, als autobiografischer Roman und nicht als Fiktion gelesen werden.

Vor dem Hintergrund dieser in aller Kürze dargestellten Überlegungen zu Gedächtnis, Erinnerung und Autobiografie bleibt es nun den Leserinnen und Lesern dieses Buches überlassen, die Lebenserinnerungen von Bernd Windhoff und die hier beschriebene Wirklichkeit des Ich-Erzählers einzuordnen. Sie sind eingeladen, über die Geschichten und bunten Beschreibungen nachzudenken, allzu Schlüssiges zu hinterfragen und auch biografische Lücken zu bedenken. Dass dieses Werk mit Unterstützung des Schriftstellers Burkhard Spinnen entstanden ist, ein zusätzlicher Autor somit den „autobiografischen Pakt“ irritieren könnte, ist in diesem Kontext wahrscheinlich kaum von Bedeutung. Denn die Geschichten des Lebenszusammenhangs erzählt und strukturiert Bernd Windhoff selbst, auch wenn sich so manche kritische oder neugierige Nachfrage des Schriftstellers erahnen und damit eine geringe Einflussnahme vermuten lässt. Doch geht es insgesamt um nicht weniger als „das eine Leben“, das jeder Mensch hat und dessen Verlauf er selbst in der Hand hält, wie Bernd Windhoff in den einleitenden Zeilen seiner Darstellung erläutert. Und während er im Titel des Buches noch die Geschichte eines „beinah vollkommen glücklichen Leben“ ankündigt, resümiert er schon wenig später, dass daraus doch ein „vollkommen glücklich[es]“ Leben geworden sei. Es liegt also an Ihnen, wie Sie den angebotenen Pakt mit Bernd Windhoff schließen.

Anmerkungen

1 Vgl. Maurice Halbwachs, Das kollektive Gedächtnis, Frankfurt a. M. 1991.
2 Lutz Niethammer, Kollektive Identität. Heimliche Quellen einer unheimlichen Konjunktur, Reinbek 2000, S. 360.
3 Vgl. Harald Welzer, Sabine Moller, Caroline Tschuggnall, Opa war kein Nazi! Nationalsozialismus und Holocaust im deutschen Familiengedächtnis, Frankfurt a. M. 2002.
4 Vgl. Harald Welzer. Das soziale Gedächtnis. Geschichte, Erinnerung, Tradierung, Hamburg 2001.
5 Vgl. Aleida Assmann, Der lange Schatten der Vergangenheit. Erinnerungskultur und Geschichtspolitik, München 2006.
6 Georg Misch, Begriff und Ursprung der Autobiographie (1907/1949), in: Niggl, Günter (Hg.), Die Autobiographie. Zu Form und Geschichte einer li-

terarischen Gattung, 2., um ein Nachwort zur Neuausgabe und einen bibliographischen Nachtrag ergänzte Auflage, Darmstadt 1998, S. 33–54, hier S. 38.
7 Ebd., S. 41.
8 Dilthey, Wilhelm, Das Erleben und die Selbstbiographie (1906–1911/1927), in: Niggl, Autobiographie, S. 21–32, hier S. 24.
9 Lejeune, Philippe (1972/1975), in: Niggl, Autobiographie, S. 214–257, hier S. 243 f.

Bernd Windhoff

MEIN BEINAHE VOLLKOMMEN GLÜCKLICHES LEBEN

INHALT

Wie kam es zu diesem Buch?

Vor ein paar Jahren schenkte mir ein guter Bekannter ein Buch mit der Aufforderung, das müsse ich unbedingt lesen, das würde mich sicher sehr interessieren. Nun folge ich gerne guten Ratschlägen, besonders, wenn sie von Menschen kommen, die ich schon lange kenne und denen ich vertraue. Also las ich das Buch. Es heißt „Der schwarze Grat“ und stammt aus dem Jahr 2003. Erzählt wird darin die Lebensgeschichte des Unternehmers Walter Lindenmaier aus Laupheim, einer Kleinstadt in der Nähe von Ulm.

Lebensgeschichte bedeutete hier allerdings vor allem Unternehmensgeschichte. Walter Lindenmaier hatte Anfang der siebziger Jahre das Familienunternehmen, eine Präzisions-Fräserei, von seinem verstorbenen Großvater geerbt. Er selbst war damals kaum dreißig Jahre alt, sein Einstieg in das Unternehmen war ein Sprung ins kalte Wasser, und es blieb auch anschließend ausgesprochen ungemütlich für ihn. Die Firma Lindenmaier stellte vor allem Teile für die Automobilindustrie her, war also ein klassischer Zulieferer, weitgehend abhängig vom Schicksal seiner Auftraggeber und damit von der ökonomischen Weltlage. Politische Unruhen oder Schwierigkeiten an den Finanzmärkten wirkten sich fast unmittelbar auf die Laupheimer Firma aus; dabei war das Unternehmen kaum in der Lage, solche Schwankungen im allgemeinen Wirtschaftsgang aufzufangen, da es wie so viele mittelständische Betriebe nicht über genügend Eigenkapital verfügte.

Bei der Lektüre des „Schwarzen Grats“ erschien mir Walter Lindenmaier wie ein Kapitän, der sein schwaches und anfälliges Schiff praktisch dauernd durch Stürme und hohen Seegang steuern musste. Kein Wunder, dass es nicht ohne schwere Schäden abging. Mehrfach war Lindenmaier kurz davor, das Unternehmen zu verlieren, sei es an Banken, die nicht mehr mitziehen wollten, sei es an windige, wenn nicht kriminelle Akteure, die unter dem Vorwand, helfen zu wollen, bloß versuchten, die Firma in ihre Hand zu bekommen. Einmal drohte sogar ein Betriebsunfall, eine schwere Explosion, die Lindenmaier AG zu vernichten.

Dass nun ihr Besitzer und Geschäftsführer diese Schwierigkeiten lange Zeit meistern konnte, überraschte mich umso mehr, als er im Buch als jemand beschrieben wird, dem das Unternehmertum zwar ins Stammbuch geschrieben war, ihm aber nicht unbedingt im Blut lag. Anfangs prädestinierten ihn seine schulischen Leistungen in den

„wichtigen“ Fächern so gar nicht für die Tätigkeit eines Unternehmers, was gleich zu schweren Zerwürfnissen in der Familie führte. Seine Interessen lagen eher im musischen Bereich; als Junge hätte er sich eine Karriere als Sänger durchaus vorstellen können. Daneben war er ein begeisterter Fußballspieler; später, schon im Beruf, lernte er das Golfspielen und perfektionierte sich darin so weit, dass es womöglich für eine Profilaufbahn gereicht hätte.

Als ich das Buch las, ging mir rasch auf, warum man es mir geschenkt und empfohlen hatte. Die Ähnlichkeiten zwischen Walter Lindenmaier und mir waren ja mit Händen zu greifen: Wir sind ungefähr gleich alt, und uns beiden wurden unsere Ausbildung und unsere berufliche Tätigkeit und damit ein Großteil unseres Lebens durch die Geburt in ein Familienunternehmen vorbestimmt. Dabei hatten wir beide auch Interessen, die in eine ganz andere Richtung gingen. Dennoch sind wir, nicht zuletzt aus der Verpflichtung gegenüber unseren Namen und unseren Familien, den Weg gegangen, der uns vorgezeichnet war. Und schließlich haben wir beide erleben müssen, dass wir unsere Unternehmen trotz aller persönlicher Anstrengung nicht für immer in der Form erhalten konnten, in der wir uns das gewünscht hätten.

Einige Zeit, nachdem ich es zuerst gelesen hatte, las ich das Buch noch einmal. So etwas habe ich in meinem Leben nicht häufig getan, aber in diesem Buch zu lesen war ein bisschen so, als läse ich in meiner eigenen Biografie. In der Zwischenzeit hatte ich mich erkundigt. Autor des Buches war der Schriftsteller Burkhard Spinnen, der vor dem „Schwarzen Grat“ und auch in den Jahren danach im Wesentlichen durch Romane und Erzählungen hervorgetreten war. Er hatte sich aber, offenbar stimuliert durch dieses Buch über einen mittelständischen Unternehmer, immer wieder zu Wirtschaftsthemen geäußert, für einen Schriftsteller ein eher seltener Gegenstand des Interesses.

Burkhard Spinnen lebte offenbar seit seinen Studienzeiten in Münster, also kaum fünfzig Kilometer von Rheine entfernt. Seine Telefonnummer war leicht zu ermitteln. An einem Abend im Januar 2016 rief ich ihn an und trug ihm mein Anliegen vor: Ob er sich vorstellen könne, mir dabei zu assistieren, wenn ich mein eigenes Leben aufzuschreiben versuchte?

Ich hatte mir diesen Anruf und meine Bitte um Mitarbeit gründlich überlegt. In meiner Zeit als Assistent an der Universität, später als Vorstandsvorsitzender der Windhoff AG und in meinen verschiedenen Ehrenämtern hatte ich immer wieder längere Texte geschrieben, zuerst wissenschaftliche Aufsätze, später Beiträge für Magazine. Und natürlich hatte ich zu verschiedenen Anlässen Reden gehalten. Ein Problem war das nie gewesen. Wenn ich wusste, was ich zu sagen hatte, war es mir nie besonders schwer gefallen, es zu formulieren. Aber auch ohne die Lektüre des „Schwarzen Grats“ war mir absolut klar, dass meine Fähigkeiten als Schreiber nicht ausreichten, um meine Autobiografie so zu verfassen, wie ich es mir wünschte. Dazu brauchte ich professionelle Hilfe. Und nicht nur das. Ich brauchte jemanden, der ein Leben wie meines als Spross einer Unternehmerfamilie kennen und verstehen würde.

Also machte ich an diesem Januarabend Herrn Spinnen das Angebot, ihn gewissermaßen als „leitenden Angestellten“ beim Projekt meiner Autobiografie zu engagieren. Ich sagte ihm gleich, dass sich mein Leben bei weitem nicht so abenteuerlich und nervenaufreibend gestaltet habe wie das des Walter Lindenmaier. Aber jeder Mensch lebt *sein* Leben, jeder hat nur das *eine,* man erlebt seine eigenen großen Siege und seine eigenen Niederlagen; und sie machen einen glücklich oder verzweifelt, egal wie groß oder klein sie im Vergleich zu den Siegen und Niederlagen anderer sind. Wenn im DFB-Pokal ein Drittligist einen höherklassigen Verein schlägt, so bedeutet das in der Geschichte dieses Vereins genauso viel wie anderswo eine Meisterschaft. Und ich, damals gerade sechsundsiebzig Jahre alt geworden, wünschte mir nun einmal, *mein* Leben festzuhalten, jedenfalls das Wichtigste darin. Ich habe das Bilanzieren immer geschätzt. Als akademischer Betriebswirtschaftler und später als Leiter eines Unternehmens musste ich möglichst klar benennen können, was geschehen und was der Stand der Dinge war, was gelungen war und was nicht, welche Hoffnungen sich erfüllt hatten und welche man noch hegen durfte. Durch den Alltag kommt man leicht mit ein paar Redensarten, ein paar Anekdoten und Generalisierungen. Aber wenn es um Wichtiges geht, sollte man sich um Vollständigkeit und Genauigkeit bemühen.

Meines Erachtens gilt das auch für den Rückblick auf das eigene Leben. Dabei schließt ein solcher Rückblick notwendig diejenigen ein, die einen geprägt und in bestimmte Bahnen geleitet haben. Besonders gilt das natürlich, wenn man wie ich in ein Familienunternehmen hineingeboren wird. Leider habe ich mich in meinen jüngeren Jahren herzlich wenig um die Geschichte meiner Vorfahren gekümmert. Zwar habe ich jahrelang eng mit meinem Vater zusammengearbeitet, aber unser gemeinsames Thema war stets nur die Gegenwart, insbesondere natürlich die Gegenwart des Unternehmens; über längst Vergangenes sprachen wir so gut wie nie. Zu einer Bilanz meines Lebens sollte es aber gehören, zumindest in groben Zügen die Geschichte meiner Familie zu erzählen.

Doch zunächst noch einmal zurück in den Januar 2016. Herr Spinnen sagte zu, mich zu besuchen, und gleich bei unserem ersten Treffen hatte ich das Gefühl, mein Leben könnte bei ihm in guten Händen sein. Er nahm mein Stellenangebot als „Leitender Angestellter" an, und danach haben wir uns in einem Zeitraum von weit über zwei Jahren mehrere Dutzend Mal getroffen. Meistens saßen wir dabei in meinem privaten Arbeitszimmer in Rheine, das ich seit über vierzig Jahren bewohne und das sich allmählich mit den Dokumenten meines Lebens gefüllt hat: mit dem vielen amtlichen Papierkram, den so ein Leben hervorbringt, aber auch mit Fotos, Urkunden und Pokalen, die meisten natürlich Erinnerungen an meine Zeit als aktiver Tennisspieler. Hier habe ich Herrn Spinnen, beginnend mit meinen Kindheitserinnerungen, erzählt, was ich von meinem Leben weiß und was ich für wichtig halte. Lücken in meiner Familiengeschichte haben wir gemeinsam durch Recherchen gefüllt; und regelmäßig gab mir Herr Spinnen die Aufgabe, ich solle mich, wenn möglich, an bestimmte Phasen oder Ereignisse aus meinem Leben noch etwas ausführlicher erinnern. Dabei lief ein digitales Aufnahmegerät, so klein und unscheinbar, dass ich seine Anwesenheit immer wieder vergaß.

Bei unserer gemeinsamen Arbeit an meiner Autobiografie habe ich erfahren, dass die Erinnerung an das eigene Leben noch einmal ganz anders stimuliert wird, wenn man sie mündlich mitteilt, dazu jemandem, der noch nichts davon weiß, aber nachfragen kann, weil er sich mit dem Leben in einem und für ein Familienunternehmen auskennt. So wurde ich nicht nur bei der Formulierung meiner Erinnerungen unterstützt, sondern auch bei ihrer Einschätzung und Einordnung. Ich habe den Prozess des Zustandekommens meiner Autobiografie als sehr angemessen empfunden, als einen recht gründlichen, wenngleich manchmal auch schmerzlichen Durchgang durch mein eigenes Leben.

Da mein Projekt nun beendet ist, werde ich achtzig Jahre alt sein. Ich habe, wie der Titel meiner Autobiografie sagt, ein *beinahe vollkommen* glückliches Leben gelebt. Und auch der Herbst meines Lebens sieht mich als einen glücklichen Mann. Besonders glücklich macht mich, dass ich noch einmal eine Frau gefunden habe, mit der ich wunderbar harmoniere, und dass ich beobachten darf, wie meine Söhne Peter, Maximilian und John-Bernd zu ihrem Weg ins Leben aufbrechen, so wie ich es vor sechzig Jahren getan habe. Dieses Buch wird mich überdauern und ihnen damit die Gelegenheit geben, Antworten auf Fragen zu bekommen, die sie sich und mir heute noch nicht stellen. Ihnen widme ich dieses Buch, Ihnen und meiner Frau Helena, die wahrscheinlich einmal der Grund dafür sein wird, dass ich mein Leben doch *vollkommen* glücklich nennen werde.

1. Das Erbe
Die Familie Windhoff und meine ersten Jahre in Berlin (1833–1945)

Es ist Herbst 2017, ich stehe in Berlin Dahlem, in der Schorlemerallee. Vor mir eine Gedenktafel, die dort von den Anwohnern aufgestellt worden ist. Sie erinnert an das Architektenteam Luckhardt und Anker, das hier in den zwanziger Jahren eine Reihe von Häusern gebaut hat, die heute als komplettes Ensemble unter Denkmalschutz stehen. Es sind weiße, rechteckige Häuser mit flachen Dächern, gebaut im Stil des Bauhaus und der neuen Sachlichkeit. Zu ihrer Entstehungszeit müssen sie durch ihre klaren und kraftvollen Formen und den Verzicht auf die bis dahin üblichen Ornamente sehr modern, vielleicht sogar verstörend gewirkt haben. Anfang der dreißiger Jahre haben hier im Haus Nummer 7a der Regisseur Fritz Lang und seine Frau Thea von Harbou gewohnt; womöglich sind die Drehbücher zu einigen ihrer berühmten Filme wie „M – eine Stadt jagt einen Mörder“ oder „Das Testament des Dr. Mabuse“ hier entstanden.

Und was tue ich in der Schorlemerallee? Ganz einfach. Ich habe hier die ersten vier Jahre meines Lebens verbracht, im Haus Nummer 21a. Aber ich erinnere mich an fast gar nichts. Und jetzt bin ich nach gut über siebzig Jahren zum ersten Mal wieder hier, auf Anregung des Autors, mit dem zusammen ich meine Biografie schreibe. In der Nummer 21a ist leider niemand zu Hause, aber Nachbarn lassen mich freundlicherweise in ihren Garten, von dem aus man das Grün sehen kann, in dem einmal mein Kinderwagen gestanden hat. Der Anblick rührt mich sehr, wie sollte es auch anders sein.

Ich stelle mir vor, es ist Frühjahr 1939, vielleicht mitten im Mai. Meine Eltern sitzen dort auf der Terrasse bei einem Kaffee. Mein Vater ist gerade aus der Firma gekommen, da eröffnet ihm meine Mutter, dass sie wieder schwanger ist. Wie sie es wohl gesagt haben mag, und wie hat mein Vater wohl reagiert?

Nun, ganz neu und unbekannt ist das Ereignis für die beiden ja nicht. Vor knapp drei Jahren, im August 1936, ist mein Bruder Jochen geboren, ihr erstes Kind. Schwangerschaft und Geburt sind ohne Probleme verlaufen, Jochen ist ein gesunder Junge; und auch jetzt wird es wohl keinen Grund zur Sorge gegeben haben. Überhaupt geht es der jungen Familie sehr gut; man sieht es ja schon von außen daran, dass Hermann und Inge Windhoff in diesem schönen und etwas extravaganten Haus im vornehmen Berliner Stadtteil Dahlem wohnen. Eindeutig gehören sie zu den Leuten, von denen man damals sagte, sie seien „besser gestellt".

Im Mai 1939 ist mein Vater zweiunddreißig Jahre alt. Seit drei Jahren, seit dem Ende seines Studiums, arbeitet er als Ingenieur in einer Berliner Fabrik für Kühlertechnik, die über 2000 Mitarbeiter beschäftigt. Sein Weg in dieses Unternehmen war ihm schon früh gebahnt, schließlich hat sein Vater Hans Windhoff es im Jahr 1908 gegründet. Und seit dessen Tod vor acht Jahren ist mein Vater trotz seiner Jugend als Erbe Mitinhaber der Firma.

Eigentlich würde ich jetzt gerne den Sommer 1939 überspringen und mit meiner Geburt fortfahren. Aber das wäre ein Fehler. Einen Windhoff versteht man nicht (und auch er selbst versteht sich nicht), ohne die Geschichte seiner Familie zu kennen. Ich denke, man kann sagen, die Windhoffs sind, was man eine Dynastie nennt. Allerdings eine Dynastie von Ingenieuren, Erfindern und Unternehmern. Also gehe ich besser einen großen Schritt zurück in ihre Geschichte.

Unser aller Stammvater ist mein Urgroßvater Rudolf Windhoff, geboren 1833 als Sohn eines Rentmeisters, also eines Finanzverwalters, auf Schloss Bentlage bei Rheine. Rudolf verlebte seine Jugendjahre in Rheine, das Abitur legte er auf dem Paulinum in Münster ab. Nach einem praktischen Jahr in einer Firma ging er nach Berlin, wo er tagsüber bei Borsig arbeitete und abends die Gewerbeschule besuchte, den Vorläufer der TU Berlin. Dort wurde er auch Mitglied der ersten Studentenverbindung für Techniker, genannt „Die Hütte". Nach zehnjähriger Tätigkeit bei Borsig kehrte er in seine Heimat Westfalen zurück. 1861, also mit achtundzwanzig Jahren, übernahm er die Leitung der „Lingener Eisenhüttengesellschaft", in der unter anderem landwirtschaftliche Geräte und Maschinen, Dampfmaschinen, Turbinen, Drehbänke und Öfen produziert wurden. Mein Urgroßvater muss nicht nur ein guter Ingenieur, sondern auch ein geschickter Geschäftsmann gewesen sein. Schon bald wurde er Mitinhaber des Unternehmens. Unter seiner Führung wuchs die Firma rasch, 1864 beschäftigte sie 87 Mitarbeiter, später waren es sogar 300.

Doch Rudolf Windhoff war kein Glückskind, dem alles in den Schoß fiel. 1876 zerstörte ein Großbrand einige Firmengebäude. Die wurden zwar bald wieder aufgebaut, sogar größer als zuvor, in der Hoffnung auf ein Anhalten der guten Konjunktur, doch der dazu aufgenommene Kredit wurde kurz darauf gekündigt, was die Finanzierung von Großaufträgen erschwerte. Dazu kam, dass damals die Eisenerzvorkommen in der Region erschöpft waren und man die Rohmaterialien über einen längeren und natürlich teureren Weg beziehen musste. Schließlich war die damals größte Fabrik des Emslandes auch mit aller Ingenieurskunst nicht mehr zu retten; 1878 ging sie in den Konkurs und stürzte damit die ganze Stadt in eine schwere Krise. Da sich niemand fand, der den Betrieb übernehmen und weiterführen wollte, verlor etwa ein Fünftel der Lingener Bevölkerung seine Erwerbsquellen. Die Arbeitslosen wurden mit Erdarbeiten beschäftigt; es wurde eine besondere Armensteuer erhoben, um damit Volksküchen einzurichten. Das ökonomische Desaster war so groß, dass die städtische Obrigkeit sogar den Handelsminister in Berlin um ein Eingreifen bat, weil sie politische Unruhen fürchtete. Es dauerte Jahre, bis sich die wirtschaftliche Lage in Lingen wieder ein wenig verbesserte, zum Glück wurde die Stadt zu einem Standort für Eisenbahnwerkstätten.

Nun muss man erwähnen, dass mein Urgroßvater und seine Firma mit ihrem Schicksal damals nicht alleine standen. Für viele Unternehmen in Deutschland waren die 1870er und 1880er-Jahre keine gute Zeit, auch wenn man sie heute gerne die „Gründerzeit" nennt, eine Art frühes Wirtschaftswunder in Deutschland nach dem gewonnenen Krieg gegen Frankreich von 1870/71. Tatsächlich hinkten die politischen und gesellschaftlichen Verhältnisse im Deutschen Reich der technischen Entwicklung noch um einiges hinterher, mehr als in den anderen europäischen Staaten. Man mochte als Ingenieur noch so geschickt und innovativ sein, leicht geschah es einem, dass man an der verquasten und vertrackten Bürokratie scheiterte oder am Desinteresse der Banken und Institutionen. Ein besonderes Problem war die Struktur der damaligen Bevölkerung. Im Wesentlichen war Deutschland im letzten Drittel des 19. Jahrhunderts noch ein Agrarstaat, etwa 40 % der Erwerbstätigen waren in der Landwirtschaft beschäftigt. Folgerichtig dachten Staat und Verwaltung immer noch so, wie sie es vor Jahrzehnten, wenn nicht Jahrhunderten getan hatten. Es fehlte nicht nur an der nötigen Infrastruktur für Industrieunternehmen, es mangelte auch an technischen Ausbildungsstätten und damit an geeigneten Fachkräften. Dazu kamen in diesen Jahren mehrere große Bankenkräche, meistens als Resultat einer überhitzten Spekulation auf die Erträge der jungen Industrie, die man damals noch sehr schlecht einschätzen konnte.

Mein Urgroßvater Rudolf Windhoff musste also mit sechsundvierzig Jahren noch einmal von vorne beginnen, für sich und seine Familie; er war verheiratet und hatte fünf Kinder zu versorgen. Zunächst arbeitete er als angestellter Ingenieur in Thüringen beim Bau einer Eisenbahnbrücke, dann als Hüttendirektor bei der Firma „E. Webers & Co." in Rheine.

1888 bestieg der junge Kaiser Wilhelm II. den Thron. Im Gegensatz zu seinem Vorgänger Wilhelm I. zeigte er sich höchst aufgeschlossen für den technischen Fortschritt, leider nicht zuletzt, weil er das Deutsche Reich zu einem starken Konkurrenten der anderen europäischen Staaten machen wollte. Besonders ausgeprägt war seine Rivalität gegenüber England, wo die technische Revolution bereits viel weiter vorangeschritten war. Vielleicht war es also kein Zufall, dass mein Urgroßvater sich im Jahr 1889, zwölf Jahre nach der großen Pleite in Lingen, noch einmal an einer Firmengründung versuchte. Womöglich erkannte er, immerhin schon siebenundfünfzig Jahre alt, den Zug der Zeit und sprang glücklich auf. Nun, wie auch immer, jedenfalls gründete er in einem gemieteten Pferdestall die „Rheiner Maschinenfabrik Windhoff & Comp. KG". Mit zehn Angestellten fertigte er dort mit einer eher bescheidenen technischen Ausrüstung vor allem Transmissionsanlagen, also seil- oder riemengetriebene Kraftübersetzungen für die aufstrebende Textilindustrie im Münsterland.

Man kennt ja noch die Bilder aus den Fabriken dieser Zeit. Neben der Fertigungshalle steht eine zentrale Dampfmaschine, die für die Energie sorgt. Ihre Kraft, umgesetzt in eine Drehbewegung, treibt über Seile und Riemen eine Reihe von Werkzeugmaschinen an. Diese Mechanisierung von Arbeitsgängen bei gleichzeitigem Einsatz von Energie aus der Dampfkraft ist das Kernstück der industriellen Revolution. So konnten mit einem Mal in viel geringerer Zeit erheblich größere Mengen Material mit erheblich größerem Krafteinsatz, aber von weniger Menschen bearbeitet werden. Es entstanden auf diese Art und Weise nicht nur komplexere und leistungsfähigere Produkte, sie waren dank ihrer massenhaften Herstellung auch preiswerter, was ihren Einsatz lukrativer machte und wiederum die Nachfrage steigerte.

Dennoch wären „Windhoff & Comp.“ wahrscheinlich eine unbedeutende kleine Firma unter vielen geblieben, hätte es da nicht die Eisenbahn gegeben. Das Streckennetz der Preußischen Staatsbahnen, das damals den ganzen Nordteil des Deutschen Reichs überspannte, war mittlerweile zum größten zentral verwalteten Streckennetz der Welt geworden. Eisenbahn, das bedeutete aber nicht nur: ein Schienenstrang von A nach B, darauf eine Lok mit ein paar Wagen und an jedem Ende ein Bahnhof. Damit die Eisenbahn tatsächlich der große Motor der modernen Wirtschaftsentwicklung sein konnte, brauchte es viele andere Bauten und Anlagen. So entstand damals neben den Gleisen eine ganze Eisenbahnwelt: Bahnbetriebsanlagen, in denen die Triebfahrzeuge und die Waggons gewartet und repariert wurden, Rangierbahnhöfe, in denen Fahrzeuge vorgehalten und Züge zusammengestellt wurden, Güterabfertigungen mit großen Hallen und speziellen Fördereinrichtungen. Heute ist viel von der damaligen Eisenbahnwelt wieder spurlos verschwunden. Die entsprechende Beförderungstechnik ist zentralisiert und damit weniger raumgreifend, man denke nur an die Container und ihre Verladestationen. Zudem ist der Eisenbahn insbesondere durch den Lastkraftwagen eine (über)mächtige Konkurrenz erwachsen. Die technische Welt um 1900 aber muss man sich als eine Welt denken, die von der Eisenbahn und ihren raumgreifenden Anlagen vollkommen beherrscht wurde.

Und für diese Welt erfand und baute schließlich auch mein Urgroßvater Rudolf Windhoff in seiner Rheiner Maschinenfabrik: Anlagen zum Drehen, Heben und Versetzen von Lokomotiven und Waggons, Kräne zum Ent- und Beladen, mechanische Bahnen zum Transport schwerer Güter. Schon 1892 zog die Firma in größere Hallen auf dem Gelände in Rheine, auf dem bis heute produziert wird. Beinahe jährlich wurden neue Gebäude errichtet. 1899 erhielt die Firma einen eigenen Gleisanschluss, wodurch die Produktion für die Bahn sowohl erleichtert als auch befördert wurde.

Leider konnte sich mein Urgroßvater über den Erfolg seiner letzten Firmengründung nicht allzu lange freuen. Er starb, achtundsechzig Jahre alt, am 25. April 1901 in Rheine, in seinem schönen klassizistischen Wohnhaus auf der Münsterstraße. Doch für eine Fortführung des Betriebs als Familienunternehmen war glücklicherweise gesorgt. Rudolf Windhoff hatte neben den beiden Töchtern Adolphine (1862–1908) und Elisabeth, genannt Lilly (1868–1958) drei Söhne:

Der älteste war Friedrich, genannt Fritz (geb. 1864). Es folgten Ernst (geb. 1870) und schließlich Johannes, genannt Hans (geb. 1872), mein Großvater. Und lange sah es auch so aus, als seien alle drei Söhne an der Technik ebenso interessiert wie ihr Vater und als sollten sie das Unternehmen in Rheine gemeinsam leiten. Sie absolvierten technische Ausbildungen und traten der Reihe nach in die Firma ein.

Besonders Fritz und Hans waren offenbar ganz aus dem Holz des Vaters geschnitzt. Sie erwiesen sich als ganz hervorragende Ingenieure, richtige Tüftler, aber durchaus mit Sinn für Attraktives und Verkäufliches. Kein Wunder also, dass sie auch leidenschaftliche Anhänger des Automobils und der automobilen Revolution waren. Im Jahr 1902 gründeten sie eine weitere Firma, die „Gebrüder Windhoff GmbH – Motoren-, Fahrzeug- und Maschinenfabrik". Zunächst agierten sie als Zulieferer, indem sie Motoren, Getriebe und Kühler für die junge Automobilindustrie herstellten. Auf der fünften „Internationalen Automobil-Ausstellung" 1903 in Berlin war das Unternehmen bereits mit seinen Produkten vertreten. Und schließlich taten die Windhoff-Brüder auch den nächsten, ganz folgerichtigen Schritt: Sie begannen mit der Herstellung kompletter Automobile. Die dazu 1907 gegründete „Motoren- und Fahrzeugtechnik Gebrüder Windhoff GmbH" schickte bereits ein Jahr später die ersten Modelle auf den Markt. Zwei davon bewährten sich im Juli 1908 bei der „Prinz-Heinrich-Fahrt", einer Langstrecken- und Schnelligkeitsprüfung über 2200 Kilometer, die der technikbegeisterte Bruder des Kaisers angeregt hatte und die vom „Kaiserlichen Automobil-Klub" ausgetragen wurde.

Allerdings endete zu dieser Zeit die Phase, in der die drei Brüder Windhoff ihre Unternehmen in Rheine einvernehmlich geführt hatten. Es gibt heute natürlich niemanden mehr, der über den Bruch und seine Gründe berichten könnte. Aber man kann spekulieren. Wahrscheinlich waren Fritz und Hans zu starke, zu eigenwillige Charaktere. Und womöglich hatte der Einstieg in die Automobilproduktion die beiden entzweit. Jedenfalls wuchsen die Spannungen, und schließlich erfolgte eine Trennung. Die Firma wurde in eine Aktiengesellschaft umgewandelt, um die Besitzanteile und die Gewinne offiziell durch drei teilen zu können. Mein Großvater Hans Windhoff verließ Rheine, und zwar in die Richtung, die auch sein Vater Rudolf schon einmal genommen hatte. Er ging nach Berlin; in Schöneberg gründete er die „Hans Windhoff Apparate- und Maschinenfabrik AG", die später nach Berlin Johannisthal verlegt wurde. Dort wurden, zum großen Teil nach eigenen Konstruktionen und Patenten, Kühler gefertigt, zunächst für Kraftfahrzeuge, später auch für Flugzeugmotoren. Die Firma entwickelte sich ausgesprochen gut, auf ihrem Höhepunkt in den dreißiger Jahren beschäftigte sie über 2000 Mitarbeiter.

In einer Unternehmerfamilie, so heißt es, werden die Frauen immer hintan gestellt. Ich sehe, das ist jetzt auch mir passiert, und daher muss ich endlich meine Großmutter erwähnen. Seit 1905 war Hans Windhoff mit der gleichaltrigen Alma Fram verheiratet, deren Familie aus Lothringen stammt. Ihren ersten Sohn, der noch 1906 in Rheine geboren wurde, nannten die beiden nach meinem Urgroßvater Rudolf; er starb aber bereits im Alter von sieben Monaten. Nach der Übersiedlung nach Berlin kam die Tochter Mathilde, genannt Tilde, zur Welt, am 13. Juni 1907. Und schließlich wurde am 18. Dezember 1908 der Sohn Hermann geboren, mein Vater.

Nun wohnten und arbeiteten die Windhoffs zwar in Berlin, doch so ganz konnten sie sich von ihrer alten Heimat offenbar nicht lösen. 1911 kaufte mein Großvater in Schepsdorf, einem Stadtteil von Lingen, ein großes Grundstück, das etwas außerhalb der Stadt und direkt an der Ems lag. Dort ließ er ein Sommerhaus bauen, dem er den Namen „Haus Emshagen“ gab; die Familie verbrachte dort die Ferien. Doch schon bald war meinem Großvater das Haus zu klein. Nicht weit entfernt ließ er eine große Villa bauen, besser gesagt, ein ganzes Anwesen, zu dem ein Gewächshaus, ein Pferdestall und ein Tennisplatz gehörten. Mehrere Angestellte waren hier übers ganze Jahr beschäftigt.

Ich denke, man versteht diese Bautätigkeit nur, wenn man weiß, dass mein Großvater nicht nur ein engagierter Techniker war, sondern auch ein Faible für die Landwirtschaft hatte. Folgerichtig kaufte er 1917 einen Bauernhof in Herzford, ein Stück emsaufwärts und nicht weit von der Villa entfernt. Dessen vernachlässigte Ländereien ließ er kultivieren und aufforsten. Er wollte hier unter anderem eine besondere Schweinerasse züchten. Doch noch bevor alles fertiggestellt war, verkaufte mein Großvater den Hof und die Ländereien wieder, und zwar an den Fabrikanten William Jackson aus Rheine. Stattdessen erwarb er einen Gutshof in Luckenwalde vor den Toren Berlins, wo er ebenfalls Landwirtschaft betreiben sollte.

Und warum dieser abrupte Wandel? Man ahnt, dass hier ein Lebensweg einen Bruch erfahren und seine Richtung geändert hatte. Tatsächlich war der wesentliche Grund für seinen Umzug von Lingen nach Luckenwalde, dass die Ehe meiner Großeltern endgültig zerbrochen war. Womöglich war es schon vorher zu einer Entfremdung zwischen den beiden Ehepartnern gekommen; immerhin verbrachten die Kinder Mathilde und Hermann die meiste Zeit zusammen mit ihrer Mutter in Lingen, nicht in Berlin. Und eben dort hatte mein Großvater um 1920 herum Elisabeth Endruweit kennengelernt. Sie war die Freundin einer Sekretärin aus der Firma, stammte aus Berlin und war die Tochter eines Chemikers, der eine kleine Firma betrieb. Schließlich ließen sich meine Großeltern scheiden, mein Großvater, schon nahe an fünfzig, heiratete die einundzwanzig Jahre jüngere Elisabeth; 1922 und 1923 kamen die Kinder Dieter und Maria auf dem Gutshof in Luckenwalde zur Welt.

Über das Schicksal der Kühlerfabrik im Ersten Weltkriegs und in der Wirtschaftskrise ist heute kaum etwas in Erfahrung zu bringen, da viele Unterlagen und Archive vernichtet sind. Eins aber ist sicher: Kein wirtschaftliches Problem konnte meinen Großvater davon abhalten, sich weiterhin mit dem Entwurf und der Produktion von Kraftfahrzeugen zu befassen. Jetzt waren es allerdings nicht, wie noch in Rheine, Autos, sondern Motorräder. Im Jahr 1925 erschienen die ersten Produkte der neu gegründeten „Hans Windhoff Motorenbau" in der Öffentlichkeit. Es waren Zweitakter mit einem Hubraum von unter 200 Kubikzentimetern. Die Prototypen errangen einige Siege bei den Rennen auf der Avus; daraufhin gingen die Maschinen in Serie. 1928 erreichten Windhoff Motorräder bei Langstreckenrennen Weltrekorde in ihrer Klasse. Dennoch verlegte sich die Firma auf Maschinen mit ungleich größerem Hubraum und vier Zylindern. Es waren recht eigenwillige Konstruktionen, bei denen nach einem Windhoffschen Patent der Motor nicht wie üblich in einen Rahmen montiert war, sondern als tragendes Teil zwischen Vorder- und Hinterrad fungierte.

Die Windhoff-Maschinen blieben allerdings Exoten in der Motorradwelt. 1931 wurde die Produktion eingestellt. Sicher lag ein Grund dafür im Ausbruch der Weltwirtschaftskrise, viel wahrscheinlicher aber ist, dass mit dem frühen Tod ihres Konstrukteurs die treibende Kraft der Entwicklung fehlte. Mein Großvater konnte aber nicht nur seine Motorenträume nicht verwirklichen, auch mit seiner neuen Familie waren ihm nicht mehr als zehn Jahre vergönnt. Der stark zur Fülle neigende Mann litt schon länger an Diabetes. Ein Furunkel am Nacken, wie es bei Diabetikern häufig vorkommt, löste schließlich eine Sepsis aus, an der er am 7. Januar 1931 starb, nicht einmal sechzig Jahre alt. Ich bin bis heute traurig darüber, ihn nie kennengelernt zu haben. Er muss ein beeindruckender Mann gewesen sein, voller Tatkraft und Energie. Ob er auch ein liebevoller Großvater geworden wäre, weiß ich natürlich nicht zu sagen.

Doch gehen wir zurück nach Rheine. Mein Großonkel Ernst Windhoff schlug dort einen ganz anderen Weg ein als seine Brüder. Noch bis 1914 war er in der Unternehmensleitung beschäftigt; bei den Versuchsfahrten der Windhoff-Automobile fungierte er persönlich als Fahrer. Doch nach vierjähriger Teilnahme am Ersten Weltkrieg machte er einen scharfen Schnitt. Schon achtundvierzig Jahre alt, begann er ein Kunststudium, zunächst an der Akademie in Düsseldorf, später bei privaten Lehrern. Einer davon war der dreizehn Jahre jüngere Maler Franzjosef Klemm, der sich damals gerade einen Namen als Portraitist der Düsseldorfer Gesellschaft machte. Auch mein Großonkel Ernst wählte dieses Genre. Die moderne Malerei hatte damals zwar längst das Gegenständliche verlassen, aber für naturalistische Portraits als Alternative zur Fotografie gab es immer noch einen guten Markt. Ernst Windhoff malte geistliche Würdenträger, Unternehmer und Politiker, darunter den Außenminister Neurath, der sich später vor dem Kriegsverbrechertribunal verantworten musste. Sein mit Abstand bekanntestes Werk war und ist ein Portrait des Papstes Pius XI. für die Berliner Nuntiatur, das auch auf Postkarten verbreitet wurde. Leider konnte auch mein Großonkel sein neues Leben nicht sehr lange genießen. Mit nur sechsundsechzig Jahren starb er 1936 in Rheine. Er hinterließ seine aus den Niederlanden stammende Frau und fünf gemeinsame Kinder.

Und damit wieder zurück zu meinem Vater Hermann Windhoff. Obwohl in Berlin geboren, wurde aus ihm kein richtiger Berliner Junge. Eher war das Gegenteil der Fall. Hermann besuchte die Dorfschule in Schepsdorf und bis zur Untertertia das Gymnasium Georgianum in Lingen. Erst dann, also schon einige Zeit nach der Trennung meiner Großeltern, holte ihn sein Vater Hans Windhoff nach Berlin. Streit gab es darüber wohl nicht. Soweit ich weiß, soll die Patchworkfamilie Windhoff recht gut funktioniert haben. Es heißt, man habe sogar Weihnachten und die Familienfeste zusammen gefeiert, also mein Großvater, seine beiden Ehefrauen und die vier Geschwister bzw. Halbgeschwister.

In Berlin zog mein Vater Hermann allerdings nicht vollständig in das Haus der jungen Zweitfamilie seines Vaters. Er wurde vielmehr Internatsschüler am Arndt-Gymnasium. Diese Schule war erst 1909 gegründet worden, sie lag weit entfernt vom Zentrum Berlins, draußen in Dahlem. Ursprünglich sollte sie eine Privatschule mit Internat für den preußischen Adel und das Großbürgertum sein. Die Internatsschüler wohnten in einer Art Landhauskolonie, die Schule verfügte unter anderem über einen Tennisplatz und ein Schwimmbad. In der Presse war das Arndt-Gymnasium bei seiner Eröffnung nicht ganz unkritisch als „Schülerheimkolonie des Kaisers" bezeichnet worden, es wurde auch „Junkerschule" oder „Feu-Dahlem" genannt. Die Schulleitung hatte dagegen immer betont, das Gymnasium sei gleichermaßen für bürgerliche wie für adelige Kreise offen; man mache auch keine Unterschiede zwischen Internatsschülern und Externen. Immerhin gelang es der Schule, auch über den Zusammenbruch der Monarchie hinaus ihren Charakter als besondere Bildungsanstalt nach humanistischem Ideal zu bewahren. Das Arndt-Gymnasium besteht übrigens bis heute; und noch immer ist man dort stolz auf seine besonderen pädagogischen Angebote.

Mein Vater war nach allem, was ich gehört habe, kein überragender Schüler. Wahrscheinlich hatte er anfangs darunter zu leiden, dass er erst mit vierzehn Jahren aus dem doch sehr ländlichen Lingen in die großstädtische Welt des Vaters übersiedelt war. Allerdings erwies sich bald, dass er die technischen Vorlieben und Talente meines Großvaters geerbt hatte. Zudem war er ein guter Sportler, einmal wurde er sogar Berliner Jugendmeister mit einer Zeit von 11,1 Sekunden über hundert Meter. Allerdings war er auch ein draufgängerischer und ziemlich unvorsichtiger Junge. So verletzte er sich beim Hantieren mit einem Kleinkalibergwehr am rechten Auge, was ihn ein ganzes Schuljahr kostete. Außerdem sollte er zeitlebens an einer schweren Sehbehinderung leiden, die er allerdings recht erfolgreich zu verstecken oder zu überspielen wusste. Sie hielt ihn nicht einmal davon ab, seine Begeisterung für die Motorräder aus der väterlichen Produktion auszuleben. Und auch das sollte eine schlimme Folge haben. Bei einem Sturz während eines Motorradrennens verletzte mein Vater sich so schwer am Fuß, dass in Zukunft weder an Sport noch an weitere Rennfahrten zu denken war.

Höchst traurig für meinen Vater, denn am Rennsport hing sein Herz. Schon in Schepsdorf hatte er den gleichaltrigen Bernd Rosemeyer kennengelernt, dessen Vater dort zunächst eine Fabrik für Geldschränke betrieb, um nach dem Ersten Weltkrieg für die Automobilindustrie zu produzieren. Hermann und Bernd waren praktisch Nachbarskinder, und mein Vater teilte Bernds fanatische Begeisterung für Motorräder. Schon als Jugendliche lieferten sie sich gefährliche Motorradrennen auf der Straße nach Nordhorn. Bernd Rosemeyer begann dann auch seine Karriere als Motorradrennfahrer, bevor er auf Autos umstieg und im Laufe der dreißiger Jahre Deutschlands bekanntester Rennfahrer wurde. Weil er und mein Vater damals wieder beide in Berlin lebten, konnten sie enge Freunde bleiben. Zu ihrem Bekanntenkreis rund um schnelle Autos und Motorräder gehörte übrigens auch ein gewisser Bernhard zu Lippe-Biesterfeld, ein Mitschüler und Ko-Abiturient meines Vaters am Arndt-Gymnasium. In den dreißiger Jahren studierte er in Berlin Jura und ahnte noch nicht, dass er später einmal Prinzgemahl der niederländischen Königin Juliana und Vater der Königin Beatrix werden sollte.

In diesem exklusiven und wahrscheinlich ziemlich aufregenden Ambiente von Industrie und Motorsport lernte mein Vater auch meine Mutter kennen, die fünf Jahre jüngere Ingeborg Richter, genannt Inge. Die beiden begegneten einander zum ersten Mal im Tennisclub „Zehlendorfer Wespen". Inges Vater war Max Richter, ein hoher kaiserlicher Staatsbeamter, der zuletzt als Unterstaatssekretär im Reichsamt des Inneren fungiert hatte. Richter war Fachmann für Wirtschaftsfragen. Zu den Weltausstellungen in Chicago 1893 und in Paris 1900 war er als Reichskommissar entsandt worden, was ihm eine besondere Vertrauensposition beim technikbegeisterten Kaiser Wilhelm II. eingebracht hatte. Es hieß in der Familie immer, er habe beim Kaiser ohne Anmeldung vorsprechen dürfen. Wir besitzen ein Foto von ihm, das ihn mit ordenübersäter Brust zeigt; er wurde sogar mit Exzellenz angeredet. Doch 1917, kurz vor dem Ende der deutschen Monarchie, war Richter auf eigenen Wunsch aus dem Staatsdienst ausgeschieden. Er wurde dann noch Aufsichtsratsvorsitzender des sogenannten Kalisyndikates. Mit dessen Gründung war er bereits zuvor befasst gewesen; es ging bei dieser Zwangsvereinigung wichtiger Chemieunternehmen unter anderem darum, Preise festzulegen und die Exporte zu kontrollieren. Doch lange konnte Richter hier nicht tätig sein. Mit nur vierundsechzig Jahren starb er 1921 in Berlin.

Meine Mutter war damals erst acht Jahre alt. Als sie etwa fünfzehn Jahre später, Mitte der dreißiger Jahre, meinen Vater kennenlernte, lebte sie wohlversorgt bei ihrer Mutter in einem immer noch großbürgerlichen Haushalt, in dem, so könnte man vielleicht sagen, die Zeit stehen geblieben oder doch wenigstens langsamer vergangen war. Fotos von damals zeigen sie als ein hübsches Mädchen mit einer modischen Kurzhaarfrisur. Sie war zweiundzwanzig, als sie meinen

Vater im September 1935 in Zehlendorf heiratete. Er war zu diesem Zeitpunkt noch Student, erst kurz danach trat er als Ingenieur in die väterliche Firma ein.

Eingangs dieses Kapitels hatte ich gesagt, dass mein Vater in der Firma auch als Gesellschafter fungierte; natürlich besaß er als Erbe einen Anteil am Unternehmen. Aber neben ihm hatte es noch weitere Erben gegeben, darunter seine Schwester, die zweite Frau seines Vaters und seine beiden Halbgeschwister. Außerdem war vor Jahren der Unternehmer Gladbach als Gesellschafter in die Firma eingestiegen. Dessen Sohn Manfred, etwa in Hermanns Alter, war dort ebenfalls in leitender Position beschäftigt.

Und damit bin ich endlich bei mir selbst angekommen. Als zweiter Sohn der jungen Windhoffs wurde ich am 19. Dezember 1939 geboren, beinahe am Geburtstag meines Vaters Hermann. Meine Eltern nannten mich Bernd, und so heiße ich also nach einem der berühmtesten Rennfahrer Deutschlands. Eigentlich war ausgemacht, dass Bernd Rosemeyer mein Pate werden sollte, doch der war im Januar 1938 ums Leben gekommen, als er auf einer Autobahn in der Nähe von Frankfurt einen Geschwindigkeitsrekord brechen wollte. Bei hoher Geschwindigkeit hatte der Wagen abgehoben und war neben der Fahrbahn zerschellt. Bernd Rosemeyers Tod muss meinen Vater sehr getroffen haben. Ich kann mir vorstellen, wie er sich gefühlt hat, als Rosemeyers Vorname bei meiner Taufe in der Dahlemer Kirche immer wieder ausgesprochen wurde.

Und noch etwas anderes wird die Stimmung bei dieser Feier stark beeinflusst haben. Zwischen dem Frühjahr 1939, als meine Mutter meinem Vater ihre zweite Schwangerschaft offenbarte, und dem Zeitpunkt meiner Geburt hatte sich die Welt der jungen Windhoffs ebenso verändert wie die so vieler Menschen in Europa. Weniger als drei Monate vor meiner Geburt hatte das Deutsche Reich einen Krieg begonnen, der zum schrecklichsten und opferreichsten Krieg in der Geschichte der Menschheit werden sollte.

Dabei ließ der Kriegsverlauf der ersten Monate, von deutscher Seite aus betrachtet, wohl noch die Erwartung zu, man könnte jetzt mit ein paar schnellen militärischen Schlägen die Niederlage des ersten Weltkriegs wettmachen und die damaligen Gebietsverluste ausgleichen. Nach dem Überfall auf Polen vom 1. September 1939 dauerte es nur wenige Wochen, bis die dortige Gegenwehr zusammenbrach; schon im Oktober teilten gemäß ihres Geheimvertrages das Deutsche Reich und die Sowjetunion das polnische Staatsgebiet unter sich auf. Zu Weihnachten 1939, als meine Mutter mit mir als Säugling in unserem Dahlemer Haus saß, herrschte in Deutschland eine ausgesprochene Siegesstimmung.

Und auch im folgenden Frühjahr 1940, da meine Mutter mich im Kinderwagen durch die vornehmen Dahlemer Straßen schob, war die allgemeine Begeisterung noch ganz ungebrochen. Der nächste große Feldzug, der Angriff auf die Beneluxländer und Frankreich, dauerte wieder nur wenige Wochen, bis am 22. Juni 1940 Frankreich kapitulierte und Deutschland somit ganz Mitteleuropa zu beherrschen schien.

Ich kann mir vorstellen, dass man in der Firma Windhoff in Berlin Johannisthal wesentlich mehr von den Auswirkungen des Krieges spürte als in unserem Haus in Dahlem. Schon vor dem Krieg hatte das Unternehmen von der Aufrüstung des Deutschen Reiches enorm profitiert. Doch jetzt muss der Auftragseingang geradezu explodiert sein, schließlich musste man die zerstörten Fahrzeuge und Flugzeuge aus den beiden Feldzügen möglichst schnell ersetzen. Und überall da, wo ein Verbrennungsmotor seine Dienste tut, braucht es nun mal einen Kühler. Allerdings lernte das Unternehmen dabei sicher auch die Schattenseiten einer Industrieproduktion zu Kriegszeiten kennen. Denn die wachsenden Aufträge mussten ja mit einer sich ständig verkleinernden Zahl von Arbeitskräften erledigt werden. Seit Kriegsbeginn waren Hunderttausende deutscher Männer zum Militärdienst einberufen worden, meistens ohne Rücksicht darauf, wie wichtig sie in der industriellen Produktion waren. Und bei den beiden Feldzügen in Polen und Frankreich hatten bereits über sechzigtausend von ihnen ihr Leben gelassen. An die Stelle der Soldaten traten in den Industrieunternehmen zunehmend Zwangsarbeiter und Frauen, die angelernt werden mussten und zumindest in der ersten Zeit nur einen Bruchteil der Arbeitsleistung erbrachten, die man von den Fachkräften hätte erwarten können. Allerdings wird man in der Firma Windhoff wohl kaum geklagt haben. Immerhin stellte man höchst kriegswichtige Produkte her und konnte sich daher auf staatliche Unterstützung verlassen. Anderen Unternehmen ging es bedeutend schlechter. Wer vor 1939 zum Beispiel Blechspielzeug hergestellt hatte, der fabrizierte jetzt Filtergehäuse für Gasmasken; und wenn er das nicht konnte, musste er schließen.

Für gewöhnlich lernen Kinder im Alter von etwa einem Jahr das Laufen. Ich war also vermutlich schon auf eigenen Füßen unterwegs, mit vorsichtigen Schritten durch den Garten unseres Hauses in Dahlem, als sich mit dem Beginn des Angriffs auf die Sowjetunion im Juni 1941 das Kriegsschicksal des Deutschen Reiches wendete. Der Vormarsch der Wehrmacht wurde vor Moskau gestoppt; es begannen erbitterte Stellungskämpfe, die im Winter 1942/43 in Stalingrad einen Höhepunkt fanden. Als dort im Januar 1943 die deutschen Truppen kapitulierten, konnte niemand, der die Kriegsgeschehnisse auch nur halbwegs realistisch betrachtete, noch an den von der nationalsozialistischen Führung beschworenen Endsieg glauben.

In Berlin begannen genau zu diesem Zeitpunkt die alliierten Flächenbombardements, durch die auch alle, die weit hinter der Front lebten, den Krieg zu sehen und zu spüren bekamen. Vom 16. Januar bis zum 30. März 1943 fanden die ersten großen Luftangriffe statt, bei denen bereits bedeutende Bauten in der Innenstadt wie die St. Hedwigs-Kathedrale, die Deutschlandhalle und das Opernhaus, aber auch ganze Straßenzüge zerstört wurden. Hunderte Zivilisten starben in ihren Häusern. Doch das deutsche Volk stand noch ganz im Banne der Propaganda. Die Luftangriffe führten nicht, wie von den Alliierten beabsichtigt, zu Panik und Massenflucht; eher stärkten sie den Durchhaltewillen der Bevölkerung. Die Menschenverluste an der Front wurden durch immer neue Rekrutierungen ausgeglichen, und die Industrie wurde unter der rigorosen Leitung des Rüstungsministers Albert Speer auf eine Produktion unter Kriegsbedingungen umgestellt.

Ich sagte es ja bereits: Ich erinnere mich praktisch gar nicht an diese Zeit. Nicht an das Haus in Dahlem, in dem ich meine ersten Jahre verbracht habe, nicht an unser Familienleben dort und nicht an den Einfluss, den der Krieg darauf nahm. Als ich mit meiner Mutter und meinem Bruder Jochen die ersten Bombenalarme in Luftschutzkellern absaß, war ich etwa drei Jahre alt. Mein Bruder, doppelt so alt wie ich, hat damals laut gebetet. Aber ich bin mir nicht sicher, ob ich mich tatsächlich daran erinnere oder ob ich es bloß aus Erzählungen weiß. Ich erinnere mich auch nicht daran, Angst gehabt zu haben, geschweige denn, dass ich wüsste, welche Ängste und Sorgen meine Eltern damals umtrieben.

Ich vermute allerdings, dass Leute wie mein Vater, die in der Leitung eines Industrieunternehmens beschäftigt waren, besser als manch andere beurteilen konnten, welche Ressourcen und Kapazitäten der Krieg verschlang und ob man überhaupt noch das Material erzeugen konnte, um ihn zu gewinnen. Ich weiß es nicht, und keiner wird es heute mehr sagen können, wie groß in diesem Jahr 1943 der

Glaube meines Vaters an die Unbesiegbarkeit des Deutschen Reiches noch war. Sicher ist nur, dass dieser Glaube übertroffen wurde von seiner Sorge um die Familie. Schon relativ früh beschloss er, Frau und Kinder aufs Land zu schicken. Eine Schulfreundin meiner Mutter, Ortrud Güsken, hatte mit ihrer Familie Berlin bereits verlassen und lebte jetzt auf dem Bauernhof einer Familie Müller in Schmorda, einem kleinen Bauerndorf im Thüringer Schiefergebirge, das damals etwa 120 Einwohner zählte. Der nächste größere Ort ist Ranis mit etwa 2400 Einwohnern. Dorthin übersiedelten im Laufe des Jahres 1943 auch meine Mutter, mein Bruder und ich, während mein Vater in Berlin und bei seiner Firma blieb.

In Schmorda nun setzen meine eigentlichen Kindheitserinnerungen ein. Ich verlebte dort eine ruhige, um nicht zu sagen idyllische Zeit. Anfangs gehörte ich allerdings zu den allerkleinsten Kindern im Ort, und mein Aktionsradius war nicht eben groß. Es war überhaupt eine sehr begrenzte, ländlich-bäuerlich geprägte Kinderzeit an einem Ort, den der Krieg so gar nicht erreichte, ja, an dem es ihn gar nicht zu geben schien. Erst mit der Kapitulation des Deutschen Reichs im Mai 1945, da war ich fünfeinhalb Jahre alt, änderten sich die Verhältnisse. Thüringen wurde zunächst von der US Armee besetzt, später aber unter die Kontrolle der Sowjetarmee gestellt. Die Amerikaner verhielten sich in der Regel nicht gewalttätig gegenüber der deutschen Bevölkerung. Von den Russen aber wusste man, dass sie oftmals Rache übten für die Verbrechen der Wehrmacht beim Überfall auf die Sowjetunion. Soviel ich weiß, schätzen Historiker heute, dass bis zu zwei Millionen Frauen und Mädchen beim Vormarsch der Roten Armee vergewaltigt und Tausende von ihnen dabei umgebracht wurden. Wir konnten daher von Glück sagen, dass auf dem Hof der Müllers in Schmorda ein hoher sowjetischer Offizier einquartiert wurde, der zumindest dafür sorgte, dass in seinem unmittelbaren Umfeld solche Gewaltakte unterblieben.

Im Dezember 1945 war mein sechster Geburtstag. Und als wäre die Welt nicht ganz in Scherben gefallen, wurde ich tatsächlich zu Ostern 1946 im benachbarten Ranis eingeschult. Ich erinnere mich noch gut an den ebenso langen wie abenteuerlichen Schulweg, den ich zusammen mit den anderen Kindern täglich zurücklegte. Von meinem Vater hatten wir damals seit Monaten nichts mehr gehört, dabei war der Krieg seit fast einem Jahr beendet.

Erst sehr viel später habe ich erfahren, wie es ihm ergangen war. In Berlin hatte er im Frühjahr 1945 miterlebt, wie die Front von Osten immer näher rückte. Am 16. April begann die sogenannte „Schlacht um Berlin", bei der die Rote Armee über die Oder setzte und auf den Stadtrand der Hauptstadt vorrückte. Am 20. April, dem Geburtstag Hitlers, der sich im Bunker der Reichkanzlei verschanzt hatte, schoss die Rote Armee mit großkalibriger Artillerie in die Stadt. Ebenfalls als spezieller Salut für den Führer flogen alliierte Verbände einen 1000-Bomber-Angriff. Danach fiel in der ganzen Stadt die Trinkwasserversorgung aus. Wasser aus den öffentlichen Brunnen zu holen war wegen des Artilleriebeschusses bereits lebensgefährlich.

Mein Vater hatte unterdessen Berlin verlassen und die letzten Tage auf dem Gut in Luckenwalde zugebracht. Genau am 20. April 1945 überredete er seine Stiefmutter Elisabeth und seine damals zweiundzwanzigjährige Stiefschwester Maria zur Flucht. Leicht wird das nicht gewesen sein, denn es stand ja zu befürchten, dass sie ihr Haus und ihre Heimat nicht wiedersehen würden, was ja später tatsächlich der Fall war. Fast ohne Gepäck fuhren die drei in einem Opel Kadett Richtung Westen, ohne festes Ziel, nur möglichst schnell und weit weg von der herannahenden Roten Armee. Schließlich landeten sie bei Bekannten in Holstein.

Keine drei Wochen später, am 8. Mai 1945, kapitulierte das Deutsche Reich. Die nächsten Wochen und Monate waren für alle chaotisch, es gab kaum Telefon- oder Postverbindungen; viele Bahnstrecken waren nicht mehr befahrbar, die Züge verkehrten unregelmäßig und stockend. Die deutsche Zivilbevölkerung war angewiesen, an ihren Wohnorten zu bleiben; ihren Alltag bestimmte die Militärpolizei der Besatzungsmächte mit strikten Regeln. Um nun von Holstein zurück nach Berlin zu gelangen, musste man das sowjetische Besatzungsgebiet durchqueren. Irgendwann gelang das meinem Vater wohl auch, aber in Berlin konnte er nur feststellen, dass von dem Unternehmen, das sein Vater vor fast vierzig Jahren gegründet hatte, praktisch nichts mehr vorhanden war. Seit der Besetzung durch die Rote Armee wurden die noch intakten Produktionsmittel, soweit sie für die Besatzer von Interesse waren, konfisziert. Und da man auch in russischen LKW und Flugzeugen Kühler brauchte, requirierten die Sowjets die Firma Windhoff für ihre Zwecke.

Hinzu kam, dass mein Vater und der Geschäftspartner Gladbach Senior sich böse zerstritten hatten. Gladbach nahm meinem Vater übel, dass er die letzte Zeit auf dem Landgut in Luckenwalde und damit in relativer Sicherheit verbracht hatte. Gladbachs Sohn Manfred hingegen war in der Stadt geblieben und beim Einmarsch der Sowjets getötet worden. Gladbach Senior war untröstlich über diesen Verlust, meinem Vater warf er vor, zu früh von Bord gegangen zu sein. Ein Fabrikbesitzer, so zitierte ihn später mein Vater, habe bis zum Letzten in seiner Firma zu bleiben. Wie ein Kapitän auf seinem Schiff!

Am 18. Dezember 1945 war mein Vater siebenunddreißig Jahre alt geworden. Seine Firma, die Firma seines Vaters, hatte fürs Erste aufgehört zu existieren; und die Chancen für eine Wiederbelebung standen denkbar schlecht. Schon die alten Besitzverhältnisse in der Erbengemeinschaft waren kompliziert genug. Viel schwerer aber wog natürlich, dass Johannisthal zum Besatzungsbereich der Roten Armee gehörte. Selbst wenn die Requirierung einmal beendet werden würde, konnte doch kein deutscher Unternehmer im Osten damit rechnen, in einem von Kommunisten kontrollierten Land seinen Privatbesitz behalten und seine Fabrik in absehbarer Zeit wieder aufbauen zu können. Darüber hinaus war Berlin durch seine politische Lage ein gefährliches Pflaster. Wer konnte schon sagen, ob die Sowjetunion die anderen drei Besatzungsmächte Berlins dauerhaft in ihren Sektoren dulden würde? Das Haus meiner Eltern lag zwar ebenso wie das Haus der Schwiegermutter Richter in den Westsektoren, aber das war schon alles, was für Berlin hätte sprechen können. Auch das Gut in Luckenwalde befand sich jetzt in der sowjetisch besetzten Zone.

Nein, mein Vater wollte einfach nicht in der mehrfach geteilten Stadt sitzen und auf bessere Zeiten hoffen. Also machte er einen scharfen Schnitt. Irgendwann im Frühjahr 1946 schaffte er es durch die vielen Kontrollen in der SBZ bis zum Hof der Müllers in Schmorda. Als ich von der Schule nach Hause kam, fing mich Frau Else Müller auf der Straße ab. Ich solle mal raufgehen, sagte sie, da sei jemand für mich gekommen. So traf ich im Alter von sechs Jahren und ein paar Monaten auf meinen Vater, an den ich mich nicht mehr so richtig erinnerte. Vielleicht ist es sogar richtig zu sagen, dass ich ihn überhaupt nicht kannte.

2. Sohn einer Firma
Kindheit und Jugend in Rheine (1946–1960)

So also steht es im Frühjahr 1946 um die Windhoffs: Ihre Berliner Existenz ist so gut wie erloschen. Elisabeth Windhoff, die zweite Frau und Witwe meines Großvaters Hans, ist mit ihrer Tochter Maria in den Westen geflohen, ihr Sohn Dieter ist noch in Kriegsgefangenschaft. Die Firma in Johannisthal und das Gut in Luckenwalde sind als Besitztümer so gut wie verloren; über kurz oder lang ist mit einer Enteignung zu rechnen; und wahrscheinlich wird die Kühlerfabrik Windhoff in Zukunft nicht einmal mehr als Arbeitsplatz von Interesse sein. Was also bietet sich für meinen Vater und seine junge Familie an? Nun, da wäre natürlich der Weg zurück, der Weg, den mein Großvater Hans vor fast vierzig Jahren in die andere Richtung gegangen war. Genauer gesagt, der Weg zurück nach Westfalen, zurück nach Rheine. Immerhin besitzt mein Vater aus dem Erbe von Hans Windhoff dessen Anteile am Stammhaus des Familienunternehmens.

Aber zurückzukehren würde für ihn keineswegs bedeuten, sich in ein komfortables Nest zu setzen. Denn auch in Rheine haben sich die Verhältnisse stark verändert, insbesondere durch die Auswirkungen des Krieges. Das beginnt schon mit dem Elternhaus meines Vaters in Schepsdorf. Nachdem seine Schwester, meine Tante Mathilde, 1930 einen bei der Reichsbahn angestellten Ingenieur geheiratet hatte, verkaufte meine Großmutter das gesamte Anwesen an der Ems; sie wollte dort wohl nicht ganz allein leben. Tatsächlich blieb sie ihr Leben lang in der Nähe ihrer Tochter, zunächst in Bielefeld, später in Minden.

Das Haus, in gewisser Weise ein Abbild der Person meines Großvaters, sollte dann ein eigenes Schicksal erleiden. Seit 1934 war in Lingen ein neuer Standort der Wehrmacht aufgebaut worden, ein Areal von Kasernen entstand nur wenige Hundert Meter nördlich von Haus Emshagen auf der anderen Seite des Flusses. Daher zeigte die Wehrmacht Interesse an dem Anwesen, kaufte es und nutzte die ehemalige Unternehmervilla als Offizierskasino für den Standort Lingen. Diese Funktion erfüllte sie etwa zehn Jahre lang. Was mein Vater wohl gedacht und gefühlt haben mag, wenn er in Berlin lebte und arbeitete und sich dabei vorstellte, was jetzt in seinem Elternhaus geschah? Ich weiß es nicht, wir haben später nie darüber gesprochen, was wahrscheinlich auch daran lag, dass zu dem Zeitpunkt, als wir nach Rheine zogen, kein Stein von Haus Emshagen mehr auf dem anderen stand. In den letzten Kriegstagen war es von anrückenden alliierten Truppen durch Artilleriefeuer beschädigt worden, da es in unmittelbarer Nähe einer wichtigen Brücke über die Ems lag. Als die deutschen Truppen sich Richtung Osten zurückzogen, zerstörten sie die Brücke. Kurz darauf erreichte eine kanadische Einheit Haus Emshagen, sprengte es vollends und schob die Trümmer in die Ems, um so eine Furt für Panzer und schweres Gerät zu schaffen. Als die Ems nach Kriegsende geräumt wurde, blieben von dem großzügigen und stilvollen Haus, das mein Großvater als Landsitz gebaut hatte, nur ein paar Trümmerteile am Ufer. Das Gelände ging in den Besitz der Bundeswehr über, die es als Abstellplatz nutzte, dabei wurde es zum großen Teil überwuchert. Heute wird auf dem Areal ein Kanucamp betrieben. Ich selbst war erst im Frühjahr 2016 in Begleitung meiner Frau Helena zum ersten Mal dort, mein Co-Autor hatte mich zu dem Besuch ermuntert. Man kann daraus ersehen, wie vollständig die Erinnerung an Haus Emshagen aus der Geschichte unserer Familie getilgt war.

Nun konnte mein Vater damals, im Jahr 1946, wohl noch gut verschmerzen, dass sein luxuriöses Elternhaus nicht mehr auf ihn wartete. Die Familie selbst hatte es ja längst schon aufgegeben. Wesentlich schwerer wog, dass auch die Firma Windhoff keine vertraute Heimat bot. Das begann schon mit den Personalien. Nach über fünfzig Jahren stand kein Windhoff mehr an ihrer Spitze. Mein Großonkel Fritz, seit 1907 die treibende Kraft hinter der AG, war am Weihnachtstag 1938 im Alter von vierundsiebzig Jahren gestorben. Sein ältester Sohn, geboren 1922 und nach dem Großvater Rudolf genannt, war 1943 als Soldat im Eismeer gefallen. Der jüngere Sohn Franz war bei Kriegsende erst einundzwanzig Jahre alt und hatte noch keine Ausbildung abgeschlossen. Tot war auch mein Großonkel Ernst Windhoff, der neben seiner zweiten Karriere als Portraitmaler immerhin noch im Aufsichtsrat der AG mitgearbeitet hatte. Folgerichtig war seit dem Tod von Fritz Windhoff 1938 die Firma von einem Geschäftsführer geleitet worden. Allerdings existierte im Frühjahr 1946 nicht mehr allzu viel, das man hätte leiten können. Die Firma lag am Boden, und das im ganz wörtlichen Sinne.

Dabei hatte die Windhoff AG nach dem Weggang meines Großvaters Hans im Jahr 1907 eine im Großen und Ganzen recht erfolgreiche Entwicklung genommen. Allerdings hatte die alleinige Regentschaft von Fritz Windhoff mit einem Rückschlag begonnen. Die Produktion von Automobilen, vor dem Ersten Weltkrieg mit so viel Elan betrieben, war schon nach wenigen Jahren wieder eingestellt worden. Es hatte sich herausgestellt, dass man in der Autobranche nur bestehen konnte, wenn man in der Lage war, große Stückzahlen herzustellen und abzusetzen. Die Zeit, in der Automobile wie zuvor die Pferdekutschen in kleineren und mittleren Handwerksbetrieben entstanden, war rasch zu Ende gegangen. 1913 hatte Henry Ford mit der ersten großen Fließbandproduktion neue und ab sofort gültige Maßstäbe gesetzt. Ford konnte durch die Massenproduktion die Preise für seine Automobile senken und die Löhne für seine Arbeiter sogar noch erhöhen. Sein Erfolg machte allen kleineren und erst recht den ganz kleinen Autoherstellern unmissverständlich klar, dass sie ohne gewaltige Investitionen kaum noch eine Chance hatten, sich dauerhaft am Markt zu halten.

Allerdings war der Autobau ja nie ein Standbein der Windhoff AG gewesen. Das war und blieb vielmehr die Produktion von Geräten und Fahrzeugen zur Rangier- und Fördertechnik. Und als die Autosparte kurz nach ihrer Einstellung sogar eine Art Nachfolger fand, waren es diesmal Fahrzeuge, in die das ganze Eisenbahn-Know-how der Firma fließen konnte. Schon zu Autozeiten hatte man mit der Konstruktion und Herstellung kleiner Rangierlokomotiven begonnen; während des Ersten Weltkriegs und danach wurde deren Produktion intensiviert. Insgesamt baute die Firma Windhoff bis zur Einstellung des Lokomotivbaus in den fünfziger Jahren 669 solcher Kleinloks. Sie wurden bei Industrieunternehmen, in Steinbrüchen und Bergwerken eingesetzt, um kleine Güterwagen und Loren zu ziehen, zunehmend aber auch bei der „großen“ Bahn, wenn man im Rangierdienst auf den Einsatz von Dampflokomotiven verzichten wollte. Die Kleinloks, angetrieben von Benzin- oder Dieselmotoren, waren erheblich sparsamer im Betrieb, weniger aufwändig zu warten und benötigten im Gegensatz zu den Dampfloks meistens nur einen Bediener.

Allerdings waren ihr Bau und ihr Vertrieb ein schwieriges Geschäft. Eine in den achtziger Jahren erstellte Fachpublikation über die Windhoff-Loks zeigt eine immens große Typenvielfalt, die den sehr unterschiedlichen Wünschen der jeweiligen Kunden geschuldet ist, dem raschen technischen Fortschritt sowie dem Verfahren der Reichsbahn, die verschiedenen Lokhersteller mit ihren Entwürfen selbst um kleine Aufträge konkurrieren zu lassen. Von manchen Baureihen wurden nur wenige Exemplare hergestellt, andere kamen gar nicht über den Prototyp hinaus. Man kann sich sicher auch als Laie vorstellen, wie viel Konstruktionsarbeit und wie viel Geld in eine solch differenzierte Produktpalette fließen. Dennoch war es der Windhoff AG immer gelungen, am Markt zu bleiben. Im Zuge der Weltwirtschaftskrise 1931 hatte sie einmal Insolvenz anmelden müssen, aber die Nachfrage nach ihren Produkten in den dreißiger Jahren und insbesondere während der Aufrüstung vor und während des Zweiten Weltkriegs reichte für einen guten Geschäftsgang aus.

Doch nirgendwo in Deutschland ließ der Krieg Gewinner zurück, und schließlich gehörte auch die Firma Windhoff zu den großen Verlierern. Am 5. Oktober 1944 hatte es in Rheine einen verheerenden Bombenangriff gegeben, der insbesondere den Gleisanlagen der Reichsbahn galt. Auch das gesamte Windhoff-Areal wurde schwer getroffen; bis auf eine Halle waren danach alle Gebäude vernichtet. Die Produktion kam vollständig zum Erliegen.

Als mein Vater im Frühjahr 1946 mit uns nach Rheine kam, war die Arbeit im Werk gerade erst wieder angelaufen. Doch von einer Produktion auf Vorkriegsniveau konnte auf absehbare Zeit überhaupt keine Rede sein. Zunächst einmal gruben die verbliebenen Mitarbeiter wie überall in Deutschland Werkzeuge, Maschinen und Produkte aus den Bombentrichtern, um anschließend wenigstens den Versuch zu unternehmen, mit einfachsten Mitteln die Produktionsstätten wiederherzustellen. Bei Windhoffs zog man ganze Kleinloks aus den Trümmern der Hallen, natürlich allesamt schwer beschädigt.

Meinem Vater stand damals als Anteilseigner ein Platz im Aufsichtsrat der AG zu, den er auch beanspruchte. Nach einigen Anteilswechseln in den letzten Jahren gehörten ihm etwa 40 % der Aktien. Den Rest teilten sich seine Cousins Franz Windhoff, der jüngere Sohn von Fritz Windhoff, und der 1913 geborene Wilhelm Bartels, ein Sohn von Antonia Bartels, geb. Windhoff, einer Schwester von Hans und Fritz Windhoff.

Doch 40 % der Aktien waren zunächst einmal bloß 40 % von einem großen Haufen Schutt und Schrott. Sie warfen keinen einzigen Pfennig ab. Und was man noch an Geld besaß, verlor zusehends seinen Wert in der Inflation. Tatsächlich war unsere Familie nicht viel besser gestellt als manche Flüchtlinge. So war es schon schwer, eine Unterkunft zu finden. Zuerst wohnten wir im Haus des Unternehmers Hermann Jackson, einem Freund meines Großvaters, Nachfahre des englischen Ingenieurs Hardy Jackson, der im 19. Jahrhundert im Zuge der Industrialisierung nach Rheine gekommen und dort sesshaft geworden war. Bei ihm und seiner Familie lebten wir etwa zwei Jahre lang im Dachgeschoss. Danach wurde das Haus des ehemaligen Windhoff-Geschäftsführers Schütte frei. Es lag auf der Windhoffstraße, in unmittelbarer Nähe des Werksgeländes. Eine etwas kuriose Adresse für die Familie Windhoff, aber allemal praktisch, man musste nur eine Straße überqueren und war in der Firma.

Mein Bruder Jochen und ich gingen jetzt in Rheine zur Schule, ich selbst wurde also zum zweiten Mal innerhalb eines Jahres eingeschult. Unmittelbar zuvor war unsere ganze Familie zum katholischen Glauben konvertiert. Der Grund dafür ist schnell erklärt. Mein Vater war vollkommen areligiös eingestellt und schon lange aus der Kirche ausgetreten. Allerdings hatte er bei der Geburt seiner Söhne zugestimmt, dass sie wie meine Berliner Mutter protestantisch getauft wurden. Doch da wir jetzt wieder im streng katholischen Rheine leben sollten, wollten meine Eltern jeden Dissens mit der dortigen Bevölkerung vermeiden. Außerdem hätten Jochen und ich weite Schulwege in Kauf nehmen müssen, denn die Schulen waren damals noch nach Konfessionen getrennt. Die katholische Volksschule aber lag in unmittelbarer Nähe der Villa Jackson.

Ich kann praktisch ohne jede Einschränkung sagen, dass meine eigentliche Kindheit erst damals in Rheine begann. Ich war jung genug, mich trotz meiner Berliner Herkunft ganz und gar als Westfale und als Rheinenser zu fühlen. Und es war eine glückliche Kindheit, das empfinde ich bis heute so! Ein paar wichtige Voraussetzungen dafür waren damals gegeben: Ich hatte Eltern, die sich um mich kümmerten, im Gegensatz zu den vielen Altersgenossen, die Mutter oder Vater im Krieg verloren hatten. Um mich herum gab es, was man heute ein stabiles soziales Umfeld nennen würde. Und im Laufe der Zeit verbesserte sich auch die materielle Situation unserer Familie. Tatsächlich ging es uns bald um einiges besser als manch anderen in dieser Zeit.

Das war natürlich der Firma zu verdanken. Gleich zu Beginn seiner Zeit in Rheine sah sich mein Vater vor eine große Aufgabe gestellt. Es ging darum, die Firma Windhoff wieder zu dem Unternehmen zu machen, das sie bis zu ihrer Zerstörung gewesen war. Und warum sollte das nicht gelingen? Die Produkte für die Fördertechnik waren schließlich keine Luxusgüter. Im Gegenteil. Sollte das zerstörte Land wieder aufgebaut werden, würde man sie dringend benötigen, denn schließlich war die Eisenbahn noch immer das Transportmittel Nummer Eins, insbesondere für schwere Güter. Tatsächlich verlief die Entwicklung des Unternehmens recht gut. Als nach der Währungsreform das berühmte Wirtschaftswunder geschah, füllten sich die Auftragsbücher der AG. Wie in der Vorkriegszeit wurde wieder Fördertechnik gebaut, also Drehscheiben, Rangieranlagen, Aufzüge, Kräne und Fahrzeuge zum Gleis- und Fahrdrahtbau, zunächst vor allem eingesetzt, um das stark zerstörte Eisenbahnnetz wieder aufzubauen und den neuen Bedürfnissen anzupassen. Neben den Firmen Plasser & Theurer sowie Bombardier und Matisa wurde die Windhoff AG zu einem der wichtigsten Anbieter, auch am internationalen Markt.

Allerdings wurden ihre Besitzer darüber nicht im Handumdrehen reiche Leute. Denn das Unternehmen, das ihren Namen trug, gehörte ihnen nur nominell. Tatsächlich gehörte es den Banken als den Geldgebern, die jede Expansion und jede Neukonstruktion finanzieren mussten. Über Jahre hinweg drohte trotz guter Auftragslage immer die Insolvenz, weil der Eigenkapitalanteil nur sehr gering war. Und immer wieder bedurfte es besonderer Finanzspritzen, zum Beispiel durch das Land Nordrhein-Westfalen, um schwierige Situationen zu überstehen.

Mein Vater, den man in der Familie übrigens Hermi nannte, wechselte schon bald vom Aufsichtsrat in den Vorstand. Und damit war er, mittlerweile fast vierzig Jahre alt, endlich dort angekommen, wo er hingehörte. In der Berliner Kühlerfabrik hat er nicht allzu viel Eigenleistung einbringen können. Jetzt aber setzte er als geborener Tüftler und Erfinder in dritter Generation die Tradition der Windhoffs fort. Die Leitung des Unternehmens teilte er sich anfangs mit seinem fünfzehn Jahre jüngeren Cousin Franz Windhoff, der nach dem Krieg erst sein Ingenieursstudium absolvieren musste, und mit seinem Cousin Wilhelm Bartels, der allerdings kein Techniker war, sondern in der Verwaltung arbeitete. Irgendwann in den fünfziger Jahren kam es dann zu Unstimmigkeiten in der Unternehmensführung. Als Folge davon schied Wilhelm Bartels aus, um Leiter einer Krankenhausverwaltung zu werden.

Das Leben in meinem Elternhaus wurde damals sehr stark durch die anstrengende Berufstätigkeit meines Vaters geprägt, was vor allem bedeutete, dass er in der Familie kaum präsent war. Wie viele Kinder in meiner Generation habe auch ich meinen Vater kaum gesehen. Er ging früh morgens die paar Schritte hinüber in die Firma;

abends kam er spät von dort zurück. Ohne dass ich damals viel darüber nachgedacht habe, war mir doch klar, dass er vor allem im und für das Unternehmen lebte. Das war einfach eine Selbstverständlichkeit. Zu Hause war mein Vater kaum mehr als ein Gast. Selbst in seiner knappen Freizeit schraubte er an irgendetwas herum, meistens an seinem Auto, das er bis in alle Einzelteile zerlegen konnte. Gelegentlich mag er von seiner Arbeit erzählt haben; Schwierigkeiten und Probleme aber kamen dabei, wie es in Unternehmerfamilien üblich ist, kaum zur Sprache.

Heute weiß ich allerdings, dass mein damaliger Eindruck, mein Vater habe nur wegen seiner Arbeit so wenig Zeit für seine Familie gehabt, eine Täuschung war. Es gab noch andere Gründe. Tatsächlich war die Ehe meiner Eltern wohl schon zerrüttet, wenn nicht gar am Ende, noch bevor sie wieder nach Rheine zurückkehrten. Ja, vielleicht hat diese Ehe überhaupt nur wenige Jahre gehalten und ist schon in Berlin zerbrochen, zumindest innerlich.

Die Gründe dafür? Hier muss ich spekulieren. Unstrittig ist, dass mein Vater und meine Mutter sehr verschiedene Charaktere waren und aus sehr unterschiedlichen sozialen Milieus stammten. Die Windhoff-Männer waren allesamt Selfmademen mit einem großen Faible für Technik. Außerdem war mein Vater, was man früher einen „Draufgänger" nannte. Anders gesagt: Die eheliche Treue rangierte in seiner Moralskala nicht sehr weit oben. Meine Mutter hingegen stammte noch aus dem alten, ja eigentlich untergegangenen Milieu des kaiserlichen Beamtenadels. Ich kann mir gut vorstellen, wie sehr sie von der motorbegeisterten Jeunesse dorée im Berlin der dreißiger Jahre fasziniert war. Sie war damals eine hübsche, sportliche junge Frau und hatte dort wohl ganz gut mithalten können. Allerdings besaß sie keine besondere Schulbildung, geschweige denn, dass sie einem Beruf erlernt hätte; von Technik verstand sie überdies gar nichts. Resultat war, dass sie zu den Lieblingsthemen der Männer um sie herum nie etwas beitragen konnte. Wie gesagt, ich kann nur spekulieren, aber wahrscheinlich hätte eine ganz andere Frau viel besser zu meinem Vater gepasst. Zum Beispiel eine wie die abenteuerlustige Langstreckenpilotin Elly Beinhorn, die mit seinem Freund Bernd Rosemeyer verheiratet war und mit ihm zusammen das Traumpaar jener Jahre bildete; die beiden wurden damals von der Öffentlichkeit und den Medien geradezu vergöttert.

Nun, wie immer dem auch sei, im Rheine der Nachkriegsjahre bestand die Ehe meiner Eltern fast nur noch aus der Fassade, die sie für uns Kinder, für die Firma und natürlich auch für die Stadtgesellschaft aufrecht erhielten. Die ganze Wahrheit habe ich erst sehr viel später erfahren. Kurz vor seinem Tod erzählte mir mein Vater, dass er damals Freundinnen gehabt habe, wechselnde zuerst, die natürlich niemals in Erscheinung traten. Später hatte er dann eine gewissermaßen „feste" Freundin, die nicht in Rheine lebte und die er regelmäßig besuchte. Ich habe sie übrigens kennengelernt und halte bis heute Kontakt zu ihr. Sie ist ein sehr angenehmer, ein großartiger Mensch, und ich glaube, sie hat über viele Jahre auf meinen Vater, der auch aufbrausend sein konnte und kaum Widerspruch duldete, einen überaus positiven Einfluss gehabt.

Ich sagte es oben schon, meinen Vater sah ich kaum. Doch obwohl ich sehr viel mehr Zeit mit meiner Mutter verbrachte, verstand ich auch ihr Leben nicht besser als das meines Vaters. Ich wusste zwar, dass sie viel Zeit mit einem anderen Mann verbrachte; das war ganz offensichtlich und wurde nicht verheimlicht. Aber die wahre Rolle dieses Mannes begriff ich nicht. Für mich war er einfach jemand, der oft zu Besuch kam. Ich nannte ihn sogar Onkel. Tatsächlich war er, was man damals einen „Hausfreund" nannte. Der Begriff ist mittlerweile aus der Mode gekommen. Jüngere Leute müssen ihn vielleicht sogar im Lexikon nachschlagen; dort fänden sie die Erklärung: Geliebter einer verheirateten Frau. Der Mann, den ich Onkel nannte, war mit einer schweren Verletzung aus dem Krieg zurückgekehrt und fand wohl nicht so recht ins Leben zurück. Für meine Mutter war er viele Jahre lang nicht nur der Geliebte, sondern auch ein aufmerksamer und zuvorkommender Begleiter. Die beiden unternahmen sogar gemeinsame Reisen, zu denen sie mich öfter mitnahmen.

Mir ist heute klar, dass mein Vater von der wahren Rolle meines „Onkels" wusste. Doch offene Auseinandersetzungen über dieses Thema gab es nie. Es war wohl so, dass meine Eltern die Beziehungen des jeweils anderen duldeten, solange sie diskret gehandhabt wurden. Wichtig war nur, dass die Fassade gewahrt blieb, auch vor uns Kindern. Meine Eltern hatten sogar noch ein gemeinsames Schlafzimmer; allerdings standen die Betten darin getrennt voneinander an den Wänden. Es mag nun sein, dass damals in Rheine über die beiden geredet wurde. Aber das geschah nicht laut. Man war in den fünfziger Jahren noch nicht so skandalversessen wie heute; es gab auch noch nicht die sozialen Medien, in denen heute jeder kleinste Klatsch massenhaft verbreitet wird. Und ich selbst begriff absolut gar nichts. Selbst als ich einmal durchs Schlüsselloch sah, wie meine

Mutter und mein „Onkel“ sich küssten, dachte ich mir nichts dabei. Für mich war meine Mutter im Großen und Ganzen eine Mutter wie all die anderen Mütter, ein bisschen strenger vielleicht und nicht besonders interessiert am Leben und an den Vorlieben der drei Männer in ihrem Haus. Aber welche Frau begeisterte sich damals schon für Sport und Technik?

Außerdem muss ich eines ganz deutlich sagen: Selbst wenn ich von den Eheproblemen meiner Eltern gewusst hätte, so hätte ich mich davon wahrscheinlich nicht um meine glückliche Kindheit bringen lassen. Ich war als Junge nämlich nicht besonders fixiert auf meine Familie und mein Zuhause. Stattdessen war ich dauernd unterwegs. Man muss sich vorstellen, dass das Leben damals noch nicht so durchorganisiert war wie heute und vielfach vom Mangel beherrscht wurde. Eine solch unaufgeräumte Welt kann ein großartiger Spielplatz für abenteuerlustige Jungs sein. Wer die Nachkriegszeit erlebt hat, erzählt heute noch davon, wie man sich „organisierte“, was man nicht hatte. Wir Jungs in Rheine organisierten damals ausgiebige Beutezüge durch fremde Obstgärten. Sicher kein schöner Anblick für die Besitzer, wenn sie ihre Bäume am Morgen ohne Kirschen, Äpfel und Birnen vorfanden, aber darüber machten wir uns wenig Gedanken. Unsere Beute reihten wir im Keller auf Regalen auf und freuten uns über unseren Vorrat an Süßigkeiten. Wenn mein Vater unser Diebesgut aufspürte, bekamen wir von ihm eine Tracht Prügel. Aber das Obst durften wir behalten.

Der viel wichtigere Grund für mein dauerndes Unterwegssein war allerdings mein Interesse am Sport, das mich mehr und mehr umtrieb. Auch dazu musste ich raus aus dem Haus, auf die Straße, auf die Plätze. So oft die Schule und die wenigen häuslichen Pflichten es zuließen, war ich unterwegs, um Sport zu treiben. Dabei hätte man mir in den Kinderjahren den leidenschaftlichen Sportler kaum ansehen können. Ich war keineswegs stämmig oder muskulös, sondern schlank, fast schon dünn, und ich trug meine dunklen Haare sauber und brav gescheitelt, jedenfalls so lange, bis das Spiel begann.

Ach ja, das Spiel! Zuerst war es vor allem der Fußball. Mein eigentliches Zuhause waren die Bolzplätze in der Umgebung. Ziemlich früh bekam ich den Spitznamen Szepan, nach einem Schalker Fußballidol. Viele meiner Freunde reden mich immer noch so an. Dabei weiß ich gar nicht mehr, wie es eigentlich zu dem Namen kam. Der Fußballer Fritz Szepan war damals bereits weit über den Zenit seines Erfolgs hinaus, und eine besondere Ähnlichkeit zwischen mir und ihm gab es nicht. Meine Mitspieler auf den Bolzplätzen in Rheine hatten allerdings auch wenig Ahnung vom großen Fußball. Dafür war der Weg zu den Stadien im Ruhrgebiet viel zu weit, und von der heutigen Allgegenwart des Fußballs in den Medien war man damals noch unendlich weit entfernt; vieles kannten wir bloß vom Hörensagen. Vielleicht hatte ich mir den Spitznamen ja einfach wegen meiner großen Begeisterung für den Sport eingefangen. Denn alles andere stand für mich weit dahinter zurück, sehr weit!

Leider auch die Schule. Weder dem Unterricht noch den Hausarbeiten schenkte ich besondere Aufmerksamkeit. In der Volksschule führte das nicht zu Problemen, das Notwendige schüttelte ich dort wohl noch aus dem Ärmel. Auch die Aufnahmeprüfung am Rheiner Gymnasium Dionysianum bestand ich knapp, ohne mich darauf vorbereitet zu haben. Aber die ersten sechs Jahre am Gymnasium, also Unter- und Mittelstufe, verbrachte ich in der dauernden Sorge um die jeweils nächste Versetzung. Damals gab es noch drei Zeugnisse im Schuljahr, das anders als heute nach den Osterferien begann und vor ihnen endete. Das erste Zeugnis gab es vor den Sommerferien; und meine bewiesen regelmäßig, dass ich mich nach den Osterferien noch gar nicht wieder an die Schule gewöhnt hatte – um es einmal freundlich auszudrücken. Das zweite Zeugnis kurz vor Weihnachten zeigte dann peinlich genau die Schwächen auf, an denen ich dringend arbeiten musste, wollte ich die nächste Versetzung schaffen. Das gelang dann mehrmals nur mit Ach und Krach.

Zu den besonders problematischen Fächern gehörte für mich Latein. Ich hatte die Grundlagen der Grammatik nie recht verstanden, und meine Vokabeln lernte ich auch nicht. Also war ich auf die „Hilfe“ meiner Mitschüler angewiesen. Die bekam ich besonders von meinem Nebenmann Paul Wermers, der sehr gut in Latein war. Allerdings hatte er eine komplizierte und irgendwie verschnörkelte Handschrift, was das Abschreiben nicht eben leichter machte. In einer Klassenarbeit schrieb er als Übersetzung: Caesar empfing die Gesandten an der Schwelle des Hauses. Und obwohl unser Lehrer Hiltmann nicht allzu aufmerksam und streng mit uns war, las ich immer nur: Caesar empfing die Gesandten an der Schelle des Hauses. Na, dachte ich mir, das hört sich ja schrecklich falsch an, da werde ich den guten Paul mal ein bisschen verbessern. Und ich schrieb: Die Gesandten klingelten bei Caesar an der Tür. Der Kommentar des Lehrers Hiltmann zu dieser übersetzerischen Großtat lautete: Jägerlatein! Paul Wermers ist vor kurzem gestorben. Er war leider dement geworden, aber als ich das letzte Mal mit ihm telefonierte und die Episode erwähnte, erinnerte er sich gut daran.

Beim Übergang von der Unter- zur Mittelstufe mussten wir Schüler des Dionysianums damals entscheiden, ob wir in den altsprachlichen, den mathematisch-naturwissenschaftlichen oder den neusprachlichen Zweig wechseln wollten. Mir schien das damals keine Frage zu sein. Schließlich waren wir Windhoffs doch alle Ingenieure, also kamen für mich nur die Naturwissenschaften in Frage. Ich hatte mir auch nie etwas anderes vorgestellt, als Ingenieur zu werden wie mein Vater und mein Großvater. Was auch sonst? Doch mit dieser Entscheidung für den naturwissenschaftlichen Zweig wuchsen meine Schulprobleme in vorher nicht gekannte Höhen. Meine Leistungen in Mathematik waren in der Untertertia so schlecht, dass die Lehrer dringend zu einem Wechsel in den neusprachlichen Zweig rieten. Das war allerdings mit einer Rückstufung verbunden, so dass ich ein Schuljahr verlor. So etwas tut weh, man verliert seine Schulkameraden; doch schlimmer noch war, dass jetzt zu Hause unangenehm häufig über meine schulischen Leistungen gesprochen wurde.

Mir gelang es damals allerdings ganz gut, mich von meinen Schulproblemen nicht völlig auffressen zu lassen. Denn inzwischen hatte ich begonnen, Tennis zu spielen. Und im Tennis hatte ich den Sport meines Lebens gefunden. Meine Eltern waren Mitglieder in der Gesellschaft „Verein“, einem Club, der 1857 von Unternehmern in der Stadt gegründet worden war. Hier im „Verein“ waren sie unter sich, hier konnte man neben Privatem auch Geschäftliches besprechen, ohne in der Öffentlichkeit oder unter Beobachtung der eigenen Mitarbeiter zu stehen. Seit 1922 war dem „Verein“ ein Tennisclub angegliedert, der Rheiner TC 22. Es war ein Sportverein nach englischem Vorbild, der den Mitgliedern des Clubs und deren Familien eine standesgemäße sportliche Betätigung ermöglichen sollte. Club und Verein unterhielten ein eigenes Haus und eine Anlage mit mehreren Tennisplätzen mitten in Rheine.

Als der TC 22 gegründet wurde, war Tennis noch fast ausschließlich ein Sport der besseren Gesellschaft, also der vermögenden Schichten. Es gab kaum öffentliche Plätze, man spielte fast nur in den Vereinen, die durchaus nicht allen offen standen. Um Mitglied werden zu können, musste man in der Regel Bürgen aus dem Kreis der Vereinsmitglieder benennen, was in der Praxis bedeutete, dass der Verein alle Möglichkeiten besaß, um dafür zu sorgen, dass seine Mitglieder unter sich blieben. Allerdings war damals das Interesse der breiten Öffentlichkeit am Tennis auch noch sehr gering. Warum sollte man sich auch für etwas begeistern, bei dem man nicht mittun, ja nicht einmal zuschauen konnte, selbst wenn man wollte? Erst in den dreißiger Jahren schafften es dann einige Tennisspieler und einige internationale Turniere, etwas mehr öffentliche Aufmerksamkeit zu erregen. In Deutschland war Gottfried von Cramm, der „Tennis-Baron", einer der ersten professionellen Spieler. Er gewann einige der bedeutendsten Wettbewerbe, darunter die French Open. Mehrmals unterlag er im Endspiel von Wimbledon. Selbst als von Cramm während der Nazi-Zeit wegen Homosexualität verurteilt wurde, beendete das nicht seine Karriere. Nach dem Krieg war er vielmehr die treibende Kraft beim Wiederaufbau des Deutschen Tennisverbandes.

Doch trotz populärer Figuren wie Gottfried von Cramm und dem im Krieg getöteten Henner Henkel war Tennis in den fünfziger Jahren, als ich zu spielen begann, immer noch der „weiße Sport", den nur die besseren Leute spielten, das heißt die Leute, die es sich leisten konnten, Mitglied eines Vereins zu sein. Tennis galt als ein vornehmer, ein in vielerlei Beziehung „sauberer" Sport. Tatsächlich rangelt man ja nicht miteinander wie beim eher proletarischen Fußball, man berührt seine Gegner nicht einmal, sondern versucht sie nur auszumanövrieren, durch möglichst kraftvolle und geschickte Schläge. Man spielt auf einem überschaubaren, streng abgegrenzten Terrain. Es gibt zwar nur wenige Regeln, aber die müssen penibel eingehalten werden. Bei den allermeisten Begegnungen gibt es keinen Schiedsrichter; es ist den Spielern selbst überlassen, strittige Bälle möglichst objektiv zu bewerten. Zu einem guten Tennisspieler gehören daher neben seinen sportlichen Fähigkeiten auch Zurückhaltung und Höflichkeit. Nicht ohne Grund trug man beim Tennis damals noch ausschließlich „Weiß".

Ich war ungefähr zehn Jahre alt, als meine Eltern mich zum ersten Mal auf das Gelände des TC 22 mitnahmen. An diesem Tag betrat ich die Welt des Tennissports, und ich sollte sie über mehr als sechzig Jahre nicht verlassen. Denn der kleine Fußballer aus Leidenschaft, der ich damals war, erwies sich bald als ein Doppeltalent. Eben war ich noch zusammen mit den Jungen aus der Nachbarschaft hinter dem Lederball hergelaufen, und das sicher nicht immer in der perfekten Ordnung einer gut eingestellten Fußballmannschaft. Doch nun wurde aus mir ein Tennisspieler, der seinen Sport meistens ganz allein auf sich gestellt betrieb. Das mag wie ein Bruch ausgesehen haben, ich glaube heute hingegen, dass es ein logischer Schritt war. Das

Fußballspielen war sicher nicht die schlechteste Vorbereitung für mich, denn die beiden Sportarten haben mehr miteinander zu tun, als es auf den ersten Blick scheint. Eine gute Kondition braucht man hier wie dort; in beiden Fällen geht es um Körperbeherrschung, um das blitzschnelle Reagieren auf die Bewegungen des Gegners und des Balls. Natürlich agiert man beim Tennis ganz alleine, wenn man ein Einzel spielt. Aber es gibt auch das Doppel, bei dem es darauf ankommt, nicht nur den Gegner, sondern auch den Mitspieler richtig einzuschätzen. Einen großen psychologischen Unterschied gibt es allerdings. Beim Fußball gewinnt oder verliert immer die Mannschaft. Spielt man hingegen alleine, wie beim Tennis, so verliert man auch alleine; es gibt dann keinen Trost von den Mannschaftskameraden, dafür aber auch keine Schuldzuweisungen. Ich habe die Erfahrung gemacht, dass Niederlagen im Tennis etwas schwerer zu verschmerzen sind als beim Fußball. Allerdings steht man bei Siegen ganz allein auf dem Podest und im Focus der Zuschauer. Was durchaus angenehm sein kann!

Ich habe mich damals zu einem Spieler entwickelt, den man vielleicht am besten einen „Allrounder" nennen könnte. Das heißt, ich spielte ein eher ruhiges, ausgeglichenes Tennis. Ich war kein reiner Angriffsspieler und kein reiner Konterspieler, aber ich beherrschte beide Taktiken ganz gut; und vor allem ahnte ich oft richtig, was meine Gegner als nächstes unternehmen würden. Ich war schnell und beweglich und ziemlich sicher in meinen Schlägen. Immer wieder bekam ich Bälle, die andere nicht mehr erreicht hätten. Meine Rückhand war etwas besser als die Vorhand. Ich war immer besonders darauf bedacht, keine Fehler zu machen, die ich mit mehr Besonnenheit hätte vermeiden können, eben jene „unforced errors", die oft genug ein Spiel entscheiden. Ich scheute davor zurück, unter hohem Risiko Punkte zu erzwingen, wartete stattdessen lieber auf die Fehler meiner Gegner, ohne dabei zu früh die Geduld zu verlieren. Im Doppel konnte ich mich meistens gut auf meine Partner einstellen, gegebenenfalls auch ihre Schwächen ausgleichen. Leider trennte mich mein Aufschlag von den ganz großen Könnern des Tennis. Er war einfach nicht hart genug, um damit auch starke Gegner unter Druck setzen zu können. Da lag meine Grenze, die ich nie überschreiten konnte.

Jeder Tennisverein entscheidet selbst, wie intensiv er sich um eine Ausbildung und ein regelmäßiges Training seiner Mitglieder bemüht. Im TC 22 kümmerte sich damals vor allem Ernst Kümpers, ein Mitglied der in Rheine und Umgebung bekannten Unternehmerfamilie, um den Tennis-Nachwuchs. Er kam regelmäßig auf die Anlage, um den Jungen und Mädchen beim Spiel zuzusehen. Dabei achtete er besonders streng auf die Wahrung der Tennis-Etikette. Für die damalige Zeit agierte er recht professionell, indem er bekannte Tennisspieler, darunter das Ehepaar Pohmann, als Trainer nach Rheine holte, wo sie zeitlich befristete Schulungen abhielten. Dahinter stand natürlich der Gedanke, mit dem Verein über die Stadt hinaus sportliche Erfolge zu erzielen. Denn Tennis spielt man nicht nur „im" Verein, also gegen die anderen Mitglieder. Darüber hinaus stellen die Vereine Mannschaften auf, die gegeneinander antreten. Unter dem Dach des deutschen Tennisverbandes wurden Turniere in verschiedenen Altersklassen organisiert. Im Alter von zwölf Jahren gehörte ich erstmals einer Jugendmannschaft des TC 22 an und nahm an solchen Turnieren teil. 1953, mit dreizehn Jahren, gewann ich so erstmals die Jugendmannschaftmeisterschaft des Westfälischen Tennisverbandes. Diesen Erfolg konnte unsere Mannschaft in den nächsten fünf Jahren wiederholen, und immer war ich dabei, später sogar als Mannschaftskapitän und Nummer Eins. Auf einem Foto aus dem Jahr 1953 bin ich noch der mit Abstand kleinste in der elfköpfigen Truppe. Aber schon damals hieß es, dass ich einer der besten Spieler werden könnte, die der Verein je hervorgebracht hatte.

In den nächsten Jahren gewann ich dann nicht nur praktisch jedes Vereinsturnier in meiner Altersklasse; ich nahm auch sehr erfolgreich an regionalen und nationalen Turnieren teil. Im Juli 1956 schaffte ich es, bei einem Länderkampf in Kamen den Schweizer Jugendmeister zu schlagen. Bei den westfälischen Jugendmeisterschaften wurde ich mehrmals Erster. Ich spielte damals bei Turnieren unter anderem in Münster, Bielefeld, Lübeck, Braunschweig, Hamburg, Berlin, München und Lausanne. 1960, mittlerweile zwanzig Jahre alt, wurde ich für einen Länderkampf in Schweden berufen. Zwar verlor unsere deutsche Mannschaft, aber ich konnte meine beiden Einzel gewinnen. Im selben Jahr nahm ich an den Internationalen Deutschen Meisterschaften in Hamburg teil. All diese Erfolge sorgten dafür, dass der Deutsche Tennisbund auf mich aufmerksam wurde. Im Mai 1960 wurde ich zum Beispiel zu einem Lehrgang der Förderungsgruppe II nach Hannover eingeladen, den der australische Tennisprofi John Peter Cawthorn leitete.

Ich kann es nicht anders sagen: Meine Jugend, jedenfalls einen großen Teil davon, einen sehr großen, habe ich auf dem Tennisplatz verbracht. Damals spielte man übrigens noch ausschließlich in den Sommermonaten, da keine Halle zur Verfügung stand. Daher spielte ich im Winter wieder Fußball, wo immer das ging und obwohl es die Verantwortlichen aus dem Tennisverein wegen der Verletzungsgefahr nur sehr ungern sahen. War weder Fußball noch Tennis möglich, spielte ich Tischtennis. Gelegentlich war ich sogar mit einem Rheiner Tischtennisverein zu Turnieren in der Umgebung unterwegs. Zuhause war ich, wie gesagt, nur soweit es unbedingt nötig war.

Vielleicht kann ich sagen, dass ich mich damals selbst erzogen habe. Oder nein, besser wäre es zu sagen, dass ich durch den Sport erzogen wurde. Der Tennisverein war eine Welt für sich, immer gut geordnet und aufgeräumt; alles war festen Regeln unterworfen. Wer so jung war wie ich und so gut spielte, bekam viel Aufmerksamkeit von den Erwachsenen um ihn herum. Es gab viele anerkennende Worte, Aufmunterungen und Einladungen. Ich habe das alles durchaus genossen; aber ich denke, ich bin mit meinen damaligen Erfolgen ganz gut zurecht gekommen. Natürlich war ich ehrgeizig, wie sollte man es auch ohne Ehrgeiz zu sportlichen Leistungen bringen. Doch ich denke, meine Erfolge sind mir nie zu Kopf gestiegen. Ich war kein schlechter Verlierer, und meine Doppelpartner spielten durchweg gerne mit mir. Ich habe wohl ein eher ausgeglichenes Naturell, und der Sport, besonders der Tennissport, kam dem entgegen. Er sorgte wahrscheinlich auch dafür, dass ich meine Pubertät kaum bemerkte. Wenn es den in dieser Zeit üblichen Drang zur Rebellion bei mir überhaupt gab, so habe ich ihn wohl auf dem Tennisplatz ausgelebt. Wobei natürlich noch zu erwähnen ist, dass der Kontakt zu gleichaltrigen Mädchen, für viele Jungen im heiklen Alter ein immenses Problem, sich beim Sport und im Vereinsleben sehr zwanglos und unverkrampft ergab.

Allerdings konnte ich das Selbstbewusstsein, das ich mir im Verein und auf dem Platz erwarb, auch sehr gut brauchen, um meine manchmal etwas heikle Schulzeit zu bewältigen. Das galt nicht nur für meine schulischen Leistungen. Als Sprössling einer im Ort bekannten Unternehmerfamilie hatte ich bei einigen Lehrern einen etwas schwereren Stand. Aber mit meinen sportlichen Erfolgen und durch das freundliche und kameradschaftliche Auftreten, das ich beim Sport gelernt hatte, konnte ich bei den meisten meiner Lehrer und besonders bei meinen Mitschülern punkten.

Das Dionysianum war damals noch eine Jungenschule, und auf einer Jungenschule finden die Schüler ihren Platz in der Klassen- und Schulgesellschaft eher durch ihre sportlichen Leistungen und ihr

Auftreten außerhalb des Unterrichts als durch gute Noten oder konformes Verhalten. Ein mehr oder weniger gelungener Streich zählte da wesentlich mehr als eine Eins in Mathematik. Ich erinnere mich da an eine etwas heikle Episode. Die Schulmesse fand damals noch in einer ersten Schulstunde statt, bot also die perfekte Einladung, sie zu schwänzen. Ich trieb mich dann gerne mit meinem Bruder und seinen Klassenkameraden auf dem alten Friedhof herum. Einmal wurden wir von einem Lehrer erwischt, der uns allerdings nicht kannte und deshalb unsere Namen erfragte. Mein Bruder und ich nannten sie dann auch ziemlich kleinlaut, aber ein Klassenkamerad meines Bruders gedachte sich der Feststellung seiner Personalien zu entziehen und tat das, indem er dem Lehrer Prügel androhte. Ein starkes Stück, aber als wir uns in Sicherheit gebracht hatten, wuchsen die Bedenken. Der besagte Schüler trug, aus welchen Gründen auch immer, zu jeder Jahreszeit eine bayerische Trachtenjacke. Die verbrannten wir nach kurzer Beratschlagung, um ihm seine Anonymität zu sichern. Leider weiß ich nicht mehr, wie die Sache ausgegangen ist.

Allmählich verringerten sich dann meine schulischen Probleme, und irgendwann erledigten sie sich von selbst. In der Oberstufe konnte ich meine Noten verbessern und halten, die dauernde Sorge um die Versetzung war gebannt. Und da auf uns Abiturienten um 1960 noch kein numerus clausus wartete, ging ich schließlich ganz ohne Stress in die letzten Prüfungen. Mein Abschlusszeugnis nenne ich einmal: im Ganzen befriedigend.

Gelegentlich bin ich gefragt worden, ob ich denn nie in Betracht gezogen hätte, Tennisprofi zu werden. Meine Antwort ist dann immer ganz eindeutig und ohne jede Einschränkung: Nein. Allerdings ist die Frage auch falsch gestellt, das heißt, sie stammt aus dem Heute und bezieht sich auf ein Gestern. Damals aber gab es zwar einige Spielerinnen und Spieler, die das Tennis hauptberuflich betrieben. Viel Geld war damit allerdings nicht zu verdienen, womöglich nicht einmal genug, um sich davon zu ernähren. Selbst die Gewinner der großen Turniere zogen mit einer Urkunde und einem versilberten Pokal von dannen. Geld bekam man allenfalls, wenn der Verein oder der Verband die Karriere unterstützten oder wenn man Lehrgänge leitete und Trainerstunden gab. So bekam zum Beispiel Wilhelm Bungert bei seinem Einzug ins Finale von Wimbledon im Jahr 1967 vom Tennisverband eine Prämie von dreißig Pfund. Heute gibt es in beinahe jeder Sportart eine Königsklasse, deren Mitglieder durch ihre Gehälter und ihre Werbeverträge zu Großverdienern werden können. Sogar die Olympischen Spiele unterscheiden nicht mehr zwischen Profis und Amateuren. Fußballer und Tennisspieler, aber auch Snowboarder, Surfer und Tischtennisspieler können, entsprechende Leistungen vorausgesetzt, von ihrem Sport leben. Um 1960 aber existierte diese Profisportwelt noch nicht. Und ich war überdies ein Abiturient, auf den, wenn er nur wollte, ein Platz im Familienunternehmen wartete. Dazu war ein Leben als Tennisspieler keine ernst zu nehmende Alternative.

Einmal, da war ich schon Student, gewann ich ein Spiel gegen einen wesentlich älteren Österreicher. Der Mann trug einen Doktortitel. Er gratulierte mir zu meinem Spiel und meinem überlegenen Sieg. Ich bedankte mich artig. Aber, sagte ich dann zu ihm, wenn es nach mir ginge, würde ich gerne tauschen: meine Fähigkeiten im Tennis gegen seinen Titel.

3. Sportler, Student, Dozent

Ein halbes Jahr Amerika und zehn Jahre an der Universität (1960–1970)

Heute bedeutet für viele junge Leute das Abitur einen tiefen Einschnitt in ihr Leben. Ich habe es bei meinen eigenen Söhnen und ihren Klassenkameraden beobachten können. Zu Schulzeiten denken sie noch kaum an eine berufliche Laufbahn, doch dann heißt es plötzlich, Weichen zu stellen, die womöglich den Weg weit hinaus in die Zukunft bestimmen. Viele Abiturienten erlebe ich heute als höchst unentschieden darüber, wohin dieser Weg gehen soll. Und das ist auch kein Wunder, das Angebot an Lebensentwürfen ist ja mittlerweile so ungeheuer groß und vielfältig. Zudem ist das Abitur längst keine Garantie mehr für den beruflichen Erfolg. Und nicht einmal jede Universität und jedes Studium können die erstklassigen Abschlüsse versprechen, die es für eine Führungsposition braucht.

Um 1960 herum war das noch ganz anders. Unser Abitur garantierte uns einen Studienplatz, irgendwelche Zulassungsbeschränkungen gab es nicht. Und ein abgeschlossenes Studium eröffnete die besten Aussichten auf eine Führungsposition in Wirtschaft und Gesellschaft. Wir Abiturienten machten damals nur einen sehr kleinen Prozentsatz der Schulabgänger aus, also konnten wir uns schon mit neunzehn oder zwanzig Jahren als Angehörige einer Berufselite fühlen. Die meisten von uns hatten damals auch schon ziemlich feste

Vorstellungen von ihrer beruflichen Zukunft. Vor mir liegt ein Zeitungsartikel über die Abiturientia des Dionysianums aus dem Jahr 1960, mein Abiturjahrgang. Hinter den Namen der Schüler ist in dem Artikel ihr jeweiliger Berufswunsch verzeichnet. Offenbar hatte jeder eine Antwort geben können; nirgendwo steht, was man heute so oft hört: „weiß ich noch nicht". Und hinter Bernd Windhoff, wohnhaft Windhoffstraße 5, steht: Dipl.-Ingenieur!

So stark war damals die Vorbestimmung und Prägung von Söhnen durch die Geschichte und die Berufe der Väter. Für mich war es einfach viele Jahre lang eine Selbstverständlichkeit gewesen, dass ich dem Weg unserer Familie folgen würde. Ich war gleich neben einer Firma aufgewachsen, die unserer Familie gehörte, und so lange ich denken konnte, ging ich mehr oder minder unbewusst in den Fußstapfen von Vater, Großvater und Urgroßvater. So war es dann wohl auch zu dem „Dipl.-Ingenieur" in dem Zeitungsartikel gekommen. Wahrscheinlich habe ich auf die Frage geradezu automatisch geantwortet, was eigentlich ein bisschen skurril ist, denn der Ingenieur hinter meinem Namen hatte sich zum Zeitpunkt meines Abiturs längst erledigt. Schon der unfreiwillige Wechsel in den neusprachlichen Zweig zu Beginn der Mittelstufe hatte deutlich gemacht, dass aus mir wohl kein Konstrukteur und Tüftler werden sollte, wie es Vater, Großvater und Urgroßvater gewesen waren. Hatte mein Vater vielleicht dennoch darauf gehofft? Manche Talente brechen ja erst später durch. Hatte ich darauf gehofft? Ich denke, nein. Dafür kannte ich meine Stärken und vor allem meine Schwächen viel zu gut.

Außerdem war eine leitende Stellung im Familienunternehmen auch ohne Ausbildung zum Ingenieur durchaus denkbar. Immerhin kam aus unserer Familie nur ich dafür infrage, seit mein Bruder Jochen sich ganz klar und eindeutig gegen jedes Engagement in der Firma Windhoff ausgesprochen hatte. Jochen war ein hoch intelligenter Junge, er hegte sehr vielfältige Interessen, auch im musischen Bereich, doch er wahrte eine gewisse Distanz zu unserem Vater und dessen Einflusssphäre. Selbst als er nach Würzburg gegangen war, um dort ein Studium der Chemie aufzunehmen, brachte ihn das nicht näher an die Familie und die Firma heran.

Dazu kam, dass sich das Verhältnis zwischen mir und meinem Vater in den letzten Jahren ganz deutlich verbessert hatte. Seit er mich bei meiner Tenniskarriere begleitete, konnte ich spüren, dass er einen gewissen Respekt vor meinen Leistungen hegte, dass er stolz auf mich war und, vielleicht auf diesem Wege, eine größere Zuneigung zu mir fasste. Zugegeben, ich war keineswegs ein Musterschüler gewesen, und mein Interesse an der Windhoff AG hatte sich in sehr engen Grenzen gehalten. Alles in allem war ich nicht gerade der Sohn, den ein Unternehmer sich als Nachfolger wünscht. Doch im Sport hatte ich bewiesen, dass ich Ehrgeiz besaß, Ausdauer und Durchsetzungsvermögen, dazu Fleiß, wenigstens beim Training – lauter Eigenschaften also, die bei der Führung eines Unternehmens neben der Sachkenntnis eine nicht zu unterschätzende Rolle spielen. Daher verkraftete es mein Vater auch, als ich nicht, wie noch in dem Zeitungsartikel angegeben, ein Ingenieursstudium aufnahm, sondern eines der Betriebs- und Volkswirtschaft. Damit endete zwar fürs erste die Tradition der Windhoff-Männer, die erfunden, konstruiert, gezeichnet und geschraubt hatten. Aber wenn man weiß, wie schwer es in Familienunternehmen oft genug ist, überhaupt einen Nachfolger unter den eigenen Kindern zu finden, dann kann man die zustimmende Haltung meines Vaters verstehen. Darüber, dass ich nicht Ingenieur wurde, gab es später jedenfalls nie irgendwelche Auseinandersetzungen. Außerdem sollte sich zeigen, dass auch ein Betriebswirtschaftler neben all den Ingenieuren gebraucht wurde.

Allerdings hielt mein Vater es wohl für allerhöchste Zeit, mir einmal einen Einblick in die Welt außerhalb der Sport- und Tennisplätze zu verschaffen, genauer, in die Welt der Industrie. Und dazu wurde ich ins kalte Wasser geworfen. Zwischen Schule und Studium sollte ich ein halbes Jahr in Amerika verbringen, in Pittsburgh, wo die Windhoff AG eine Geschäftspartnerschaft mit der dortigen Railway Maintenance Corporation unterhielt. Hier sollte ich, der ich zugegebenermaßen noch nie in einer Fabrik gearbeitet hatte, ein Praktikum in der Produktion absolvieren. Also flog ich nach einem ganz besonders unbeschwerten Sommer am 24. September 1960 von Amsterdam in die USA, und zwar zunächst nach New York.

Dort verbrachte ich ein paar Tage bei einem Verwandten meiner Mutter, Botho Felden, damals ein Mann von etwa siebzig Jahren. Zusammen mit seiner Frau, einer Adligen, lebte er in Elizabeth, einer Stadt in New Jersey, im Großraum New York. Seine Praxis unterhielt er in New York City. Felden stammte aus Ostpreußen, aus der Nähe von Königsberg; 1913 hatte er in Berlin promoviert. Warum und seit wann er in Amerika lebte, wusste ich damals nicht, und ich erinnere mich auch nicht daran, dass wir jemals darüber gesprochen hätten. Ich weiß nur noch, dass es mir so vorkam, als lebte er schon lange in

Amerika. Die Feldens waren kinderlos, ihr Haus im viktorianischen Stil war sehr vornehm eingerichtet, er spielte Cello, offenbar sehr ambitioniert. Mittlerweile habe ich mich erkundigt: Anfang der dreißiger Jahre hatte Felden wegen seiner jüdischen Abstammung Deutschland verlassen.

Felden nahm mich mit, wenn er morgens um neun von Elizabeth nach New York fuhr; und dort durfte ich mich auf eigene Faust umsehen. Ich tat das auch, sehr ausführlich, wenngleich ein bisschen blauäugig. Schon an einem der ersten Tage verirrte ich mich nämlich sehr tief in die Straßen von Harlem. In der westfälischen Provinz aufgewachsen, hatte ich damals schwarze Menschen allenfalls im Film gesehen. Und jetzt war ich mit einem Mal der einzige Weiße auf der ganzen Straße! Wenn ich mich recht entsinne, habe ich damals auf die etwas heikle Situation mit einem möglichst freundlichen Lächeln reagiert. Als mein Onkel mich am Abend wieder nach Elizabeth fuhr, war er allerdings ziemlich beunruhigt. Ein zweites Mal dürfe ich so einen Ausflug auf keinen Fall machen. Zum Abschied schenkte er mir eine Aufnahme von „Dichter und Bauer“ von Franz von Suppé; die Platte besitze ich heute noch und liebe sie.

Nach etwa einer Woche ging es mit der Eisenbahn weiter nach Pittsburgh, wo mich der Chef der RMC, Mr. Jenner, und ihr Konstruktionsleiter, der Deutschamerikaner Max Bauer, freundlich empfingen. Ich wurde sehr nett untergebracht, und was das Beste war: Von meinem Vater hatte ich die ausdrückliche Erlaubnis, mir ein gebrauchtes Auto zu kaufen, damit ich die großen Entfernungen in Amerika leichter zurücklegen könnte. Eine amerikanische Fahrerlaubnis war rasch besorgt.

Doch zumindest am Anfang fühlte ich mich in Pittsburgh nicht so recht wohl. Da war zunächst die Sprache. Mit meinem Schulenglisch war ich unter den amerikanischen Arbeitern ziemlich aufgeschmissen. Dazu kam, dass die Kollegen sich dem Sohn des deutschen Chefs gegenüber eher reserviert verhielten.

Und ganz offen gesagt: Mich plagte das Heimweh. Ich war zwar schon häufiger unterwegs gewesen, bei Familienreisen und Klassenfahrten, außerdem hatten mich die Tennisturniere unter anderem nach Paris, Straßburg, Lausanne, München und Stockholm geführt. Doch da war ich immer in vertrauter Gesellschaft gewesen. Außerdem ist ein Sportler überall da zu Hause, wo sein Sport getrieben wird. Ganz anders in Pittsburgh, wo ich zunächst das einsame Leben eines Werkstudenten führte. Besonders zu Weihnachten 1960 wurde das Heimweh beinahe übermächtig, da halfen auch der Schnee und die Tannenbäume nicht, im Gegenteil.

Doch wie so oft in meinem Leben rettete mich der Sport. Während in Pittsburgh der Indian Summer spätherbstlich schöne Tage bescherte, meldete Direktor Jenner mich zu einem Tennisturnier an, zur Pennsylvania Open. Und die gewann ich, der in Pittsburgh völlig unbekannte Junge aus Deutschland. Das Schönste an diesem Sieg aber war die damit verbundene Spielberechtigung in den Tennishallen des Pittsburgh Golf Club. Das hieß, trotz des mit Macht hereinbrechenden Winters gab es jetzt immer eine Gelegenheit zum Spiel und zum Kontakt mit anderen Spielern. Besonders gut erinnere ich mich an den dortigen Trainer Micha Stahovic; der war mit einer österreichischen Gräfin verheiratet und freute sich lebhaft über einen Spielpartner, der ihn vor größere Aufgaben stellte als seine amerikanischen Schüler. Abenteuerlich war allerdings die Anreise zum Clubgelände, denn den ganzen Winter über waren die Straßen in Pittsburgh vor lauter Schnee kaum zu erkennen. Zum Glück war der 1951er Dodge, den ich mir gekauft hatte, ein, sagen wir, robustes Fahrzeug, hatte er doch etliche kleinere Unfälle auf den vereisten Straßen zu überstehen. In den meisten Fällen profitierte ich allerdings davon, weil sich meine Unfallgegner mit etwas Bargeld aus der Affäre zogen. Gelegentlich schleppte ich mit dem Dodge auch Fahrzeuge aus Schneewehen heraus. Auch dafür erhielt ich in der Regel einen kleinen Geldbetrag.

Durch das Tennis wurde die zweite Hälfte meines Amerikaaufenthaltes zu einer besonders schönen Zeit. Zu den Höhepunkten gehörte die Teilnahme an der Hallenmeisterschaft in New York im Februar 1961, obwohl ich dort in der ersten Runde gegen den Amerikaner John Cranston ausschied. Und der Höhepunkt schlechthin war das Spiel gegen den ehemaligen Wimbledonsieger Vic Seixas bei einem Turnier des Pittsburgh Golf Club, das ich nach sehr hartem Kampf ganz knapp mit 7:9, 7:9 verlor. Ein Foto von uns beiden, das unmittelbar nach dem Match aufgenommen wurde, erschien in der Pittsburgh Post-Gazette. Ein anderes mit einer Widmung von Seixas für mich hängt heute noch bei uns in Rheine im Flur. Wenn ich nicht gerade gegen solche Tennis-Koryphäen antreten durfte, spielte ich mit dem Sohn des Direktors, Bob Jenner, der auch ein leidenschaftlicher, wenngleich eher mittelmäßiger Tennisspieler war. Als Doppel waren wir in den Vereins-Turnieren zwar ohne Siegchance, aber Bob hatte seinen Spaß und nahm mich in seine junge Familie auf.

Das schönste Erlebnis meiner Zeit in Amerika hatte ich allerdings nicht auf dem Tennisplatz. Als die RMC vorübergehend Kurzarbeit anmeldete, konnte ich nicht mehr in der Fertigung arbeiten. Also schickte man mich „on the road“, zur Unterstützung der Montagearbeiter. Meine erste Station war Indianapolis, wo die Crew der RMC sehr vornehm im Hilton Hotel untergebracht war, ein mir bislang ziemlich fremdes Ambiente. Doch mehr noch als der Pomp im Hotel elektrisierte mich der Hinweis, dass zum Dinner-Dancing Jack Teagarden mit seiner Band spielen sollte!

Ich war nämlich Jazzfan, vor ein paar Jahren angesteckt durch meinen Bruder Jochen, der sich in diesem Musikgenre prächtig auskannte. Im Gegensatz zu Jochen spielte ich allerdings seit meinem siebzehnten Lebensjahr selbst ein Instrument, das Schlagzeug. Ich hatte darin Unterricht bekommen und spielte in der Schülerband des Dionysianums, dazu in einem Trio mit Bass und Klavier, das sich um einen Schulkameraden meines Bruders formiert hatte, Klaus Stobbe, der mit Vorliebe meinen Lieblingspianisten Erroll Garner kopierte. Wir spielten zu Schul- und Klassenveranstaltungen, zu Tanztees und Matineen.

Und jetzt war ich einem meiner Idole unversehens ganz nahe. Der Posaunist und Sänger Jack Teagarden gehörte wie Louis Armstrong, mit dem er eine Zeitlang zusammengespielt hatte, zur älteren Generation des Mainstream Jazz. Ich kannte seine Platten in- und auswendig. Rasch erkundigte ich mich nach seinen Auftritten, und dabei erfuhr ich, dass Teagarden ein aktuelles Problem hatte: Sein Schlagzeuger hatte sich bei einem Unfall auf den vereisten Straßen verletzt und fiel aus. In der Lobby des Hilton herrschte ziemliche Aufregung. Teagarden und ein Manager führten ein unüberhörbares Gespräch. Ich trat ein paar Schritte heran und wagte mich mit einer äußerst kühnen Bemerkung hervor, allerdings nur in mittlerer Lautstärke geäußert: „I play the drums.“

Doch so wurde ich nicht gehört, ich musste mich schon ein paar Schritte weiter vor wagen und etwas lauter werden: „Excuse me, Mr. Teagarden, I play the drums.“ Der Meister sah mich an und antwortete, noch deutlich reserviert: „Not bad.“ Und dann begann er, mich nach Jazz-Koryphäen zu befragen. Ich kannte sie alle: Erroll Garner, Louis Armstrong, Jerry Mulligan, Duke Ellington, Klaus Doldinger, und ich gab dementsprechend Auskunft. Das Ergebnis schien Teagarden zufriedenzustellen. Er sagte: „I see you at four.“ Mit anderen Worten: Um vier Uhr nachmittags durfte ich tatsächlich vorspielen.

Ein bisschen eingeschüchtert war ich natürlich schon, vorsichtig formuliert, aber das Schlagzeug auf der Bühne des Ballrooms im Hilton Hotel war auch nicht viel größer als meines zu Hause. „It's okay!", lautete schließlich Teagardens Kommentar; und also spielte Bernd Windhoff, einundzwanzig Jahre alt, tatsächlich drei Tage lang im Hilton in Indianapolis das Schlagzeug in Jack Teagardens Sextett. Zum Glück kannte ich alle Stücke auswendig und konnte locker den Rhythmus halten.

Allerdings sollte sich meine Jazz-musikalische Leistung in eher engen Grenzen halten. Dafür sorgte schon der Meister selbst, der mich immer dann, wenn ich den schieren Rhythmus verlassen und ein wenig akzentuieren wollte, entschieden zurückwinkte. „Take it easy!", sagte er dann leise, und Schluss war mit meinen Eskapaden. Gut, das Schlagzeug musste nun einmal besetzt sein, damit der Auftritt vonstatten gehen konnte; einen jungen Virtuosen in der Schießbude wollte der Bandleader allerdings nicht. Egal, ich war mehr als zufrieden damit, drei Abende lang für die Profis ein lebendes Metronom zu sein. Man könnte auch sagen: Ich war selig! Zumal es neben einem Brief von Teagarden, in dem er mich einen „swell boy" nannte, pro Abend 300 Dollar gab, für mich, der ich vom Vater eher knapp gehalten wurde, eine geradezu unanständig hohe Summe. Tatsächlich bekam ich zusammen mit den winterlichen Unfallgeldern so viel zusammen, dass ich mir zu Hause in Rheine den ersten eigenen Wagen kaufen konnte, natürlich einen VW Käfer.

Allerdings hätte ausgerechnet ein Auto beinahe meine Heimkehr nach Deutschland gefährdet. Am letzten Tag in Pittsburgh wurde ich in einen Unfall verwickelt, wieder auf glatter Straße. Alle anderen Beteiligten gaben mir die alleinige Schuld, und da ich mich nicht besonders eloquent verteidigen konnte, wurde ich festgenommen. Die letzte Fahrt im Dodge endet also in einer Gefängniszelle, doch zum Glück holte mich Mr. Jenner mit einem ziemlich pompösen Auftritt („Unverschämtheit", „unschuldiger junger Mann" etc.) dort wieder heraus.

Sehr beeindruckend war auch eine andere Episode aus meiner Zeit in Amerika. Anfang März hat ich bei einem Tennisturnier in Pittsburgh ein Mädchen kennengelernt, Judy Malmquist. Als ich ihr erzählte, dass ich am nächsten Morgen zu einer Eisenbahnausstellung nach Chicago fahren würde, lud sie mich in ihr dortiges Elternhaus ein. Ich nahm gerne an. Am Bahnhof sollte mich ihr Bruders Steve abholen, aber den verpasste ich, als ich den Bahnhof irrtümlicherweise durch den ziemlich dunklen Hinterausgang verließ. Und dort stolperte ich über einen Mann, der am Boden lag. Ich informierte sofort die Polizei, und es stellte sich heraus, dass der Mann bereits tot war. Ich wurde daraufhin ausführlich befragt; und obwohl ich ja nichts mit dem Fall zu tun hatte, wurde mir doch ziemlich mulmig zumute. Hier herrschten offenbar ganz andere Verhältnisse als im heimischen Rheine!

Schließlich fand ich Steve Malmquist, der mich mit seinem Wagen zum Haus seiner Eltern fuhr. Das Auto war allerdings eine ziemliche Marke für sich und jagte mir einen weiteren Schrecken ein. Es handelte sich nämlich um einen großen amerikanischen Leichenwagen, dessen Innenraum mit viel Aufwand und noch mehr Plüsch zu einer Art Wohnzimmer-Sitzlandschaft umgebaut worden war. Diesen ironischen Umbau von Leichenwagen, der in den USA wohl eine gewisse Tradition hat, kannte ich nun so gar nicht. Aber ich wagte auch nicht zu fragen, aus Angst, meine Unkenntnis zu zeigen.

Bei den Malmquists zu Hause erfuhr ich dann, wie es 1961 bei reichen Leuten in Amerika aussah. Es begann damit, dass in der Tiefgarage unter dem Haus mehrere Autos standen, von denen ich mir eines zur freien Verfügung aussuchen durfte und mit dem ich dann tatsächlich ganz alleine zum Ausstellungsgelände fuhr. Die Eltern Malmquist waren übrigens gar nicht zu Hause, und so lebte ich ein paar Tage lang mit Steve und seiner kleinen Schwester in dem riesigen Haus, vom zahlreichen Personal bestens versorgt. Schon das Frühstück hatte Ausmaße, die ich aus Rheine nicht einmal von Festtagsessen kannte. Ich war höchst beeindruckt. Wir waren doch selbst keine armen Leute. Aber einen solchen Reichtum hatte ich nie zuvor kennengelernt; und ich hatte ihn mir auch nicht vorstellen können. Später erfuhr ich, dass Steves Vater ein bedeutender Broker in New York war.

Mitte März 1961 ging es zunächst wieder nach New York zu Onkel Botho Felden und von dort am 22. März mit dem Schiff zurück nach Europa. Was so luxuriös klingt, war allerdings eine ziemliche Tortur, und das nicht, weil ich dritter Klasse fuhr, in einer Kabine mit vier Schlafplätzen. Die SS Independence, ein erst zehn Jahre alter amerikanischer Liner für etwa 1000 Passagiere, geriet nämlich sofort in ungewöhnlich schlechtes Wetter, so dass noch am dritten Tag höchstens 100 Menschen zu den Mahlzeiten in die gewaltig großen Speisesäle kamen. Auch ich erholte mich erst gegen Mitte der Überfahrt und war heilfroh, am 30. März 1961 bei wunderbarem Wetter Cannes zu erreichen.

Von dort aus ging es allerdings nicht gleich nach Hause; im Gegenteil, es erwartete mich ein ganz besonderer Zwischenstopp, auf den ich mich schon lange gefreut hatte. Mit der Bahn fuhr ich von Cannes nach Bandol, einem kleinen Ort am Mittelmeer, unmittelbar westlich der großen Hafenstadt Toulon. An die Fahrt erinnere ich mich noch gut. Es war, als würde man durch ein impressionistisches Gemälde von Cezanne fahren. Meinen dicken Wintermantel konnte ich beiseite legen, und eine Zeitlang vergaß ich auch den riesigen Koffer, den ich mit mir herumschleppen musste.

Aber warum nach Bandol? Nun, in Bandol residierte die Familie Buding in ihrem Tennis-Imperium. Der Patron, Dr. Franz Buding, übrigens genauso alt wie mein Vater, war eigentlich Rechtsanwalt, doch was ihn am meisten trieb, war seine Begeisterung fürs Tennis. Die Budings waren Banater Schwaben, 1945 flohen sie aus Rumänien nach Deutschland, doch aus Angst vor einem Dritten Weltkrieg emigrierte die Familie 1948 nach Argentinien. Dort entwickelten sich, unter Anleitung des Vaters, die vier Buding-Kinder Lothar, Edda, Ilse und Ingo zu international beachteten Nachwuchsspielern. Sie spielten zunächst für Argentinien; es heißt, sie hätten die besondere Aufmerksamkeit des Staatschefs Peron genossen.

In den fünfziger Jahren kehrten die Budings nach Europa zurück und lebten zunächst in Baden-Baden, wo ich den jüngsten Sohn, Ingo, kennenlernte. Später errichteten sie in Bandol eine Tennisanlage mit mehreren Asphaltplätzen und einem eher schlichten Gästehaus, die sie als Trainingscamp für den deutschen Tennisbund betrieben. Das Geschäftsmodell von „Chez Büding“ war denkbar einfach und schlagend: Da in Südfrankreich das Wetter schon ab März Spiele auf Freiluftplätzen zuließ, war Bandol ein idealer Ort, um sich schon früh auf die Saison vorzubereiten und mit einer guten körperlichen Form in die Turniere zu starten. Man darf nicht vergessen, dass es damals längst nicht so viele gut geheizte Tennishallen gab wie heute.

Zwei Wochen lang, von meiner Ankunft bis zu meiner Abfahrt, herrschte wunderbares Wetter, nicht eine Wolke zeigte sich am Himmel. Zum Baden im Mittelmeer war es noch nicht warm genug, jedenfalls nicht für mich, der ich ein bisschen kältescheu bin. Aber man konnte von früh morgens bis zum Sonnenuntergang Tennis spielen. War ich einmal nicht auf dem Platz, wurde ich von Herrn Junkermann, dem Vater einer Mitspielerin, zu Besichtigungstouren mitgenommen, zum Beispiel nach Toulon oder Marseille, wo mich vor allem der alte Hafen faszinierte. Gab es überhaupt irgendetwas in diesem Tennisparadies zu kritisieren, dann war es das ziemlich einfache Essen. Aber so etwas störte mich nie. Ich war damals immer noch sehr schmächtig, aufs Essen legte ich sowieso keinen großen Wert, und besonders dann nicht, wenn ich mit Leuten zusammen war, die als Sportler oder als Menschen interessant und angenehm im Umgang waren. Damals in Bandol war fast der gesamte deutsche Tennisnachwuchs vertreten. Zur Förderungsgruppe I gehörten Wilhelm Bungert, Christian Kuhnke, Dieter Ecklebe und Wolfgang Stuck, alle wie ich Jahrgang 1939, und die etwas jüngeren Bernd Kube und Ingo Buding. Ich selbst gehörte zusammen mit Harald Elschenbroich, Günther Sanders und Detlev Russ zur Förderungsgruppe II.

Ich bin in den sechziger Jahren dann noch mehrmals in Bandol gewesen, sei es auf Einladung durch den Tennisbund oder auf eigene Initiative zusammen mit befreundeten Spielern wie Bernd Kube, Peter Tillmann und anderen. Man traf in Bandol die großen Namen des deutschen Tennis, ich nenne hier als Beispiele Helga Masthoff und Helga Schulze. Wenn ich mich nicht ganz falsch erinnere, wurde in den Spielpausen und nach Sonnenuntergang auch kräftig geflirtet. Mein diesbezügliches Französisch reichte so gerade für gemeinsame Ausflüge in die Lokale am Hafen. Später, in den Siebzigern, änderte „Chez Büding" gezwungenermaßen seinen Charakter, weil es jetzt mehr Tennishallen gab, in denen man im Winter trainieren konnte. Nun wurden in Bandol auch Tennislehrgänge für Amateure angeboten, die sich davon erhofften, in der Rangliste ihres Clubs ein wenig aufsteigen zu können. Heute ist die Anlage der Budings längst aufgegeben, von den Buding-Kindern lebt neben Ilse noch Lothar Buding, übrigens ganz in der Nähe, in Warendorf. Ingo und Edda sind tot.

Mitte April 1961 war ich wieder in Rheine, braun gebrannt und gut trainiert. Aber gleich hieß es wieder Kofferpacken. Zum Sommersemester 1961 nahm ich mein Studium der Betriebs- und Volkswirtschaftslehre an der Freien Universität Berlin auf. Fünfundfünfzig Jahre nach meinem Großvater Hans ging also wieder ein Windhoff nach Berlin. Allerdings sollte es nicht der direkte Weg ins Unternehmertum sein, auch wenn mein Vater sich das natürlich so gewünscht hatte. Berlin war für mich wohl eher die erste Station auf einem Umweg. Ich wohnte zunächst zusammen mit meinem Bruder Jochen in je einem möblierten Zimmer bei verschiedenen Vermietern. Am Ende des Semesters kündigte ich jedes Mal meine Buden, um die Ferien in Rheine zu verbringen und so die Miete zu sparen. Jochen hatte damals sein Studium schon fast abgeschlossen; er promovierte bereits zum Dr. rer. nat., ging dazu jeden Morgen ins Labor und führte überhaupt ein Leben, als wäre er schon berufstätig.

Meine Wohnungen, unter anderem in Dachsberg, lagen zwar immer so, dass ich die Freie Universität in Dahlem gut erreichen konnte, doch ich muss ehrlich sein und zugeben, dass ich deren Hörsäle damals kaum von innen kennenlernte. Denn gleich um die Ecke, im Grunewald, lagen die großen und traditionsreichen Berliner Tennisvereine. Und kaum war ich in Berlin angekommen, da war das in der dortigen Tennisszene auch schon bekannt geworden. „Bernd Windhoff ist hier?“, hieß es. „Ja, wo spielt er denn?“ Das Interesse der Vereine an einem talentierten jungen Spieler, der ihre Mannschaften verstärken konnte, war natürlich denkbar groß. Zunächst spielte ich bei Blau-Weiß Berlin, später wurde ich von Rot-Weiß Berlin abgeworben. Beide Clubs hatten (und haben noch immer) ihre sehr gepflegten Anlagen im Grunewald in unmittelbarer Nachbarschaft zueinander.

Hier Mitglied zu sein war ein Traum für einen jungen Tennisspieler aus der Provinz. Jeden Tag konnte ich mit bekannten und profilierten Spielern meiner Generation trainieren, zum Beispiel mit Harald Elschenbroich und Bodo Nitsche oder den Berlinern Fritze Dallwitz, Eberhard Wensky, Helmut Quack und anderen. An beinahe jedem Wochenende gab es Turniere. Die Vereine waren aber nicht nur mit Plätzen und Spielern bestens ausgestattet, es gab dort auch günstige Verpflegung, nicht ganz unwichtig für einen ständig klammen Studenten, wie ich es war. Die Umgebung rund um die Clubanlagen war ein sehr verlockendes Freizeitgebiet, so fuhren wir öfter zum Baden an den Hundekehle-See.

Ohne zu übertreiben, kann ich sogar sagen, dass der Tennisclub Rot-Weiß ein regelrecht glamouröses Terrain war. Regelmäßig kam der bekannte Boxer Bubi Scholz vorbei, um im Clubheim mit seinen Freunden Skat zu spielen. Ich erinnere mich an Schauspieler wie den charismatischen Peter van Eyck und an den Regisseur Alfred Weidenmann. Leute wie sie brachten sogar internationale Stars in den Club. Einmal wurde bekannt, dass die berühmte Schauspielerin Liz Taylor zu Gast sei. Natürlich kamen wir dann ganz zufällig vorbei. Und da wir als die aktiven Spieler des Vereins zum lebenden Inventar gehörten und in gewisser Weise ein Aushängeschild waren, wurden wir der Diva auch persönlich vorgestellt.

Bei so einer Gelegenheit habe ich mich einmal ziemlich blamiert. Ich trainierte mit Paule Stuck auf dem Center Court, da warf ein junger Mann uns vom Spielfeldrand ein paar Bälle zu. Ich erinnere mich noch gut an seine Erscheinung: sehr gut aussehend, sehr schmal, Jeans und weißes Polohemd. Ich fragte Stuck, ob wir ihn nicht als Balljungen engagieren sollten. „Von wegen, Balljunge!“, sagte Stuck. „Sag bloß, den kennst du nicht?“ Der jungenhafte Mann war nämlich Horst Buchholz, damals schon ein bekannter Schauspieler, den man auch den deutschen James Dean nannte. Ich lernte ihn dann näher kennen. Er spielte ein ganz ansehnliches Tennis und war sehr sympathisch, wirklich jungenhaft und kein bisschen herablassend. Verheiratet war er damals schon mit der französischen Schauspielerin Myriam Bru, die ich übrigens äußerst attraktiv fand.

Allerdings schrieben wir, während ich mein Tennis-Leben genoss, das Jahr 1961. Im August wurde die Berliner Mauer errichtet. Die jetzt womöglich endgültig getrennte alte Hauptstadt bildete die heiße Grenze, an der die Einflussgebiete der Supermächte aufeinanderstießen. Sie wurde zum Zentrum des Kalten Krieges, dauernd drohten ihre Isolierung oder sogar eine Abspaltung von der Bundesrepublik. Doch ich muss ehrlich gestehen: Von all dem sah und spürte ich nicht allzu viel. Im tiefen Westen Westberlins führte ich ein Leben auf der Sonnenseite mit Tanzabenden, Flirts und vielen Freundinnen.

Allerdings muss man dabei erwähnen, dass die jungen Frauen damals viel zurückhaltender waren als heute. Schließlich war die Pille noch nicht verbreitet, und mit einer ungewollten Schwangerschaft riskierte man wesentlich mehr als heutzutage. Meine Jungfräulichkeit verlor ich tatsächlich erst mit einundzwanzig Jahren. Es war, wie hätte es anders sein können, am Rande eines Tennisturniers. Die deutschen Meisterschaften fanden damals in Braunschweig statt, im Bürgerpark, einer wunderschönen Anlage. Ich genoss den Aufenthalt dort immer sehr, zumal praktisch alles bezahlt wurde. In dem besagten Jahr schied ich allerdings bereits in der zweiten Runde aus, gegen einen Spieler, den ich kurz zuvor in Hamburg noch geschlagen hatte. Da sprach mich eine nette Frau um die Dreißig an und lud mich zu sich nach Hause zum Essen ein. Naiv, wie ich damals noch war, dachte ich mir so gut wie gar nichts dabei und nahm die Einladung an, zumal ich dummerweise einen Großteil meiner Essensmarken beim Kartenspiel verloren hatte. Wie sich herausstellte, war die Frau verheiratet und hatte zwei Kinder. Ihr Mann war Monteur und gerade für mehrere Wochen in Übersee. Ihre Absicht war es natürlich, mich zu verführen. Allein, ich bemerkte es anfangs nicht und ging auf ihre Angebote, die für andere als mich wahrscheinlich offensichtlich gewesen wären, nicht so recht ein. Schließlich fragte sie mich offen heraus, ob ich vielleicht homosexuell sei. Aber auch darauf konnte ich nicht antworten, weil ich immer noch nicht wusste, was das war. Nun, sie bekam heraus, dass ich es nicht war. Und in den wenigen Tagen, in denen die anderen ihr Turnier zu Ende spielten, bekam ich einen umfassenden Nachhilfeunterricht. Am Schluss hatte ich meine Gesellenprüfung gemacht.

Zurück nach Berlin. In Moabit, im Wedding, in Neukölln oder Kreuzberg war ich nie; und wäre nicht mein Bruder gewesen, so hätte ich vielleicht auch Ostberlin nie gesehen. Jochen aber nahm mich und meinen Tennispartner Harald Elschenbroich mit zu Theateraufführungen ins Berliner Ensemble, das von Bertolt Brecht geleitete Theater, und in die Oper. Wie für so vieles andere interessierte sich Jochen auch für Literatur und klassische Musik, er konnte uns jede Inszenierung erklären, zum Beispiel die des absurden Theaterstücks „Warten auf Godot". Mir allerdings passierte es oft genug, dass ich, ermüdet vom anstrengenden Training, gegen halb zehn im Parkett einschlief, was mir bei meinem Bruder den Titel eines Banausen einbrachte.

Als Alternativprogramm zur Kulturpädagogik meines Bruders besuchte ich mit meinem Studienfreund Michael Ziehmer gelegentlich ganz andere Abendveranstaltungen. Einmal, es war im Frühjahr 1960, schlug Michael vor, wir sollten uns einen Boxkampf ansehen. Ein deutscher Boxer, ich glaube, er hieß Ulli Ritter, boxte gegen den Amerikaner Pete Rademacher, der fünf Jahre zuvor Olympiasieger im Schwergewicht geworden war. Um uns den Eintrittspreis zu sparen, hatten wir uns einen Trick ausgedacht. Wir zogen weiße Kittel an und besorgten uns einen Eimer Wasser und einen Schwamm. Tatsächlich gingen wir mit dieser Minimalausstattung als Masseure durch und wurden ganz nach vorne an den Ring gewunken, auf eine Bank, wie man sie in Bierzelten findet. Von dieser harten, aber bevorzugten Position aus gedachten wir den Boxkampf in Ruhe zu verfolgen. Doch plötzlich schrie mich jemand an: „Du blöder Idiot! Siehst du nicht, dass der Mann total fertig ist? Mach was, du Heini! Geh da hin!" Tatsächlich stand der deutsche Boxer wohl kurz vor dem k.o., was mir, der ich keine rechte Ahnung vom Boxsport hatte, gar nicht aufgefallen war. Doch was blieb mir jetzt anderes übrig, als in der nächsten Rundenpause mit meinem Schwamm und dem Eimer in den Ring zu klettern und dort zu tun, was man von einem Masseur erwartet. Ich drückte Ritter meinen Schwamm über dem Kopf aus und massierte seine Beine. Tatsächlich kam er zum Gong auch wieder hoch. Ich hatte zwischenzeitlich vergessen, wie der Kampf ausgegangen war, doch dem Internet konnte ich unlängst entnehmen, dass am Ende das einzige Remis in Rademachers Profikarriere stand! Ich denke also sagen zu können, dass ich bei diesem bedeutenden Ereignis an entscheidender Stelle beteiligt war.

Bei meiner ersten Übersiedlung nach Berlin hatte mir Gottfried von Cramm eine Wohnung angeboten. Ich war dem Tennis-Baron schon vorher einmal begegnet und hatte auf einen Annäherungsversuch verwirrt und abweisend reagiert. Noch immer wusste ich ja nicht so recht, was Homosexualität eigentlich bedeutete. Schon darüber zu reden war ein absolutes Tabu! In Berlin intervenierte dann umgehend mein Vater; er wollte mich auf keinen Fall unter dem Einfluss von Cramms sehen. Heute verstehe ich natürlich seine Gründe. Zwar schwanden damit meine Chancen auf eine stärkere Förderung durch den Tennisverband, doch die wäre auch kaum noch nötig gewesen. In der Tennisrangliste Westfalens für das Jahr 1961 wurde ich als Dritter geführt, im Jahr zuvor hatte mich die Frankfurter Allgemeine Zeitung unter die ranglistenfähigen Spieler in Deutschland eingereiht. Offiziell gehörte ich noch immer zur Förderungsgruppe II der BRD.

Drei ganze Semester, anderthalb Jahre, dauert dann meine ins Großstädtisch-Märchenhafte verlängerte Tennis-Jugend. Doch schließlich verpetzte mich mein Bruder Jochen bei einem Besuch unseres Vaters in Berlin. Bernd studiere überhaupt nicht, sagt er, die Uni habe er noch gar nicht von innen gesehen. Das folgende Donnerwetter hielt sich allerdings in Grenzen. Ich glaube, dass mein Vater ein gewisses Verständnis für mich aufbrachte; er selbst hatte ja dreißig Jahre zuvor auch das schöne Leben in Berlin genossen. Aber was genug war, war genug, und so machte er dem Berliner Traum ein Ende. Zum vierten Semester wechselte ich an die Universität Köln.

Allerdings empfing mich auch dort der Sport mit offenen Armen. Ich entschied mich für Rot-Weiß Köln, wo man ebenso wie in Berlin nach guten Spielern aus dem Studentenkreis suchte. Meine erste Unterkunft wurde mir durch den Verein vermittelt, doch die musste ich bald schon aufgeben, weil der Sohn der Vermieter mir gewisse Avancen machte. Unaufgeklärt, wie ich war, wunderte ich mich nur darüber; anderswo gab es Gerede. Vorübergehend wohnte ich dann im Clubhaus, bis man eine neue Bleibe für mich fand. Mit Rot-Weiß Köln wurde ich 1963 deutscher Mannschaftsmeister bei den großen Medenspielen, im Endspiel in Augsburg besiegten wir Bayern mit 5:4, dabei holten Wilhelm Bungert und ich den wichtigen fünften Punkt im Doppel gegen das Doppel Scholl/Hofer. Es gab eine recht zeremonielle Siegerehrung in Schloss Benrath. Im selben Jahr holte ich bei den Meisterschaften des Tennisverbandes Rheinbezirk die Titel im Einzel, Doppel und im gemischten Doppel.

1963 spielte ich bei der Daviscup-Begegnung Deutschland gegen Spanien, obwohl ich gar kein Mitglied der Mannschaft war. Für Deutschland spielten damals Wilhelm Bungert und Christian Kuhnke. Da die Spanier nur mit vier Spielern angereist waren, gab es niemanden mehr für das sogenannte Exhibition Match, das normalerweise am Samstag nach dem Doppel von den jeweiligen Ersatzspielern bestritten wurde. Also kam man auf mich; immerhin hatte ich kurz zuvor gegen die belgische Nummer Eins Jacky Brichant gewonnen. Und so durfte ich vor großer Zuschauerkulisse gegen Adolf Kreinberg spielen, der wenige Jahre zuvor deutscher Hallenmeister gewesen war. Ich schlug ihn mit 7:5 im dritten Satz. Wilhelm Bungert verlor übrigens das entscheidende vierte Einzel nach einer 2:0 Satzführung gegen den Spanier Juan Manuel Couder, von dem man damals sagte, er gewinne seine Spiele mit den Beinen, so ein unermüdlicher Läufer war er. Ich erinnere mich noch gut daran, dass Bungerts damalige Freundin, die südafrikanische Tennisspielerin Renée Schuurman, über seine Niederlage ganz bitterlich weinte.

Zu etwa der gleichen Zeit nahm ich in Bielefeld an einem internationalen Einladungsturnier teil. In der ersten Runde traf ich auf Bora Jovanovic, damals die Nummer Eins in Jugoslawien, vor Nicola Pilíc, dem späteren deutschen Daviscup Teamchef. Jovanovic und Pilíc waren im Vorjahr in Wimbledon ins Doppelfinale gekommen; Jovanovic hatte gerade erst bei der Italian Open im Finale verloren. Ich rangierte dagegen natürlich nur unter „ferner liefen“. Den ersten Satz gewann Jovanovic mit 6:4, den zweiten ich mit 6:3. Im dritten zog Jovanovic dann das Tempo an, doch dabei machte er zu viele Fehler. Ich blieb ganz ruhig, schließlich hatte ich ja gar nichts zu verlieren. So gewann ich den entscheidenden Satz mit 6:3 und hatte damit den Finalisten eines großen Turniers und den an Nummer Eins Gesetzten aus dem Wettbewerb geworfen. Dieser überraschende Sieg brachte mir dann die Bekanntschaft von Maria Esther Bueno ein. Sie war damals eine der weltbesten Tennisspielerinnen, insgesamt viermal hatte sie allein das Turnier in Wimbledon gewonnen. Sie bat mich um einen Trainingssatz. Obwohl ich eher zurückhaltend spielte, gewann ich leicht mit 6:3. Doch auf diesen Sieg bilde ich mir nun wirklich nichts ein. Der Unterschied an Kraft und Schnelligkeit zwischen Männern und Frauen ist beim Tennis einfach zu groß.

Es zeigte sich bald, dass der Ortswechsel für mein Studium nicht allzu viel gebracht hatte; auch in Köln war mein studentischer Eifer nicht sehr viel größer als in Berlin. Immerhin besuchte ich jetzt regelmäßig die Repetitorien, wo privat bezahlte Lehrer das geballte Prüfungswissen an die Studenten vermittelten. So arbeitete ich mich gewissermaßen durch die Hintertüre allmählich in mein Fach hinein. Sicher hätte ich mich in Köln zur Prüfung angemeldet, aber der Vater verlangte von mir ein Auslandsstudium, am liebsten in Frankreich. Mir war das gar nicht recht, ich fürchtete nur neue Sprachprobleme. Wir verhandelten, und schließlich erklärte sich der Vater mit Basel einverstanden. Ein Kompromiss: es war eindeutig Ausland, aber man sprach Deutsch.

So zog ich nach drei Semestern in Köln in die Schweiz, was auch hieß, in ein wohlhabendes Land, das vom Krieg verschont geblieben war. Die großzügig ausgestattete Universität, noch kaum ausgelastet, bot hervorragende Studienmöglichkeiten. Und wen wundert es, auch in der Schweiz wurde Tennis gespielt. Ich war gleich wieder dabei. 1964 wurde ich zunächst Baseler Tennismeister. In Folge gewann ich alle Turniere in der Schweiz und wurde noch im selben Jahr in Luzern inoffizieller Schweizer Meister.

Das hätte durchaus so weitergehen können. Doch im Jahr darauf, ich war gerade fünfundzwanzig geworden, traf ich eine schwere Entscheidung: Ich beendete fürs erste meine Laufbahn als Tennisspieler. Leicht fiel mir das nicht, aber es musste sein. Zum Entsetzen meines Basler Clubchefs Charly Heck meldete ich mich von allen Turnieren der Saison ab. Ich müsse jetzt endlich mein Studium zu Ende bringen, sagte ich ihm, und dafür brauche ich alle Konzentration. Der Clubchef und einige meiner Tenniskollegen versuchten mich zu überreden; ich könne doch bei den Interclub Spielen mitmachen. Aber ich war fest entschlossen. Denn auf dem Platz studiert man nicht, da denkt man nur ans Tennis, und nach dem Spiel ist man zu müde zum Studieren. Was ich brauchte, war ein scharfer Schnitt.

Von diesem Tag an schloss ich mich in meinem Basler Mansardenzimmer förmlich ein, die meiste Zeit des Tages kam ich gar nicht aus dem Bademantel, um der Versuchung zu widerstehen, das Haus zu verlassen. Bei meinem Examen war ich dann recht gut vorbereitet, besonders profitierte ich von den Kölner Repetitorien bei Dr. Braunschweig. Für eines der Prüfungsthemen hatte ich kurz zuvor den gesamten Stoff noch auswendig gelernt.

Während dieser Zeit der Prüfungsvorbereitung lernte ich in Basel meine spätere erste Ehefrau kennen. Adrienne Herretier war die Tochter eines hohen Angestellten der Firma Ciba-Geigy; in ihrer vornehmen Schweizer Familie wurde ich sehr gut aufgenommen. Adrienne studierte Soziologie und Psychologie, sie imponierte mir gewaltig durch ihren ungeheuren Fleiß, ihre Strebsamkeit und ihre Intelligenz. Ich hatte sie um die Übersetzung eines wissenschaftlichen Textes gebeten, weil sie neben ihrem Französisch auch fließend Englisch sprach. Es handelte sich um einen Text des israelischen Wirtschaftswissenschaftlers Don Patinkin zum Streit um die „Klassische Dichotomie" in der Geldtheorie. Adrienne übersetzte ihn für mich, und kurz darauf wurden wir ein Paar.

Unter meinen Professoren in Basel war Gottfried Bombach, einer der Begründer der mathematisch orientierten Wirtschaftswissenschaft. Bombach war Mitglied mehrerer wissenschaftlicher Gremien unter dem Kanzler Ludwig Erhard. Seit 1960 leitete er den wissenschaftlichen Beirat der Prognos AG. Die Prognos wurde 1959 von Professoren der Universität Basel gegründet, sie gilt als eines der ältesten Unternehmen der Wirtschaftsberatung. Ich glaube, ich hatte Bombach als erfolgreicher Tennisspieler imponiert, doch gegen den leidenschaftlich Schach spielenden Professor verbrachte ich vor dem Brett nur Stunden damit, mich tapfer, wenngleich aussichtslos, zu wehren. Bombach war dennoch fest gewillt, mich zu fördern. Nach meinem Examen bot er mir eine Stelle bei der Prognos an. Es fiel mir ziemlich leicht abzusagen, schließlich wartete in Rheine das Familienunternehmen auf mich. Doch dann machte Bombach mir ein anderes Angebot, das erheblich verlockender war.

Überall in Deutschland wurden damals neue Universitäten aufgebaut und Institute eingerichtet, so auch in Gießen, wo es einen Lehrstuhl für Wirtschaftspolitik mit sage und schreibe vier Assistentenstellen gab. Bombach empfahl mich als Assistent und Doktorand an die Lehrstuhlinhaberin Frau Professor Dr. Gertrud Neuhauser. Vorher aber musste ich natürlich meinen Vater fragen, ob ich tatsächlich meine Ausbildung weiter fortsetzen durfte. Und mein Vater war sehr einverstanden. Womöglich hielt er es sogar für notwendig, dass ich, der ich so viel Zeit meines Schul- und Studentenlebens auf dem Tennisplatz verbracht hatte, mich um eine weitere geistige Schulung bemühte.

1966 trat ich also eine Stelle als Assistent an der Universität Gießen an. Adrienne begleitete mich, um dort ihr Studium abzuschließen. Wir heirateten 1967 und wohnten dann recht ländlich zwischen Gießen und Wetzlar in Rodheim-Bieber. Die Arbeit für die Lehrstuhlinhaberin Gertrud Neuhauser erwies sich als nicht übermäßig anstrengend. Meine Doktormutter war viel unterwegs, die Lehre nahm sie nicht besonders ernst; zwei Assistenten hätten für die anfallende Arbeit wahrscheinlich ausgereicht. Ich hielt Seminare, schrieb wissenschaftliche Rezensionen und kümmerte mich um den Aufbau der Fachbibliothek. Daneben hatte ich viel Zeit für die Abfassung meiner Doktorarbeit.

Gegenstand der Arbeit war die Konvergenztheorie in den Wirtschaftswissenschaften. Vereinfacht gesagt geht es dabei um die Frage, ob sich sozialistische und marktwirtschaftliche Volkswirtschaften einander in einem quasi natürlichen Prozess annähern, ob es dabei zu eher marktwirtschaftlichen oder eher planwirtschaftlichen Strukturen kommt, oder ob es einen dritten Weg gibt, an dessen Ende eine Mischung aus den besten Bestandteilen beider Systeme entsteht. Ich war, wie kaum anders zu erwarten, natürlich ein Befürworter der sozialen Marktwirtschaft. Einen dritten Weg hielt ich für ausgeschlossen; entweder Eigentum und Marktwirtschaft oder Kollektivierung und Planwirtschaft. In meiner Arbeit befasste ich mich auch mit den Nachteilen der sozialistischen Planwirtschaft, wie sie sich mir darstellten. Ich hielt damals die Planwirtschaft für eine verfehlte ökonomische Konzeption und prophezeite einen Niedergang des sozialistischen Wirtschaftssystems, wie er ja tatsächlich eingetreten ist. Die Wiedervereinigung Deutschlands, die sich zwanzig Jahre später vollziehen sollte, sah ich allerdings ebenso wenig voraus wie die meisten Deutschen in dieser Zeit. Im Rigorosum, der mündlichen Prüfung, mit der das Promotionsverfahren abgeschlossen wurde, wusste ich über mein Thema glücklicherweise erheblich besser Bescheid als meine Prüfer. Meine Dissertation erschien schließlich 1971 als Buch unter dem Titel „Darstellung und Kritik der Konvergenztheorie. Gibt es eine Annäherung der sozialistischen und kapitalistischen Wirtschaftssysteme?“.

Die Stadt Gießen habe ich als provinziell und ziemlich gesichtslos erlebt. Aber das spielte für mich keine so große Rolle. Denn neben der Universität hatte ich auch wieder die Tennisplätze bezogen. Man könnte sagen, dass ich damals eine Art zweiten sportlichen Frühling erlebte. Ich war körperlich immer noch sehr beweglich und fit, spielte zunächst für den TC Gießen, dann für den TC Wetzlar, dort in der Oberliga zusammen mit zwei guten jugoslawischen Spielern, Miroslav Homoky und Marian Ribaric. Später wurde ich von Dieter Ecklebe aus Marburg, damals die Nummer Eins in Hessen und ein deutscher Daviscupspieler, zum Tennisclub Palmengarten Frankfurt abgeworben. Meine beste Platzierung war die Nummer Drei auf der hessischen Bestenliste. In Wetzlar und Frankfurt waren viele meiner Mitspieler und Gegner genau wie ich Universitätsangestellte. Als Sponsor trat Professor Karl Friedrich Hagenmüller auf, Vorstand bei der Dresdner Bank in Frankfurt und Autor eines Standardwerks zur Bankbetriebslehre. Neben der schon großzügigen Vergütung an der Universität gab es hier weitere finanzielle Unterstützung, 400 bis 500 DM im Monat, viel Geld für die damalige Zeit.

Dennoch sollte dieses sehr komfortable Leben mit dem Abschluss meiner Dissertation enden. Eine weitere Universitätslaufbahn konnte ich mir nicht vorstellen. Im Gegensatz zu meiner Frau Adrienne, die Zeit ihres Lebens Wissenschaftlerin bleiben sollte, hielt ich mich doch eher für einen Praktiker. Außerdem warteten zu Hause die Familie und die AG auf mich. 1970, nach zehn Jahren Studium und Assistententätigkeit, genau dreißig Jahre alt, war ich wieder zurück in Rheine.

4. Bewährung im Leben
Die Kühlerfabrik und meine erste Ehe (1970–1976)

Ich kenne viele Chefs von Familienunternehmen. Und ich weiß, wie viele von ihnen sich genau das wünschen würden: Söhne oder Töchter, die nach einer guten Ausbildung an verschiedenen Universitäten in großen Städten und im Ausland zurück nach Hause in die Provinz kommen, um ins elterliche Unternehmen einzusteigen. Am besten bringen sie noch einen Doktortitel und eine Familie mit und bauen sich in der Nähe der Firma gleich ein Haus, um so ihre Verbundenheit mit der Heimat und dem Unternehmen zu demonstrieren. Die Staffelübergabe könnte dann allmählich und nahtlos erfolgen; nichts stünde einem Generationswechsel bei größtmöglicher Kontinuität in der Unternehmensführung im Wege.

In der Realität ist das allerdings nur allzu oft nicht der Fall. Im Gegenteil, in vielen Familienunternehmen bereitet die Nachfolge große Probleme. Mittlerweile existieren sogar betriebswirtschaftliche Lehrstühle, die sich ausschließlich mit diesem Problem befassen. Dennoch gehen jedes Jahr Milliarden verloren, weil die Eignerfamilien den Sprung über die Generationengrenze nicht schaffen. Oder schlimmer noch, sie werden durch innerfamiliäre Auseinandersetzungen um die Nachfolge geschwächt, wenn nicht gar in ihrem Bestand bedroht.

Verständlich also, wie froh mein Vater war, als ich nach Rheine zurückkehrte. Blind vor Glück war er allerdings nicht. Jemand anderes an seiner Stelle hätte mich vielleicht sofort in eine exponierte Position gehievt, hätte mich womöglich gleich zum Mitglied des Vorstands gemacht. Mein Vater besaß damals zwar nicht die Mehrheit der Anteile an der Windhoff AG, aber wer von seinen Kompagnons hätte sich gegen eine solche Beförderung stellen sollen? Schließlich hatte ich meine fachliche Qualifikation an der Universität erwiesen. Außerdem kannte man mich in Rheine als erfolgreichen Sportler und, sagen wir, als umgänglichen jungen Mann.

Aber mein Vater blieb vorsichtig. Er verordnete mir gewissermaßen eine zweite Lehrzeit, ein wenig abseits vom Zentrum der Firma Windhoff. Die AG betrieb damals in Neuenkirchen bei Rheine ein Tochterunternehmen, das ausschließlich Kühler baute. Man kann sich leicht vorstellen, wie es zu seiner Gründung gekommen war. Im Jahr 1946 hatte mein Vater aus Berlin nichts mitnehmen können, nichts Materielles, aber natürlich brachte er zehn Jahre Erfahrung im Kühlerbau mit, wenn auch praktisch nur in seinem Kopf. Also schlug er dem Vorstand der AG vor, die in Berlin zugrunde gegangene Produktion in Rheine wieder aufzunehmen. Damit stieß er allerdings auf wenig Begeisterung. Besonders sein Cousin und Kompagnon Bartels war anfangs strikt dagegen. Das sei nicht ihr Ding, sagte er. Verständlicherweise war er ganz darauf fixiert, die bekannten und gut eingeführten Produkte der Fördertechnik endlich wieder herstellen und anbieten zu können. Da kam ihm, inmitten von Trümmern, der Vorschlag einer Erweiterung der Produktpalette gar nicht gelegen. Ganz abgesehen von den Kosten, die mit der Aufnahme einer Kühlerproduktion verbunden wären.

Aber mein Vater konnte sich durchsetzen. Schließlich brachte er das Know-how einer Firma mit, die in Berlin an die zweittausend Menschen beschäftigt hatte. Einige ehemalige Mitarbeiter aus der Konstruktion und der Fertigung standen auch bereit, nach Rheine zu übersiedeln. Die Produktion begann zunächst auf dem Gelände der AG. Anfangs war sie eher improvisiert und nicht besonders professionell, aber man fand zuverlässige und solvente Kunden. Es waren vor allem die Hersteller landwirtschaftlicher Nutzfahrzeuge wie die Firma Claas in Harsewinkel oder International Harvester in Neuss. Gegen Ende der fünfziger Jahre fiel dann die Entscheidung, die Kühlerproduktion auszugliedern; schließlich wurde für sie in Neuenkirchen eine eigene Firma gebaut. Dort entwickelte sich die Kühlerfabrik ganz hervorragend, sie war eine der besten Investitionen, die die Windhoff AG je getätigt hat.

In dieser Kühlerfabrik wurde ich nun nominell als Assistent des Vorstands beschäftigt. Meinen Einstand dort hätte ich mir besser nicht denken können. Zunächst einmal war ich der Sohn eines Chefs. Außerdem war ich um 1970 als promovierter Betriebswirt mit Lehrerfahrung an der Universität eine nicht allzu häufige Erscheinung in einem mittelständischen Unternehmen in der Provinz. Sagen wir: Ich war eine ziemliche Rarität.

Die Produktion in der Kühlerfabrik wurde damals von dem Ingenieur Gustav Stahlmann geleitet, der aus Stuttgart von der Firma Längerer und Reich kam und von dort sehr gute Kenntnisse im Kühlerbau mitgebracht hatte. Er zeigte eine besondere Loyalität gegenüber der Firmenleitung. Dasselbe galt für den Techniker Schmidt, der sich wegen des etwas brachialen Prüfungsverfahrens an den Kühlern den Spitznamen Rüttel-Schmidt eingefangen hatte. Geleitet wurde die Firma später von dem Kaufmann Herbert Leist. Zwischen ihm und Stahlmann gab es gelegentlich Konflikte, es waren die typischen Auseinandersetzungen in solchen Unternehmen zwischen Technikern und Kaufleuten. Stahlmann starb dann überraschend, und Leist blieb im Amt.

Meine erste Aufgabe in der Kühlerfabrik hatte ich mir selbst gestellt. Ich wollte für den Betrieb ein Organisationshandbuch schreiben. Das heißt, alle Abläufe in Produktion und Verwaltung sollten auf den Prüfstand kommen, jede Stellenbeschreibung neu formuliert werden. Bislang existierte in der Kühlerfabrik keine Selbstbeschreibung auf einem derart hohen Niveau. Wie in vielen Unternehmen dieser Größe wurde auch hier hauptsächlich nach dem Grundsatz gearbeitet: „Das haben wir immer schon so gemacht. Das klappt doch. Warum sollten wir es anders machen?“ Das bedeutete natürlich, dass vieles in Produktion und Verwaltung uneffizient war. Und das nicht, weil die Beteiligten es nicht besser wussten, sondern weil niemand sich berufen fühlte, einmal zu fragen, ob und wie man es besser machen könnte. Wie vielerorts im Leben herrschten die Gewohnheiten. Man darf darüber nicht gleich den Stab brechen. Die Gewohnheiten mögen ineffizient sein, andererseits geben sie allen Beteiligten eine gewisse Sicherheit im Alltag.

Ich aber hatte im Studium gelernt, in Abstraktionen zu denken. Das ist nun einmal Wissenschaft: Es gilt, das Wichtige vom Unwichtigen, die großen Strukturen vom kleinen Durcheinander des Alltags zu trennen. Darum ging es mir jetzt, und in unserer recht überschaubaren Kühlerfabrik fand ich die besten Voraussetzungen, um eine kritische Revision aller Abläufe und Verfahren vorzunehmen. Denn im Gegensatz zu externen Beratern, die man gerne zur Hilfe ruft, wenn es Probleme gibt, lernte ich das Unternehmen von innen kennen und konnte es in kleinen Schritten verändern. Externe Berater arbeiten überwiegend auf der Grundlage von Betriebsdaten, sie haben oft keinen intensiven Kontakt zu den Mitarbeitern und lernen die Produktionsabläufe vor Ort kaum kennen. Ich hingegen konnte mir in aller Ruhe ein Bild machen. Das führte zum Beispiel dazu, dass ich die neuen Stellenbeschreibungen nicht abstrakt, sondern aus der persönlichen Kenntnis der momentanen Stelleninhaber entwerfen konnte. Ich redete mit den Leuten, ich beobachtete sie bei der Produktion; und so begegneten sie mir als ganz verschiedene Persönlichkeiten mit individuellen Stärken und Schwächen. Ich konnte also sehr gut einschätzen, was man wem zutrauen konnte und was nicht.

Natürlich profitierte ich dabei immens von dem Vertrauensvorschuss, den man mir als dem Sohn eines großmütigen Chefs einräumte. Man traute mir eher zu, im Sinne eines Familienunternehmers zu agieren, was auch bedeutete, dessen Verpflichtungen gegenüber der Belegschaft nachzukommen. Bei einem Engagement externer Berater fürchten die Mitarbeiter meistens um ihre Arbeitsplätze. Kein Wunder, schließlich fungieren die Gutachten von Beratungsfirmen oft genug als gewichtige Argumente für den Unternehmer, Entlassungen vorzunehmen. Er will, ja muss die Effizienz der Produktion steigern, scheut aber die dazu nötigen, höchst unpopulären Maßnahmen und delegiert sie daher an die Berater. Vor mir aber hatte niemand Angst. Und meine Änderungsvorschläge wurden schließlich sehr gut aufgenommen. Meistens hieß es sogar: „Das ist gut. Warum haben wir das nicht schon früher so gemacht?“ Und das war meine schönste Belohnung.

Die Kühlerfabrik entwickelte sich in diesen Jahren recht gut, aber das war zugegebenermaßen vor allem eine Folge der Produktions- und Absatzsteigerungen in der Landmaschinenindustrie. Als Zulieferer steht und fällt man nun einmal mit der Konjunktur seiner Kunden. Und für eine eher kleine Firma macht es einen Riesenunterschied, ob man bei immer gleich bleibenden und praktisch nicht zu senkenden Fixkosten 80 oder 200 Kühler im Monat verkaufen kann. Die Gewinne der Kühlerfabrik gingen an die Windhoff AG in Rheine, wo man, im Verhältnis betrachtet, längst nicht so gut verdiente.

Später sollte der Kühlerfabrik übrigens ihr Erfolg in einem gewissen Sinne zum Verhängnis werden. Schon in den siebziger Jahren hatten wir mit zwei amerikanischen Kühlerbauern kompetente und finanzkräftige Gesellschafter in die Firma geholt. Bei unserer immer sehr knappen Eigenkapitaldecke brauchten wir einfach die Finanzspritze. Aber bald schon wurden die beiden Gesellschafter von der Firma Modine, einem der Weltmarktführer in Sachen Kühlerbau, aufgekauft; und so wurde Modine ganz ohne unser Zutun unser fünfzigprozentiger Partner. Diese Partnerschaft verlief zunächst ganz freundlich und problemlos. Modine redete uns nicht ins Tagesgeschäft hinein, sie installierten auch kein eigenes Personal. Ich selbst war mehrmals in den USA, in der Zentrale von Modine in Racine in der Nähe von Chicago. Dort freundete ich mich sogar mit dem CEO Dick Savage an. Doch ein paar Jahre später, als ich schon nicht mehr in der Kühlerfabrik arbeitete und in den Vorstand der AG gewechselt war, teilte Savage mir mit, dass sein Aufsichtsrat beschlossen habe, unsere Firma in Neuenkirchen komplett zu übernehmen. Modine wollte in Europa expandieren. Wenn wir nicht zustimmen würden, werde man eine Kühlerfabrik in unmittelbarer Nähe der unsrigen bauen. Wir hatten also kaum eine Wahl. Außerdem war die Kühlerfabrik damals so wertvoll, dass wir einen enormen Betrag erhielten, der die AG ein ganzes Stück unabhängiger von den Banken machte. Dennoch war mein Vater damals sehr traurig. Die Kühlerfabrik war ja sein Kind gewesen, gewissermaßen seine Berliner Erbschaft.

Da wir schon einmal bei meinem Vater sind: Meine Beziehung zu ihm verbesserte sich während meiner Zeit in der Kühlerfabrik noch einmal ganz enorm. Zehn Jahre zuvor, als ich über meiner Tennis-Verrücktheit in Berlin beinahe mein Studium vergessen hätte, war mein Vater noch in großer Sorge gewesen, ob es in der AG tatsächlich einen Generationswechsel würde geben können. Danach hatte ich mich etliche Jahre lang an der Universität mit Themen beschäftigt, die meinem Vater eher fern lagen. Jetzt aber war ich einer seiner Mitarbeiter geworden. Mir persönlich hatte der Wechsel von der Universität in den Betrieb, also von einer Region „reinen" Denkens in das Tagesgeschäft der Produktion, kaum etwas ausgemacht. Solange ich für Windhoff gearbeitet habe, bin ich jeden Tag mit Freude in die Firma gegangen. Und ich denke, das wird mein Vater damals gespürt haben. Vom Temperament und von unseren Neigungen her blieben wir einander zwar eher fremd; mein Vater war der Tüftler, ich war der Betriebswirt. Aber wenn es um die Belange der Firma ging, kamen wir sehr gut miteinander aus.

Dasselbe galt auch für meine Kontakte zum technischen Personal in der Firma. Die Windhoff AG war ein Unternehmen, das seine Produkte bis zu einem gewissen Grade selbst erfand. Das heißt, man musste den Bedarf des Kunden erkennen und verstehen, um dann individuell konzipierte Lösungen entwerfen und anbieten zu können. Naturgemäß geben in einem solchen Unternehmen die Techniker den Ton an. Ohne sie und ihren Erfindungsgeist könnte das Unternehmen über kurz oder lang keine konkurrenzfähigen Produkte mehr herstellen. Folglich haben die, die sich in einem solchen Unternehmen auf Zahlen und Bilanzen konzentrieren, es manchmal schwer, mit ihren Ansichten durchzudringen. Wer Öl an den Händen hat, behauptet schnell, er sei näher an den Dingen als die, die bloß mit Papier hantieren.

Ich bin solche Probleme, so das irgendwie möglich war, angegangen wie beim Tennis, wenn ich im Doppel einen etwas schwierigen Partner hatte. Der größte Fehler wäre es dann gewesen, auf dem Platz ausgiebig über die verschiedenen Ansichten zu streiten, die man vom Spiel hat, und darüber, welche Rolle man darin einnehmen sollte. So etwas brachte gar nichts, außer Streit und Niederlagen. Viel sinnvoller war es immer, die jeweiligen Schwächen möglichst gut auszugleichen und die Stärken zu nutzen. Ohne Vertrauen gibt es einfach keine gemeinsame Leistung. Danach habe ich mich schon bei meiner ersten Tätigkeit in der Firma, also bei der Erstellung des Organisationshandbuches, zu richten versucht. Sie dauerte etwa ein halbes Jahr. Danach hatte ich in der Kühlerfabrik eine Position, in der ich de facto als Vorstand agierte, ohne dabei allerdings die alte Hierarchie zu belasten oder infrage zu stellen.

Auch als es galt, in Rheine eine Bleibe zu finden, verhielt ich mich möglichst pragmatisch. Ich kaufte in Hessen eine Art Modellfertighaus, das rasch aufgestellt werden konnte und nicht teuer war. An einem besonders repräsentativen Zuhause, an einer beeindruckenden Unternehmervilla, war mir, abgesehen davon, dass mir das Geld dafür fehlte, überhaupt nicht gelegen. Ich dachte in solchen Angelegenheiten wie mein Vater. Bei Bedarf, etwa, wenn Kinder kämen, und bei den entsprechenden finanziellen Möglichkeiten wollte ich das Haus später erweitern und aufstocken. Genau so ist es dann auch gekommen. Mehr als fünfzig Jahre später wohne ich immer noch da und fühle mich bestens.

Leider entwickelte sich meine Ehe längst nicht so gut wie mein Berufsleben. Wir hatten recht jung geheiratet, Adrienne war erst dreiundzwanzig, ich selbst nur vier Jahre älter. Damals waren wir einander recht ähnlich gewesen, jedenfalls lebten wir in der gleichen Welt. Wir waren beide Studenten, später Doktoranden, und das in Fächern, die zumindest miteinander verwandt waren. Auch in den ersten Jahren unserer Ehe in Gießen ähnelten sich unsere Lebenswelten: Da war die Universität, die Forschungsarbeit und das Verfassen wissenschaftlicher Texte. So waren im Alltag unsere Ähnlichkeiten immer mehr betont worden als die Unterschiede in unserem Charakter und unserem Temperament.

Aber jetzt verließ ich morgens das Haus nicht mehr, um an einer Universität zu forschen und zu lehren, sondern um den Arbeitstag in einem kaum mittelgroßen Unternehmen in der Provinz zu verbringen. Ich hatte meine Lebenswelt komplett gewechselt. Meine Frau aber war in der ihren geblieben und arbeitete sich immer tiefer in sie hinein. Zuerst beendete sie ihre Promotion im Fach Soziologie, später habilitierte sie sich an der Universität Münster. So lebten wir quasi in einer gespaltenen Welt; und dabei mussten wir erfahren, dass die Gemeinsamkeiten zwischen uns beiden womöglich nicht für eine gelingende Ehe ausreichten. Meine Frau zeigte kaum Interesse an der Firma; ich hingegen war regelrecht froh, dass ich mich jetzt nicht mehr mit abstrakten Theorien, sondern mit konkreten Problemen und real existierenden Menschen befassen konnte.

Schon bald kam es dazu, dass wir von Montag bis Freitag zwei ganz verschiedene Leben nebeneinander her lebten. Und nicht nur das; auch die Wochenenden verbrachte meine Frau häufig damit, sich auf ihre Prüfungen vorzubereiten. Sie war nicht nur hoch intelligent, sondern auch eine äußerst genaue und akribische Arbeiterin, immer in der Sorge, nicht ausreichend vorbereitet zu sein; dabei absolvierte sie seit Beginn ihres Studiums alle Prüfungen mit Bestnoten. Ich selbst tat nach Dienstschluss und am Wochenende, was ich immer getan hatte, wenn meine Verpflichtungen es zuließen: Ich spielte Tennis, jetzt wieder auf der vertrauten Anlage des TC 22 in Rheine, aber nicht nur dort. Und ich fühlte mich dabei keineswegs alleingelassen.

Neben dem Sport bietet ein Tennisclub ja auch immer ein soziales Leben, Freundschaften und Geselligkeit.

Dass wir damals immer weniger und eigentlich nur oberflächlichen Kontakt hatten, war vielleicht sogar das kleinere Übel. Denn in unseren sozialen und politischen Ansichten drifteten wir immer weiter auseinander. Ich hatte mich schon in meiner Doktorarbeit entschieden gegen das ökonomische System des Sozialismus, also gegen die Planwirtschaft ausgesprochen. Jetzt, als Mitverantwortlicher in einem mittelständischen Unternehmen, hatte ich natürlich ganz vehement den marktwirtschaftlichen Standpunkt und damit das Recht auf ein freies Unternehmertum zu vertreten. Ganz anders meine Frau. Ihr Studium der Soziologie und Psychologie, das in den sechziger und siebziger Jahren von Koryphäen wie Helge Pross und Horst-Eberhard Richter begleitet wurde, hatte sie politisch weit auf die linke Seite gebracht, obwohl (oder gerade weil) sie aus einer großbürgerlichen Schweizer Familie stammte. Ihre Dissertation war eine Kritik am Frauenbild Sigmund Freuds aus emanzipatorischer Perspektive; sie erschien 1976 als Buch. Meine Frau war auch Mitglied der SPD und engagierte sich in deren Ortsverein in Rheine. Das löste bei den Bürgern in der Stadt und besonders bei den Mitarbeitern der AG schon einiges Kopfschütteln aus. Manche Leute sprachen von der seltsamen Verbindung zwischen einem Unternehmer und „Sunnyboy" (das war ich) und einer linken Professorin. Wenigstens sammelte ich damit bei den Gewerkschaftsvertretern im Unternehmen einige Pluspunkte.

Für gewöhnlich vermieden meine Frau und ich Gespräche, erst recht Auseinandersetzungen über Themen, bei denen wir aufgrund unserer Überzeugungen in einen offenen Streit hätten geraten können. Wenn allerdings meine Frau und mein Vater über Politik redeten, wurde es schnell sehr unangenehm. Mein Vater, der während des Nationalsozialismus groß geworden war und den Boom der Berliner Kühlerfabrik durch die Hochrüstung erlebt hatte, ließ sich dann manchmal zu dem Satz hinreißen, den man damals den linken Theoretikern im Westen gerne entgegenhielt: „Dann geh doch in die DDR!" Meine Frau war im privaten Umgang eher zurückhaltend, wenn nicht gar scheu; solche Auseinandersetzungen belasteten sie sehr. Ich hatte dann viel zu tun, um die Beziehung zwischen ihr und meinem Vater wieder zu beruhigen.

Zudem trübte die Eifersucht meiner Frau unseren Ehealltag. Besonders stark missfiel ihr mein Leben in der Tenniswelt. Einmal rief ich aus Paris an, wo ich geschäftlich tätig war, da sagte sie kein Wort. Nun ja, Paris war schließlich die Hauptstadt der Versuchung. Ein anderes Mal gewann ich die hessischen Meisterschaften im Doppel mit Dieter Ecklebe, wartete aber die Siegerehrung nicht einmal ab, um möglichst schnell wieder zu Hause zu sein. Es nutzte nichts, was mich besonders verärgerte.

Nun muss ich allerdings ganz ehrlich sagen, dass meine Frau zur Eifersucht auch allen Grund hatte. Ich war ihr untreu. Ich könnte mich jetzt in die Entschuldigung flüchten, meine Untreue sei eine Reaktion darauf gewesen, dass die Beziehung zwischen meiner Frau und mir nicht so glücklich war, wie ich es mir gewünscht hätte. Das mag so gewesen sein; aber schwerer wiegt, dass ich damals, in meinen jungen Jahren, einfach nicht treu sein konnte.

Wenn es überhaupt eine Entschuldigung für mich gibt, dann liegt sie wie so vieles in meinem Leben beim Tennis. Ich hatte ja schon einmal gesagt, dass ich es als Junge ganz leicht hatte, übers Tennisspielen Kontakt zu Mädchen zu bekommen. Und, ja, im Laufe der Jahre wurde das keineswegs schwieriger, sondern eher leichter. Außerdem war ich wohl tatsächlich so etwas wie ein Sunnyboy, gut aussehend (wenn ich selbst das sagen darf) und eigentlich auch immer gut gelaunt. Zudem schlug ich meine Gegner im Verein nach Belieben. Lauter Eigenschaften, die auf viele Frauen nicht eben abstoßend wirken. Und ich konnte einfach nicht Nein sagen.

Aber zurück nach Rheine in die siebziger Jahre. Eine weitere Belastung unserer Ehe war damals der Umstand, dass wir keine Kinder bekamen. Neun Jahre hatten wir bereits zusammengelebt, da entschieden wir uns schließlich für eine Adoption. Dazu mussten wir einen Marathon von Befragungen und Prüfungen durchlaufen, die bei einem solchen Verfahren vorgeschrieben sind. Im September 1976 wurden wir dann endlich in eine niedersächsische Kleinstadt gerufen, um dort den gerade erst zehn Tage alten Jungen aus dem Krankenhaus abzuholen. Wir nannten ihn Peter. Über seine leiblichen Eltern erfuhren wir nicht viel mehr, als dass sie viel zu jung waren und wohl aus schwierigen Verhältnissen stammten.

In der ersten Zeit veränderte das Kind unsere Beziehung zum Besseren. Peter war ein gesunder und immer fröhlicher Junge, wie man gerne sagt: ein Sonnenschein. Zwei Jahre nach seiner Geburt bekam meine Frau dann ihre erste Anstellung, allerdings an der Universität Konstanz, denkbar weit von Rheine entfernt. Von nun an lebte sie während der Vorlesungszeit unter der Woche in Konstanz; nur an den Wochenenden und während der vorlesungsfreien Zeit war sie in Rheine. Ihre Abwesenheit ließ sich, was die Arbeiten anging, tagsüber recht gut kompensieren, es standen eine Haushälterin und diverse Hilfstruppen zur Verfügung, teils aus der Firma rekrutiert. Und abends war es für mich eine Freude, mich um meinen Sohn zu kümmern und mit ihm zu spielen. Allerdings führten meine Frau und ich nicht einmal mehr eine Wochenend-Ehe, wie sie heute bei vielen berufstätigen Paaren üblich ist. Meine Frau benötigte nämlich auch viel von ihrer Zeit in Rheine, um sich auf ihre Lehrveranstaltungen vorzubereiten und wissenschaftliche Texte zu schreiben. Sie war auch nach ihrer Habilitation und in ihrer ersten Festanstellung als Professorin ausgesprochen fleißig und ehrgeizig. Tatsächlich sollte ihre wissenschaftliche Laufbahn sie später an mehrere europäische Universitäten führen und in bedeutende Positionen in wissenschaftlichen Organisationen. Aber diese Laufbahn führte sie auch heraus aus unserer Ehe.

Ich möchte dieses Kapitel mit einer kleinen Episode beschließen, die gleichermaßen komisch wie traurig ist. Nach der Trennung von ihrem Hausfreund war meine Mutter nach Garmisch-Partenkirchen übersiedelt, wo sie bis zu ihrem Tod 2008 leben sollte, ohne je wieder eine Beziehung einzugehen. Am Wochenende des 2./3. September 1972 spielte ich mit meinem Verein einen Bundesliga-Wettkampf in Augsburg. Anschließend besuchte ich meine Mutter. Von Garmisch nun war es nicht allzu weit nach München, wo gerade die Olympischen Spiele stattfanden. Ich hatte mir vorher bereits eine Eintrittskarte kaufen wollen, aber die sollte sage und schreibe 200 DM kosten, und das war mir nun wirklich zu viel. Dennoch fuhr ich am 4. September zum Olympiastadion. Ich gedachte wenigstens etwas von der Atmosphäre aufnehmen zu können; die Wettkämpfe waren ja ausdrücklich als die „heiteren Spiele“ angekündigt und organisiert worden. Als ich in die Nähe des Stadions kam, wurde es gerade von den Zuschauern verlassen. Es gab wohl über Mittag eine Wettkampfpause, und die Karten galten entweder für den Vor- oder für den Nachmittag. Nun hatte ich ja einige Erfahrung mit Sportwettkämpfen und wusste auch, was man vielleicht einmal versuchen konnte, wollte man es ohne Ticket hinein schaffen. Ich ging also gegen den Strom der Zuschauer auf eine der äußeren Sperren zu und sagte dem Ordner, ich hätte meine Brille vergessen, die ich jetzt schnell holen müsste. Tatsächlich trug ich damals eine Brille, die ich natürlich abgesetzt hatte, und so ging ich wohl ganz gut als sehbehindert durch.

Damit hatte ich die erste Hürde überwunden. Aber im äußeren Wandelgang kam mir gleich eine Reihe von Ordnern entgegen, die einander eingehakt hatten, um auf diese Art und Weise alle eventuell noch verbliebenen Vormittagsbesucher aus dem Stadion zu drängen. Da half nur die Flucht nach vorn, also ins Innere des Stadions. Dort stand an jedem der schmalen Eingänge ein weiterer Ordner. Ich suchte mir rasch einen davon aus und schwindelte ihm vor, dass ein Kollege ihn sprechen wollte. Kaum hatte er sich ein paar Meter entfernt, drückte ich mich hinter seinem Rücken in den Zuschauerbereich. Aber auch hier durfte ich ja nicht als Besucher auffallen. Also zog ich mein Hemd aus und mischte mich unter die Arbeiter, vorwiegend Türken, die das Stadion säuberten. Eine Stunde lang hob ich Butterbrotpapiere und Plastikbecher auf.

Nun konnte ich zwar vom oberen Bereich des Stadions aus die Sportstätten wunderbar überblicken, stand aber selbst auf dem Präsentierteller. Ich ging daher weiter nach unten an den Rand der Arena, wo ich eine verlassene Fernsehkamera fand, die ich in möglichst gelassener Miene ab- und wieder aufbaute, um dieses sinnlose Spiel gleich von vorne zu beginnen. Niemand beachtete mich. Endlich wurde es halb drei, und innerhalb kürzester Zeit füllte sich das Stadion für die Wettkämpfe des Nachmittags. Wo immer ich Platz genommen hatte, scheuchte mich bald schon jemand weg, der ein gültiges Ticket besaß. Das musste über kurz oder lang einem Ordner auffallen. Also setzte ich meine Flucht nach vorne fort und kletterte in den eigentlichen Wettkampfbereich der Arena. Dort tat ich ganz geschäftig, und obwohl ich natürlich keinen Anstecker mit einer Akkreditierung trug, hielt mich keiner auf. Es sollten ja eben die „heiteren Spiele“ sein, eine Veranstaltung, bei der man einander mehr vertrauen und weniger kontrollieren wollte. An diesem Nachmittag habe ich einige der Spitzensportler aus nächster Nähe gesehen. Ich war nur ein paar Schritte von ihnen entfernt, wenn sie sich über ihre Siege freuten oder ihre Niederlagen realisierten.

Am nächsten Morgen fuhr ich mit dem Auto nach Hause. Im Radio hörte ich von dem Überfall des palästinensischen Terrorkommandos auf die israelische Olympiamannschaft. Damit waren sie zu Ende, die „heiteren Spiele“, auch wenn der damalige IOC-Präsident Avery Brundage bereits kurz darauf verkündete: „The Games must go on.“ Bis dahin hatte ich glauben dürfen, dass internationale Sportveranstaltungen, besonders hier bei uns in Deutschland, ein Mittel zur Völkerverständigung seien. Jetzt, so fürchtete ich, würden auch sie von internationalen Auseinandersetzungen überschattet; dabei ahnte ich damals nicht, dass dies hier erst der Anfang von noch viel Schrecklicherem war. Ich habe im Auto gesessen und geweint.

5. Das Tagesgeschäft
Vorstand in der AG (1975–1993)

Nach fünf Jahren in der Kühlerfabrik war meine „Bewährung in der Produktion" abgeschlossen. Auf Vorschlag meines Vaters und mit Zustimmung aller Anteilseigner wechselte ich 1975, mit fünfunddreißig Jahren, in den Vorstand der Windhoff AG. Ich erinnere mich noch gut daran, wie ich einmal von Neuenkirchen aufbrach, um nach Rheine zu fahren. Im Vorbeifahren erkannte ich am Fenster des Verwaltungsgebäudes unseren Betriebsratsvorsitzenden Josef Thien. Er zeigte mir freudestrahlend einen hochgereckten Daumen. So erfuhr ich, dass der Aufsichtsrat für meinen Eintritt in den Vorstand gestimmt hatte. Das war keine Selbstverständlichkeit, denn mein Onkel Dr. Feldhues, Richter und damals Vorsitzender des Aufsichtsrats, meinte immer, ich sei mehr ein Theoretiker und weniger ein Praktiker. Doch damit hatte er Unrecht. Dr. Magnussen, Direktor der Deutschen Bank, ebenfalls Mitglied im Aufsichtsrat, und Joseph Thien hatten vorbehaltlos für mich gestimmt. Bevor ich über meine Tätigkeit im Vorstand spreche, sollte ich aber ein Ereignis aus dem Jahr 1979 vorziehen, das die Geschicke der AG dauerhaft prägte. Es geht um die Besitzverhältnisse.

Ich hatte ja schon erwähnt, dass Wilhelm Bartels, ein Cousin meines Vaters, aus der Firma ausgeschieden war. Er und Franz Windhoff, der zweite Cousin, hielten zusammen 55 % der Anteile. Etwa im Jahr 1976, da war er Anfang fünfzig, erlitt Franz Windhoff bei einem Betriebsfest in Neuenkirchen einen Schlaganfall. Von dem erholte er sich zwar, doch er verlor dauerhaft die Sprache. Um kommunizieren zu können, trug er ein kleines Gerät an einem Gürtel um den Leib, in das er kurze Texte tippen konnte, die dann wie eine Kassenquittung ausgedruckt wurden, sodass er sie seinen Gesprächspartnern reichen konnte. Ich erinnere mich gut, wie erstaunt ich immer darüber war, dass er ganz fehlerfrei formulierte und schrieb. Überhaupt blieb er ein reger und geistig vollkommen gesunder Mann, aber sein Artikulationsproblem hinderte ihn an einer weiteren Berufstätigkeit. Er schied dann aus dem Vorstand aus.

Wenige Jahre später, im Herbst 1979, verkündete uns der Anwalt Dr. Wilhelm Streitbörger aus Bielefeld in der Hauptversammlung, dass seine Mandanten, die Herren Bartels und Franz Windhoff, ihre 55 % Anteile an der AG verkaufen wollten. Mein Vater und ich waren einigermaßen überrascht, aber wir konnten die Gründe der beiden Gesellschafter recht gut nachvollziehen. Als der für die Finanzen zuständige Vorstand machte ich damals nämlich eine ziemlich schlechte Dividendenpolitik, das heißt: schlecht aus der Perspektive der Anteilseigner. Soweit irgend möglich, verhinderte ich, dass überhaupt Geld ausgeschüttet wurde. Mein Grund war, dass wir uns das einfach nicht leisten konnten. Unsere Kapitaldecke war nach wie vor erschreckend dünn, in allen unseren Planungen waren wir von den Banken abhängig. Auf unsere eigenen Dividenden verzichteten mein Vater und ich gerne. Um zu zeigen, wie ernst wir es mit unserem Sparkurs meinten, beschränkten wir zusätzlich unsere Gehälter und hielten damit auch das allgemeine Gehaltsniveau im Vorstand in Maßen. Wenn jemand murrte, sagten wir gerne, Geld sei doch nicht alles, es müsse auch ein Anreiz sein, in einem so prosperierenden und familiär geführten Unternehmen wie der Windhoff AG zu arbeiten.

Wer am wenigsten von diesem Finanzgebaren profitierte, waren natürlich die stillen Gesellschafter. Die bekamen kein Geld aus den Gewinnen der AG, mussten aber Vermögenssteuer zahlen. Im Grunde war es kein Wunder, dass sich Wilhelm Bartels und Franz Windhoff von ihren Anteilen trennen wollten. Überdies waren ihre Kinder damals noch viel zu klein; niemand von ihnen hätte in absehbarer Zeit sagen können, ob er oder sie sich später einmal für ein Engagement im Familienunternehmen interessieren würde. Allerdings sollte sich zeigen, dass Wilhelm Bartels und Franz Windhoff den Termin für ihren Ausstieg nicht besonders gut gewählt hatten. Später, in den achtziger Jahren, hätten sie wesentlich mehr Geld erlösen können. Über den Anwalt Streitbörger räumten sie meinem Vater und mir ein Vorkaufsrecht bis zum Ende des Jahres 1979 ein. 2,7 Millionen DM hätten wir ihnen überweisen müssen, dann wären wir die alleinigen Eigentümer der Windhoff AG gewesen. Doch so viel Geld besaßen wir nicht; und leider beantworteten wir die Ungeduld der beiden Gesellschafter mit einer gewissen Ängstlichkeit. Hätten wir damals ein uneingeschränktes Vertrauen in die Entwicklung der Firma gehabt, so wären wir es angegangen, das nötige Geld von den Banken zu besorgen; und das wäre uns auch sicher gelungen. Aber mein Vater war kein Ökonom und auch kein Visionär, er war durch und durch Techniker. Das Risiko einer dermaßen hohen Verschuldung wollte er nicht eingehen, und selbstverständlich orientierte ich mich an seinen Wünschen.

Also gingen wir im Auftrag der beiden ausscheidenden Gesellschafter auf die Suche nach einem Käufer für ihre Anteile. Damit hatten wir immerhin die Möglichkeit, unseren zukünftigen Partner selbst zu bestimmen. Natürlich begannen wir bei Firmen, mit denen wir seit Jahren zusammenarbeiteten. Ich sprach zum Beispiel mit der Leitung der Kühlerfabrik Behr in Stuttgart, mein Vater mit Plasser & Theurer, einer sehr bedeutenden Weltfirma für Gleisbautechnik in Österreich, ansässig in Linz. Von dort kam er auch bald gut gelaunt zurück und verkündete, er habe einen Vertrag ausgehandelt, der den Österreichern 51 % an der AG übertrage. Diese Aufteilung sei dort gewünscht, und er habe ihr zugestimmt.

Ich war völlig perplex, um es vorsichtig zu formulieren! 51 % abzugeben hätte für meinen Vater und mich de facto bedeutet, keinerlei Einfluss mehr auf das Unternehmen zu besitzen. Man hätte uns in allem und jedem überstimmen können. Es fiel mir damals schwer, meinen Vater zu verstehen. Gut, er war zweiundsiebzig Jahre alt. Über kurz oder lang würde er sich aus dem aktiven Geschäft zurückziehen. War es ihm daher vielleicht sogar recht, die Verantwortung für die Entwicklung der Firma abzugeben? Wie auch immer, ich hingegen stand erst am Anfang meiner Karriere! Ich wollte etwas bewegen, und ich wollte Einfluss haben. Doch bei einem Partner, der die Mehrheit der Anteile hielt, hätte sich meine Gestaltungsfreiheit in engen Grenzen bewegt. Außerdem säße ich dann als Vorstand praktisch auf einem Schleudersitz; gegen meine Abberufung durch den Mehrheitsgesellschafter hätte ich nichts unternehmen können.

An die damalige Auseinandersetzung mit meinem Vater erinnere ich mich noch gut. Er duldete eigentlich keinerlei Widerspruch, besonders nicht in geschäftlichen Angelegenheiten. Aber hier ging es ja nicht allein um die Belange der Firma, sondern auch um mein persönliches Schicksal. Deshalb wagte ich es erstmals, meinem Vater nicht nur entschieden zu widersprechen. Ich drohte ihm auch. Bei einem Verkauf von 51 % würde ich die Firma verlassen, sagte ich. Und damit war es mir auch absolut ernst. Lieber hätte ich anderswo etwas gestalten wollen, als im eigenen Unternehmen an der kurzen Leine zu laufen.

Tatsächlich setzte ich mich durch. Mein Vater wollte mich wohl nicht verlieren, nicht als den Sohn, der immer in seiner Nähe war, und nicht als Mitarbeiter. Immerhin hatte ich in der Kühlerfabrik gute Arbeit geleistet. Allerdings schickte er mich nach Linz, um der Firma Plasser & Theurer die schlechte Nachricht zu überbringen. Dort war man auch „not amused“, zeigte aber Verständnis und war bereit, nur 50 % der Windhoff AG zu übernehmen. Mir wäre das übrigens ganz recht gewesen. Ich hatte mittlerweile 5 % vom Aktienbestand der AG aufkaufen können, sodass ich mit meinem Vater zusammen ebenfalls 50 % gehalten hätte. Diese Konstellation gefiel mir. Ich bin überhaupt ein großer Freund von Paritäten; man muss sich dann immer absprechen und einvernehmliche Lösungen finden, niemand regiert über den anderen hinweg.

Doch schließlich kam es gar nicht zu einem Verkauf der Anteile an die Österreicher. Inzwischen hatten sich nämlich meine Gespräche mit der Firma Hauhinco sehr gut entwickelt. Die Hauhinco war ein Hersteller von Fördertechnik, ansässig in Sprockhövel bei Essen; sie baute insbesondere Hochdruckpumpen für Zechen. Das Unternehmen war in einem sehr guten Zustand und machte über die Jahre hinweg 20 bis 30 % Umsatzrendite. Erst später, in den achtziger Jahren, als so viele Zechen schlossen, geriet die Hauhinco in Schwierigkeiten. 1979 war ihr Interesse, sich bei Windhoff einzukaufen, sehr groß, daher wurden die Verkaufsverhandlungen schnell erledigt. Ein bisschen peinlich war es allerdings für mich, der Firma Plasser & Theurer jetzt komplett absagen zu müssen. Man ließ mich auch spüren, dass wir uns nicht ganz fair verhalten hatten. Letzten Endes war ich dann aber doch froh darüber, dass der Verkauf an die Österreicher nicht zustande kam. Wir waren damals ein gut funktionierendes mittelständisches Unternehmen mit einem ausgezeichneten Ruf am Markt. Doch Plasser & Theurer war eine Weltfirma. In meinen Augen stimmten da die Dimensionen nicht. Auch bei einer Parität der Anteile hätte die Gefahr bestanden, dass ein so viel größerer und potenterer Partner uns weggedrängt hätte. Bei größeren Investitionen hätten wir zum Beispiel nicht mithalten können und wären womöglich auf kaltem Wege gezwungen worden, weitere Anteile zu verkaufen.

Die Hauhinco wurde in Rheine vertreten durch Peter Jochums, einem Sohn des Unternehmenschefs Arno Jochums. Peter Jochums war ein sehr umgänglicher Mann, ungefähr in meinem Alter. Neben seiner Geschäftstätigkeit bei der Hauhinco kam er im Schnitt alle vierzehn Tage nach Rheine, um sich über den Stand der Geschäfte zu informieren. Allerdings konnte er diese Doppeltätigkeit nur etwa zwei Jahre lang leisten. So wäre es beinahe darauf hinaus gelaufen, dass ich alleiniger Vorstand in der AG wurde. Mein Vater war nämlich 1980 aus dem Vorstand ausgeschieden und in den Aufsichtsrat gewechselt. Doch ich wollte nicht alleine an der Spitze stehen. „Meine Herren", sagte ich damals vor dem Aufsichtsrat, „ich bin Betriebswirtschaftler, und in einem Unternehmen wie der Windhoff AG gehört an meine Seite ein technischer Vorstand." Dem wurde zugestimmt, und so konnten wir aus den über 100 Diplom-Ingenieuren, die bei uns tätig waren, einen geeigneten Kandidaten aussuchen. Die Wahl fiel schließlich auf Dipl. Ing. Heinz Lörfing, auch ein Mann in meinem Alter, der bisher Leiter der Fördertechnik gewesen war. Hauhinco verzichtete in Folge darauf, einen eigenen Mann in die Windhoff AG zu entsenden, Heinz Lörfing wurde ihr Ansprechpartner im Unternehmen. Im Wesentlichen informierte sich die Hauhinco über den Aufsichtsrat der AG, in dem Arno Jochums saß. Man war dort durchaus aufmerksam und kritisch; doch wenn es um das Tagesgeschäft ging oder um Forschung und Innovation, ließ man uns bei Windhoff weitestgehend freie Hand.

Nun kann ich endlich zurückkehren in die Jahre vor der Partnerschaft mit der Hauhinco, also in meine ersten Jahre als Mitglied des Vorstands in der AG. Als meine erste große Aufgabe dort sah ich eine Reform der Personalstruktur. Das Verhältnis von Technikern zu Kaufleuten im Unternehmen schien mir nicht richtig ausgewogen zu sein. Ein Unternehmen wie die Windhoff AG profitierte im Wesentlichen von den innovativen Lösungen, die ihre Techniker erdachten und konstruierten. Daneben musste natürlich organisiert und verwaltet werden, aber das waren Routinearbeiten, die kaum zum Wachstum der Firma beitrugen oder ihre Attraktivität steigerten. Tatsächlich waren damals bei der AG fünfundfünfzig Techniker, aber auch fünfundvierzig Kaufleute beschäftigt. Also fasste ich den Plan, die Zahl der Techniker im Unternehmen gegenüber der der Kaufleute möglichst stark zu steigern.

Doch einen solchen Vorschlag hätte ich unmöglich laut und deutlich unterbreiten dürfen. Dafür war Mitte der siebziger Jahre das Regiment der alten Herren in der AG noch viel zu stark. Einschneidende Veränderungen sah man nicht gerne. Ich musste also vorsichtig und diplomatisch vorgehen. Häufig band ich den Betriebsrat in meine Überlegungen ein; dort hatte ich ja wegen meiner „linken" Ehefrau einen Stein im Brett. Außerdem erinnerte ich immer wieder an den Slogan unserer Firma, der versprach, für jedes Problem die beste technische Lösung anzubieten. Um das tatsächlich gewährleisten zu können, sagte ich immer wieder, müsse es aber einen viel größeren Anteil an Technikern in der Firma geben.

Wie sagt man: „Steter Tropfen höhlt den Stein." Irgendwann sagte mein Vater nur noch: „Bernd, mach mal!" Und ich machte mich daran, auch für die Windhoff AG ein neues Organisationshandbuch zu schreiben. Es lief dann darauf hinaus, dass wir recht bald nur noch zwanzig kaufmännische, dafür aber achtzig technische Angestellte, also Ingenieure beschäftigten, viele von ihnen waren neu eingestellt worden. Außerdem löste ich viele kleine kaufmännische Abteilungen auf, die ähnliche Aufgaben bewältigten, und legte sie zu größeren zusammen. Das alles führte natürlich zu Kündigungen, auch wenn deren Zahl sich in engen Grenzen hielt. Mir ging das sehr nahe. Ich kann mich bis heute an die Namen derer erinnern, die ich damals entlassen habe und die mir das bitter übel nahmen. Auch bei meinem Vater musste ich mich damals wegen der Entlassungen entschuldigen, manchmal mit etwas fadenscheinigen Argumenten. Er hielt nun einmal am Althergebrachten fest, mochte es auch vom betriebswirtschaftlichen Standpunkt aus noch so unsinnig sein.

Dabei diente eine Umstrukturierung wie die, die ich damals vornahm, im Wesentlichen dazu, die Firma zukunftsfähig zu machen und damit auch neue, qualifizierte Arbeitsplätze zu schaffen. Alle Einsparungen in der Verwaltung sollten einen Ausbau des technischen Bereichs ermöglichen. Die Windhoff AG war damals noch ganz auf die Bereiche Gleisbautechnik und Fördertechnik konzentriert. Ich war dagegen der Auffassung, dass das technische Knowhow, das in der Firma steckte, auch die Konstruktion und Herstellung anderer Produkte ermöglichen könnte. Dabei ging es mir nicht ausschließlich um eine Expansion des Unternehmens, sondern vor allem um seine Sicherung. Firmen wie die Windhoff AG sind extrem abhängig von der konjunkturellen Situation ihrer Kunden. Je breiter nun die Produktpalette ist, desto geringer ist das Risiko, durch die momentane Schwäche eines großen Kunden selbst in Gefahr zu geraten.

Resultat der Diversifizierung, die ich damals anstieß, war, dass wir neben der Gleisbautechnik und der Fördertechnik die Sparten Klärtechnik, Baumaschinen und Flughafentechnik entwickelten. Nun kann man sich sicher vorstellen, dass ein promovierter Betriebswirt nicht durch das Unternehmen gehen und den Technikern Vorschläge machen kann, welche Maschinen und Geräte sie entwickeln sollen.

Vielmehr war ich bei der angestrebten Diversifizierung ganz auf die Menschen angewiesen, die das Know-how der Firma verkörperten. Ich gründete damals fünf Innovationszirkel mit jeweils fünf Ingenieuren, die nach neuen Betätigungsfeldern der Firma suchen sollten. Wir veranstalteten regelmäßige Brainstormings. Jeder konnte Vorschläge machen, alles wurde eingehend diskutiert. Immer ging es darum, herauszufinden, was wir können und was sich lohnt.

Ich war stets dabei und hörte allem zu. Natürlich konnte ich längst nicht alles von der technischen Seite her beurteilen, aber man entwickelt auch als Nicht-Techniker ein Gespür dafür, was machbar, was sinnvoll ist und was sich lohnen könnte. Letzten Endes lag die Entscheidung, welche Sparten wir gründen und welchen Innovationen wir nachgehen wollten, bei mir als dem Vorstandsvorsitzenden. So sprach ich mich damals gegen einen Einstieg in die Windkrafttechnik aus. Ich war der Ansicht, wir würden hier zu spät kommen und es gäbe bereits zu viele Wettbewerber. Daraufhin kündigte übrigens der Ingenieur, der die entsprechenden Vorschläge ausgearbeitet und unterbreitet hatte. Ich war damals traurig, ihn zu verlieren, zumal er offenbar auch ein Mensch mit Rückgrat war.

Recht gut gelang uns der Einstieg in die Flughafentechnik. Dazu zählen all die Fahrzeuge und Geräte, mit denen Flugzeuge am Boden bewegt, beladen und gewartet werden. Für uns ging es hier darum, die bewährten Elemente der Fördertechnik, die wir bislang überwiegend für die Bahn hergestellt hatten, für eine andere, aber letzten Endes doch recht ähnliche Verwendung zu modifizieren. Besonders viel verdiente die Windhoff AG zwar nicht mit diesem Produktzweig, dafür war er besonders werbewirksam, fuhren und standen doch bald auf den großen Flughäfen unzählige Geräte mit dem Namenszug der Firma.

So begannen die achtziger Jahre. Wir hatten in der Hauhinco einen neuen Gesellschafter. Ich war Vorstandsvorsitzender, führte die Firma aber weiterhin zusammen mit meinem Vater, der dem Aufsichtsrat vorstand. Wir beiden wohnten damals einander gegenüber und sahen uns täglich. Dabei waren unsere Gespräche immer angenehm und produktiv, egal um welches Thema es ging. Nichtsdestoweniger war die Hierarchie klar und deutlich: Als Aufsichtsratsvorsitzender war mein Vater mein direkter Vorgesetzter, er hätte mich jeden Tag entlassen können.

Nur bestand dazu so gar kein Anlass. Denn von Jahr zu Jahr wurde die Lage der Firma deutlich besser. Es arbeiteten jetzt etwa 500

Mitarbeiter bei der Windhoff AG. Die Auslastung des Unternehmens war sehr gut. Damit war mein wichtigstes Ziel erreicht, denn eine Unterbeschäftigung hätte schon nach kurzer Zeit den Tod des Unternehmens bedeuten können. Durch die Diversifizierung ließen sich Zeiten mit geringerer Auftragslage in einzelnen Sparten gut überbrücken; ohne große Probleme konnten Mitarbeiter je nach Bedarf von einer Abteilung in die andere wechseln. Unser Problem war eher eine gewisse Überlastung. Dabei war unser Ruf bei den Kunden ausgezeichnet, wir mussten immer weniger Kompromisse bei der Preisgestaltung eingehen. Früher hatten wir gelegentlich zu Selbstkostenpreisen gearbeitet, um die Produktion aufrechtzuerhalten. Jetzt aber konnten wir es uns leisten, Produkte nur noch zu Preisen zu verkaufen, die uns mindestens 5 % Gewinn garantierten. Manchmal geschah es damals, dass ein wichtiger Kunde sich zuerst gegen uns entschied, weil er den Preis nicht zahlen wollte, dann aber doch auf unsere Produkte zurückkam. Schließlich zahlte er lieber etwas mehr für unsere bekannte Qualität, als sich auf das Risiko einzulassen, ein billigeres und womöglich schlechteres Produkt zu kaufen.

Bis 1980 hatten wir immer unter unserer dünnen Eigenkapitaldecke gelitten. Jetzt wurden erstmals deutliche Gewinne gemacht, wir konnten Rückstellungen tätigen und Reserven bilden. Auch die Vorstandsgehälter und die Leistungszulagen stiegen. Unsere Umsatzrendite lag Ende der achtziger Jahre bei etwa 20 %. Es war kein Wunder, dass die Bank Trinkaus & Burckhardt uns damals ein „Juwel im Maschinenbau“ nannte.

6. Leitlinien

Erfahrungen aus der Praxis als Vorstand

Ich denke heute, es war prägend für mein ganzes Berufsleben, dass ich nach meinem Studium ohne den berühmten Praxisschock in den Beruf wechseln konnte. In die Kühlerfabrik trat ich ja nicht als der unerfahrene Neuling ein, der man an seiner ersten Arbeitsstelle häufig ist. Vielmehr kam ich nach Rheine zurück wie ein vorübergehend verlorener Sohn, den man gerne wieder in die Familie aufnimmt. Bei uns hieß das natürlich: ins Familienunternehmen. Wichtig und richtungweisend war auch, dass ich innerhalb weniger Jahre zweimal ein neues Organisationshandbuch schrieb. Denn damit konnte ich mich ganz akribisch und detailliert in die kleinsten Strukturen der Firma einarbeiten. Ich lernte alle Abläufe kennen, und zwar dort, wo sie sich tatsächlich abspielten. Von Anfang an habe ich viele Gespräche geführt, ich lernte die Mitarbeiter persönlich kennen, und ich lernte auch, sie einzuschätzen. Man kann ja noch so viel planen, noch so kluge Strukturen ausdenken und einrichten; letzten Endes sind es immer konkrete Menschen, die dafür sorgen, ob solche Pläne aufgehen oder ob sie abstraktes Wunschdenken bleiben. Stellenbeschreibungen sind eine wichtige Sache, doch dann kommt es darauf an, inwieweit der konkrete Stelleninhaber das abstrakte Profil auch tatsächlich realisiert.

In kleineren bis mittelgroßen Unternehmen, wie die Windhoff AG eines war, hat man als Vorstand die Chance, praktisch alle seine Mitarbeiter persönlich zu kennen. Mir war immer wichtig zu wissen, wie die Menschen sich ihrer Arbeit gegenüber verhielten. Denn dementsprechend muss man als Führungskraft handeln. Manche Mitarbeiter sind zu optimistisch und zu euphorisch; gerne behaupten sie, dass es keine Probleme gebe und alle Anforderungen leicht erfüllt werden können. In solchen Fällen ist es ratsam, die Vorgaben genauer zu formulieren und die Kontrollen zu verstärken. Es ist nicht gut für eine Firma, wenn ein Mitarbeiter immer unter Dampf steht, dabei aber nicht bemerkt, dass er in die falsche Richtung fährt. Nicht, dass man mich falsch versteht. Ein gewisser Optimismus ist lebenswichtig, aber er muss eine realistische Grundlage haben. Ähnlich verhält es sich mit übertriebener Vorsicht. Manche Mitarbeiter sind zu ängstlich, zu zögerlich. Hier gilt es, mehr zu bestätigen und Mut zu machen.

Ich weiß, es gibt Hunderte, nein, eher Tausende von Büchern, die erfolgreiche Manager geschrieben haben um zu erklären, warum sie erfolgreich waren. Und dann gibt es noch zehnmal so viele Bücher, in denen Managern erklärt werden soll, was genau sie machen müssen, um erfolgreich zu sein. Jedes dieser Bücher vermittelt andere Erfahrungen oder propagiert andere Erfolgsrezepte. Mal soll es sinnvoll sein, fernöstlichen Lebensregeln zu folgen, mal wieder soll man sich an Shakespeares Dramen oder am Verhalten von Rudeltieren in freier Wildbahn orientieren.

Ich selbst bin allen Patentrezepten gegenüber eher skeptisch eingestellt. Ich glaube, ich bin meine Berufstätigkeit ganz ähnlich angegangen wie meinen Sport. Oder sagen wir, ich habe von meinem Sport gelernt. Auf dem Platz gilt es ja, frei, entspannt und nicht ängstlich zu sein. Was geschieht, geschieht sowieso vor aller Augen, es gibt im Grunde keine Verstellung, keine Heuchelei. Ähnlich habe ich wohl im Geschäft agiert. Ich wollte die Dinge immer beim Namen nennen, sagen, was ist. Das galt auch für Bereiche, aus denen mancher Vorstand gerne ein Geheimnis macht: Gehälter, Bonuszahlungen, der Liquiditätsstatus und die Ertragssituation der Firma.

All dies lag bei mir klar auf dem Tisch. Ich bevorzugte eine gläserne Arbeitsweise. Jeden Montagmorgen um sieben Uhr dreißig versammelte ich eine Gruppe von etwa zwanzig Führungskräften, mit denen ich alle Geschäftsinformationen teilte, sodass niemand das Gefühl haben musste, unzureichend informiert zu sein. Dabei sprachen wir sowohl über Entwicklungen im technologischen als auch im Personalbereich. Es ging um Leistungen ebenso wie um Erwartungen und Pläne. Immer hielt ich in dieser Runde eine kurze Einführung, danach konnte jeder aus seinem Bereich berichten. Ich habe die Führungskräfte auch dazu ermuntert, die Informationen aus der Montagsrunde an ihre Mitarbeiter weiterzugeben und überhaupt für einen guten Kommunikationsfluss zu sorgen. Kaum etwas war mir mehr verhasst als die berühmten Latrinenparolen, die in vielen Betrieben und Verwaltungen umgehen, eingehend diskutiert werden und damit wichtige Zeit und Energie sinnlos verschwenden. In diesem Zusammenhang erinnere ich mich an eine Erkrankung meines Vaters. Im Elektrobau hieß ist damals, er habe eine Grippe, im Maschinenbau war er dann schon sehr krank, und im Stahlbau, der am weitesten vom Verwaltungsgebäude entfernt war, lag er im Sterben.

Mein Führungsstil wurde damals in der AG als Neuerung empfunden. Das lag allerdings nicht nur an meinem Temperament, sondern auch daran, dass ich als Betriebswirt grundsätzlich anders agierte als meine Vorgänger, die allesamt Techniker gewesen waren. Rentabilitätstheorie, Ertragskraft und dergleichen, worauf der Betriebswirt als erstes schaut, waren unter Ingenieuren kein großes Thema. Ihre Aufgabe und ihr erstes Interesse war immer die technische Vervollkommnung der Produkte, nicht der Blick auf die Firma als ein Wirtschaftsunternehmen. Auch mein Vater sprach eher selten über Betriebswirtschaftliches, obwohl er doch die Verantwortung trug, ebenso sein Cousin Franz Windhoff, solange er noch in unserem Vorstand war. Dazu kommt, dass die Menschen in Westfalen bekanntlich nicht besonders gesprächig und manchmal sogar ein bisschen verstockt sind. Für mich gilt das wohl nicht; obwohl ich mich immer als Westfale gefühlt habe, steckt wohl auch so einiges von einem Berliner in mir, jedenfalls was das Gesprächige angeht. Ich habe mich immer bemüht, im täglichen Umgang freundlich, unverklemmt, natürlich und verbindlich zu jedermann zu sein. Das hat auch in den allermeisten Fällen funktioniert.

Eigentlich kann ich mich nur an eine einzige Situation in meinem ganzen Berufsleben erinnern, bei der mir tatsächlich der Kragen platzte. Da hatte mich Franz Windhoff aus seinem Büro geworfen, mit der lapidaren Bemerkung, ich störe. Daraufhin beendete ich abrupt meinen Arbeitstag und ging nach Hause. So wollte ich mich nun doch nicht behandeln lassen. Aber das war, wie gesagt, ein Einzelfall.

Zu meinem Arbeitsstil gehörte auch, dass ich nicht besonders versessen darauf war, von morgens bis abends hinter meinem Schreibtisch zu klemmen. Es gibt Chefs, die glauben, sie müssten durch ständige Anwesenheit ihre Belegschaft zu größerer Leistung anspornen oder gar die Ordnung im Betrieb aufrechterhalten. Ich sehe das anders. Ich habe während meiner ganzen Berufszeit ohne irgendwelche Probleme Arbeiten delegiert, wenn andere sie besser erledigen konnten als ich. Wenn die Termine es zuließen, ging ich in der Mittagspause in den Club und spielte eine Partie Tennis, oft mit meinem Freund August Tepe, der auch leidenschaftlich Tennis spielte und durch mein Training immer besser wurde. Entscheidend war für mich aber immer, dass es der Firma gut ging. Wer an seinem Schreibtisch hockt und seine Zeit absitzt, ist bestimmt nicht der bessere Unternehmer.

Wenn man Gesellschafter und Vorstandsvorsitzender einer Firma wie der Windhoff AG ist, repräsentiert man das Unternehmen nach außen hin, ob man nun will oder nicht. Natürlich gibt es für Werbung und Vertrieb eigene Abteilungen, aber als Bernd Windhoff war ich praktisch nirgendwo Privatmann. Ich kann mir vorstellen, dass es Leute in meiner Position gab und gibt, denen das nicht nur angenehm ist oder die sich sogar ein weniger behelligtes Privatleben wünschen. Mir persönlich hat die Repräsentation der Firma in der Öffentlichkeit nie etwas ausgemacht. Die vielen Einladungen und die Ämter, die mit meiner Stellung verbunden waren, habe ich gerne wahrgenommen. Ich war unter anderem Präsident des Innovationsfördervereins der Stadt Rheine und des Industrievereins Steinfurt (IVS). Schon von daher hatte ich Zugang zu allen regional wichtigen Veranstaltungen. Meistens ging es dabei auch ganz amüsant und gesellig zu; wichtiger aber war, bei solchen Gelegenheiten sein Netzwerk zu verbreitern. Für die Region kann ich sagen, dass ich fast jeden kannte und fast jeder mich. Am inoffiziellen Rande dienten solche Zusammenkünfte auch einer Art informeller Unternehmenskommunikation. Man erfuhr, wie es um die anderen Unternehmen stand, und man konnte Nachrichten aus der eigenen Firma diskret lancieren.

Ich habe mich überhaupt ziemlich viel um die Werbung für unser Unternehmen gekümmert. So habe ich zum Beispiel die Techniker und unsere Marketingabteilung ermuntert, auch kleinere Entwicklungen in Fachzeitschriften zu veröffentlichen. Man sollte überall sehen, wie viel Wert man bei Windhoff auf die Arbeit an Innovationen legte. Es ging aber auch darum, den Bekanntheitsgrad des Unternehmens in der Region noch weiter zu steigern. Ich ließ zum Beispiel in der Pause von Fußballspielen durch den Stadionsprecher bekannt geben, dass Windhoff Auszubildende einstellt. So bewirkte man mit relativ wenig Aufwand viel für das Image der Firma. Diese Art von Public Relations hat mir sehr gelegen.

Soweit ich mich erinnere, gab es während meiner gesamten Zeit als Vorstandsvorsitzender bei Windhoff nur eine einzige Situation, in der ich leidvoll erfahren musste, dass jemand in meiner Position wirklich jedes Wort auf die Goldwaage legen muss, zumal in der Öffentlichkeit. Es war im April 1993, also zu der Zeit, als wir unseren Börsengang vorbereiteten. Ich war zu einem Podiumsgespräch eingeladen, das von den Jungsozialisten organisiert wurde und an dem neben mir Hans-Jochen Vogel, ehemaliger SPD-Vorsitzender, Christa Thoben, damals Geschäftsführerin der IHK Münster, später Wirtschaftsministerin in Nordrhein-Westfalen, und Yilmaz Karahasan, Vorstandsmitglied bei der IG Metall, teilnahmen. Das Thema der Veranstaltung lautete „Ohne AusländerInnen geht es nicht".

In der Sache waren wir uns damals weitgehend einig: Ohne die vielen zugewanderten Arbeitnehmer würden manche Branchen gar nicht mehr existieren können. Allerdings müsse man Pflichten und Rechte ausländischer Arbeitnehmer in ein sinnvolles Verhältnis setzen. Übrigens war damals, vor fünfundzwanzig Jahren, auch schon die Rede davon, ob man den Zuzug von Asylsuchenden tatsächlich verkraften könne. Dabei ging es, wohlgemerkt, um Tausende, nicht um Hunderttausende wie im Jahr 2015. Frau Thoben von der CDU schloss damals, ich zitiere nach dem Zeitungsbericht: „Es ist unmöglich, dass wir alle Elenden, die in jämmerlichen Verhältnissen leben, zu uns holen. Das schaffen wir nicht."

Die ganze Veranstaltung hätte, so sinnvoll sie war, zwei Tage später vergessen sein können. Aber leider hatte ich ein Manko der Ausbildungssituation, wie ich es über mehrere Jahre erfahren hatte, mit sehr unüberlegten Worten angesprochen. Was ich sagen wollte war, dass viele Absolventen unserer deutschen Hauptschulen auf eine Ausbildung in einer Maschinenfabrik nicht vorbereitet oder dafür gar nicht geeignet und dementsprechend manchen ausländischen Konkurrenten deutlich unterlegen waren. Gut, ich wollte ein bisschen provozieren; aber der Ausdruck „eher leicht geistig minderbemittelt", den ich damals für deutsche Hauptschüler verwendete, war in einer solchen Situation wohl nicht als ironisch zu verstehen und ein schlimmer Fauxpas.

Folglich brach über mich los, was man früher einen Sturm der Entrüstung nannte, neuerdings einen Shitstorm. Von heute betrachtet, war es ein Glücksfall für mich, dass es die digitale Kommunikation und das Internet noch nicht gab. Die Entrüstung erreichte mich „nur" auf Papier, in Briefen und vor allem in Leserbriefen, die in der Zeitung abgedruckt wurden. Deren Tenor: Ich hatte alle Hauptschülerinnen und Hauptschüler beleidigt, ihr Lehrpersonal und die ganze Institution Hauptschule. Ich habe damals nach Kräften versucht, mich für die unangemessene Formulierung zu entschuldigen. Ich habe aber auch darauf bestanden, in der Sache nicht ganz falsch gelegen zu haben. Tatsächlich ist die Qualität der Hauptschulausbildung in den folgenden Jahren ein wichtiges Thema gewesen, denn an den Nachwuchs in der Industrie werden immer höhere Ansprüche gestellt. Mittlerweile ist bereits von einer Reform des Schulwesens die Rede, bei der die Hauptschule abgeschafft werden soll.

Egal, ich musste im Frühjahr 1993 lernen, welche Folgen ein sprachlicher Fehltritt haben kann. Ich bot sogar meinen Rücktritt vom Vorstand des IVS Rheine an, was aber abgelehnt wurde; meine Amtszeit hätte sowieso kurz darauf geendet. Und natürlich habe ich aus dem Vorfall gelernt: einerseits, dass man wirklich acht geben sollte, niemanden zu beleidigen, keine Einzelpersonen und keine Personengruppen; andererseits, dass die politische Korrektheit, auf die so viel Wert gelegt wird, auch dazu führen kann, dass unangenehme Wahrheiten nur noch weich und wolkig umschrieben werden, bis man sie gar nicht mehr erkennt.

Wenn ich über meine Tätigkeit als Vorstandsvorsitzender spreche, darf ich nie vergessen, dass mein Vater mich darin sehr geprägt hat und über viele Jahre lang mein Vorbild war. Er war ein eher zurückhaltender, stiller Typ, er war sehr gebildet und interessierte sich für vieles; nur frei zu sprechen lag ihm nicht besonders. Ich kannte ihn als hochanständig und außerordentlich großzügig. Er lebte sehr bescheiden und legte keinen besonderen Wert auf Statussymbole, was bei der Belegschaft natürlich gut ankam. Bei seinem Tod im Juli 1989 besaß er kein Vermögen, kein Haus, nur die Anteile an der Windhoff AG, der er sein ganzes Leben lang eng verbunden war.

Ich habe ja schon einmal davon gesprochen, dass die Beziehung zu meinem Vater anfangs nicht gerade eng gewesen war. Ich glaube, ich kann sogar sagen, dass wir in den ersten vierzehn, fünfzehn Jahren meines Lebens so gut wie gar nichts miteinander zu tun hatten. Nicht, dass das etwas Besonderes gewesen wäre. In den vierziger und fünfziger Jahren wurden die allermeisten Kinder ja praktisch nur von der Mutter erzogen; und bei uns kam noch hinzu, dass die Firma meinen Vater fast vollständig absorbierte. Die Wende kam dann mit meinen Erfolgen im Tennis. Zu meinen ersten Turnieren außerhalb von Rheine, zum Beispiel in Lingen, Meppen oder Osnabrück, musste ich natürlich gefahren werden, und das erledigte mein Vater. Er sah mir dann beim Spielen zu, er freute sich über meine Siege, und er wird es wohl auch ganz gerne gehört haben, wenn andere Zuschauer mich lobten oder ihn sogar zu seinem talentierten Sohn gratulierten. Auf den Rückfahrten nach Rheine kurbelte er dann die Lehne des Beifahrersitzes herunter, damit ich mich ein bisschen ausstrecken und ausruhen konnte. Ich erinnere mich bis heute sehr gut an diese kleine Geste, sie war das erste Zeichen einer gewissen Innigkeit zwischen Vater und Sohn. Wenn man so will, kann man sagen, dass mein Vater und ich uns erst übers Tennis kennengelernt haben. Später, in unserem gesamten gemeinsamen Berufsleben, kamen wir fast ohne größere Streitigkeiten aus. Einen ähnlichen Disput wie den um den Verkauf von 51 % der Anteile an Plasser & Theurer hatte es vorher nie gegeben und sollte es nachher nicht wieder geben.

Dabei war ich seit meiner Kindheit einer, der nicht schnell ein Blatt vor den Mund nimmt. Ich konnte auch frech sein, zum Glück meistens, ohne mir damit gleich alles zu verscherzen. In meiner Schulzeit war ich mehrmals zum Klassensprecher gewählt worden. Beim Fußball war ich nicht von ungefähr Mittelstürmer und Mannschaftkapitän. Ich war immer gern da, wo es ernst wird; auch im Berufsleben habe ich nie weggeschaut, wenn Positionen und Verantwortlichkeiten verteilt wurden. Wenn ich eine Meinung hatte, dann sagte ich sie, und ich hatte eigentlich immer eine Meinung. Mit anderen Worten, im Grunde waren damit die Voraussetzungen dafür gegeben, in der Firma mit meinem Vater als dem Vertreter der älteren

Generation aneinander zu geraten. Aber dagegen standen unser gutes persönliches Einvernehmen ebenso wie mein Respekt vor seiner Leistung. Außerdem unternahm ich niemals Alleingänge. Ich kannte die Firma nur zu gut und wusste genau, welche Maßnahmen unbedingt vorab kommuniziert werden mussten.

Sollte ich aus meinen Erfahrungen eine Botschaft an mittelständische Unternehmer formulieren, die ihre Firma an die Kinder weitergeben wollen, dann würde sie so lauten: Wenn ihr euch nicht liebt – durchs Geschäft kommt ihr nicht zusammen! Versucht, frei und ehrlich miteinander zu arbeiten. Das Schlimmste sind Heucheleien, Redeverbote auf der einen Seite, taktische Zurückhaltungen auf der anderen; sie ruinieren dauerhaft die Beziehungen. Es nutzt auch überhaupt nichts, wenn man versucht, sich krampfhaft an der Macht zu halten, indem man den eigenen Blick auf das Unternehmen zum offiziellen Bild erklärt. Denn letzten Endes lässt sich ein ökonomisches Scheitern niemals verschleiern.

Wenn ich doch ein bisschen theoretischer werden sollte, dann würde ich sagen, meine Führungsmethode war das „Management by Objectives". Peter Ferdinand Drucker, ein aus Österreich emigrierter amerikanischer Managementexperte, hatte sie entwickelt; 1954 war sie in Amerika und 1956 in einer deutschen Übersetzung veröffentlicht worden. Das „Management by Objectives" ist bei uns besser bekannt als „Führung durch Zielvorgaben". Es dürfte heute wohl die bekannteste und, zumindest nach Absicht der Beteiligten, die am meisten angewandte Führungsmethode sein, und das nicht nur in Wirtschaftsunternehmen, sondern auch in der öffentlichen Verwaltung. Wie die deutsche Übersetzung schon sagt, geht es im Wesentlichen darum, die Ziele des gesamten Unternehmens aus Teilzielen einzelner Abteilungen oder Mitarbeiter zusammenzusetzen, anschließend diese Teilziele mit den betreffenden Personen eingehend abzusprechen und ihre Einhaltung zu kontrollieren.

Dabei setzt das Führen nach Zielvorgaben eine gute und vor allem eine von der Kommunikation geprägte Unternehmenskultur voraus. Es geht um eine Offenheit auf allen Ebenen, um eine möglichst genaue Formulierung von Absichten und Fähigkeiten. Jeder Mitarbeiter sollte genau wissen, was von ihm verlangt wird; andererseits hat er das Recht, und übrigens auch die Pflicht, seine eigene Leistung offen einzuschätzen. Das Führen nach Zielvorgaben soll vor allem vermeiden, dass unausgesprochene Vorstellungen und Anforderungen das Arbeitsklima und die Produktion beeinträchtigen.

Das mag nun alles wie selbstverständlich klingen. Natürlich sollte jeder wissen, was man von ihm verlangt und was man von ihm verlangen kann. Aber das Selbstverständliche ist nun einmal längst nicht immer das Übliche. Und nicht nur das. Das Führen nach Zielvorgaben verlangt in der Praxis eine Menge an zusätzlichem Aufwand auf allen Ebenen. Gelingende Kommunikation ist nun einmal nicht die Regel, sondern vielmehr etwas, an dem man beständig arbeiten muss. Außerdem bedarf es großer Kenntnisse und einigen Fingerspitzengefühls, Zielvorgaben tatsächlich so realistisch zu formulieren und so zu vermitteln, dass sie von den Betreffenden verstanden und akzeptiert werden. Fehleinschätzungen und Selbstüberschätzung zu vermeiden, ist keine einfache Übung!

Das Führen durch Zielvorgaben entsprach überdies meinem persönlichen Temperament. Wo immer es möglich war, ohne den Zielen der Firma zu schaden, habe ich versucht, Konflikte zu vermeiden. Konflikte kosten Zeit und psychische Kraft. Sie führen dazu, dass die Mitarbeiter nicht mehr gerne ins Unternehmen gehen; ihre eigene Leistung und die des Unternehmens leiden darunter. Würde ein deutlich höherer Prozentsatz der arbeitenden Bevölkerung dieses Landes jeden Morgen gerne und unbelastet an die Arbeit gehen, würde das eine ganz unerhörte Steigerung der Produktivität zur Folge haben. Ich habe versucht, das meinen Mitarbeitern zu vermitteln: Ihr müsst nicht nur pünktlich zur Arbeit kommen, ihr müsst auch gerne kommen. Wenn ihr merkt, dass ihr mit Vorbehalten kommt, dass euch etwas belastet, dann müsst ihr mit mir sprechen. Und wenn die Probleme nicht aus der Welt zu schaffen sind, dann müsst ihr das Unternehmen verlassen. Das mag bitter sein, aber es ist besser für alle Beteiligten.

Schließlich gehörte für mich zur Führung nach Zielvorgaben, dass möglichst viele Mitarbeiter für alle sichtbar ein gewisses Maß an Verantwortung übernahmen. Ich habe gerne Leute zu Abteilungsleitern gemacht, auch wenn ihre Abteilungen noch so klein waren. Solche Berufungen dienten als Aufforderung dazu, sich nicht immer auf „die da oben" zu berufen und zu verlassen. Ich glaube übrigens, dass ich in den meisten Fällen zu meinen Führungskräften genau dasselbe gesagt habe, was sie zu ihren Mitarbeitern gesagt hätten.

Zur Aufgabe eines Unternehmers und Vorstandsvorsitzenden gehört natürlich auch die Auseinandersetzung mit den Gewerkschaften. Ich mache keinen Hehl daraus, dass ich nicht besonders glücklich war, wenn ich mit Lohnforderungen konfrontiert wurde, die damals, in Zeiten hoher Inflationsraten, auch schon einmal 10% betragen konnten. Wer solche Lohnforderungen einmal auf die Unternehmensbilanz umgerechnet hat, der weiß, was das für eine Firma bedeutet. Leider kam es gelegentlich auch in der Windhoff AG zu Streiks. Ich fand diese Situationen schwer erträglich. Die Belegschaft war an ihren Arbeitsplätzen, saß aber nur tatenlos herum. Wenn ich durch die Hallen ging, sahen wir schweigend aneinander vorbei, statt uns im Interesse der Firma auf einen Kompromiss zu einigen.

Dennoch ging es darum, sich in den Lohnverhandlungen mit der Gewerkschaft nicht gegenseitig zu zerfleischen. Ich bin damals zusammen mit dem IG Metall-Funktionär Rudolf Martziniak in einer Vortragsreihe an der Volkshochschule aufgetreten. Da konnten wir unsere jeweiligen Vorstellungen ganz in Ruhe ausbreiten und begründen. Natürlich respektiere ich die Ansprüche und Vorstellungen der Arbeitnehmer. Aber ich habe auch immer wieder versucht, den SPD-Wählern klarzumachen, dass die gesamte Gesellschaft und damit auch sie selbst die Arbeitgeber und erfolgreiche Unternehmen dringend brauchen. Es wird bis heute leider oft vergessen, dass Wirtschaftsunternehmen nicht Teil der selbstverständlichen und allen zugänglichen Natur sind. Es sind, zumindest bis hinauf in den Mittelstand, Gebilde, die von einzelnen Menschen und auf deren eigenes Risiko geführt werden. Der Name sagt im Grunde alles. Unternehmer sind Menschen, die von sich aus etwas angehen, im Falle des Gelingens davon profitieren, mehr sogar als die Angestellten, im Falle des Scheiterns aber auch die Verantwortung und oft genug die vollen Konsequenzen tragen. Als ich Vorstandsvorsitzender der Windhoff AG wurde, schien noch eine Konkurrenz zwischen zwei Wirtschaftssystemen zu existieren. Später zeigte die Entwicklung in Osteuropa, dass die Planwirtschaft, in der der Unternehmer und seine Eigeninitiative ausgeschaltet sind, zum Scheitern verurteilt war. Der so genannte Klassenkampf war in den osteuropäischen Staaten darauf hinaus gelaufen, ein Wirtschaftssystem zu etablieren, das keinen Wohlstand mehr erzeugte, sondern eher noch die Armut vergrößerte. Entsprechend habe ich unser System einer sozialen Marktwirtschaft immer propagiert und dabei großen Wert auf einen Interessenausgleich mit der Belegschaft gelegt.

Übrigens war ich weder Mitglied im Arbeitgeberverband, noch bin ich der CDU beigetreten, obwohl ich deren Unterstützung des Mittelstandes natürlich sehr begrüßt habe. Für ein politisches Engagement habe ich mich nie besonders erwärmen können; überhaupt habe ich mich nach meiner Studienzeit mehr an konkreten Problemen und Fragestellungen abgearbeitet, weniger an Überlegungen zum großen Ganzen. Abgesehen davon hätte ein Engagement in einer politischen Partei meine Ehe nur noch weiter belastet. Da blieb ich besser neutral und kümmerte mich um die Sachfragen.

7. Das große Rad
Der Börsengang (1993)

Der Börsengang der Windhoff AG war im Wesentlichen meine Idee. Aber er war natürlich alles andere als ein spontaner Einfall. Seit Beginn meiner Vorstandstätigkeit hatte ich mir die große Aufgabe gestellt, die Eigenkapitalbasis des Unternehmens erheblich zu verbessern. Sie lag bislang bei etwa 18 %, erreichte auch schon einmal 21 %, mehr aber schien mir im normalen Geschäftsbetrieb nicht machbar zu sein. Durch einen Börsengang versprach ich mir eine Steigerung auf über 30 %, ein komfortabler Wert für einen Maschinenbauer. Die bereits vollzogene Erweiterung unserer Produktpalette hatte bereits auf einen Börsengang gezielt, indem sie dafür sorgte, dass die AG sich als ein vielseitiges Unternehmen präsentieren konnte. Wie sich später herausstellte, hatte ich ganz richtig vermutet: Die Banken hätten dem Börsengang eines Unternehmens, das ausschließlich in der Gleisbaubranche tätig ist, eher skeptisch gegenüber gestanden.

Trotzdem war die Sorge geblieben, die Windhoff AG könnte als zu klein für einen Börsengang eingeschätzt werden. Doch uns kam ein Trend der Zeit zupass. Damals, um 1990, war die Bereitschaft gestiegen, auch mittelständischen Unternehmen den Gang an die Börse zu ermöglichen. Die Nachfrage nach solchen Aktien hatte das bewirkt. Allerdings wäre ein Börsengang ohne die Unterstützung der Banken absolut nicht möglich gewesen. Hier brauchte es Fachleute, die mit dem Verfahren vertraut waren und die Risiken einschätzen konnten.

Zwei bis drei Jahre lang, etwa ab 1990, planten wir den Börsengang. Als Verantwortlicher für die Finanzen des Unternehmens führte ich die Besprechungen mit den Vertretern mehrerer Banken, darunter die Deutsche Bank in Rheine, die WestLB, die Dresdner Bank und die Commerzbank. Ich war immer schon dafür gewesen, mit mehreren Banken zusammenzuarbeiten; man hatte dann zum Beispiel die Möglichkeit, unter verschiedenen Kreditangeboten wählen zu können, oder konnte bei Geldbedarf mehrere Institute um kleinere Summen bitten. Hier stieß ich allerdings auf Widerstand. Dr. Magnussen, Direktor der Deutschen Bank in Rheine, saß in unserem Aufsichtsrat und hätte gerne gesehen, dass seine Bank als alleiniger Geldgeber in der Windhoff AG fungiert hätte. Als Magnussen altersbedingt ausschied, konnte ich nach Absprache mit meinem Vater unsere Finanzbeziehungen auf eine breitere Basis stellen.

Die Windhoff AG war damals bereit für einen Börsengang. Dazu musste vor allem die Gewinnmarge stimmen; im Börsenprospekt musste glaubhaft dargelegt werden, dass nicht nur die Umsätze hoch sind, sondern auch gutes Geld verdient wird. Ich hatte bei anderen Firmen in der Umgebung beobachten können, wie ein Börsengang an diesem Punkt gescheitert war, und das, obwohl es sich um große und gut geführte Unternehmen handelte. Schließlich unterbreitete uns die Deutsche Bank einen Vorschlag zum Ausgabewert der Aktien; er lag bei etwa 275 DM. Das erschien mir allerdings zu niedrig. Wir wollten uns ja nicht unter Wert verkaufen, immerhin gaben wir 25 % unserer Aktien an die Börse, je zur Hälfte aus dem Besitz der Hauhinco und der Familie Windhoff.

Ein besseres Ergebnis brachten dann unsere Verhandlungen mit der Bank Trinkaus & Burkhardt, mit der ich, vermittelt über einen Freund, Peter Randel, ebenfalls Gespräche geführt hatte. Deren Analysten machten auf mich einen sehr kompetenten und sympathischen Eindruck. Die Gespräche dauerten etwa ein Jahr, es galt, die Firma vorzustellen und alle Eventualitäten eines Börsengangs sorgfältig zu überdenken. Im Laufe dieser Gespräche lernten die Mitarbeiter der Bank unser Unternehmen sehr gut kennen. Für die Bank Trinkaus & Burkhardt war es das erste Mal, dass sie eine Börseneinführung begleitete. Mir erschien das für uns ganz positiv zu sein. Bei der Deutschen Bank wären wir ein Routinefall gewesen und hätten wahrscheinlich nur unter „ferner liefen" rangiert. Trinkaus & Burkhardt aber gab sich besondere Mühe, schließlich betrat sie selbst ein neues Geschäftsterrain. Anfangs hatte sie uns 500 DM als Ausgabekurs vorgeschlagen; schließlich einigten wir uns auf 375 DM. Der erste Tag, an dem wir an der Börse notiert wurden, war der 13.10.1993. Unsere Einnahmen aus dem Aktienverkauf beliefen sich auf etwa 20 Millionen DM, steuerfrei, und so bekam die Windhoff AG endlich eine solide Kapitalstruktur auf Basis guter Umsatzrenditen. Wir besaßen jetzt etwa 35 % Eigenkapital und konnten mit dem eigenen Geld wiederum Geld verdienen, in dem wir es zu günstigen Bedingungen anlegten.

Nach dem Börsengang gab es alle sechs Wochen eine Runde mit den Analysten von Trinkaus & Burkhardt. Deren Aufgabe war es jetzt, unser „Go in Public“ zu unterstützen. Als börsennotiertes Unternehmen mussten wir jetzt nämlich stärker in die Öffentlichkeit wirken, sei es mit Unternehmensnachrichten in kürzerer Folge oder mit Flyern zu neuen Produkten. Das gelang uns im Großen und Ganzen auch ganz gut, aber die Analysten rieten uns zusätzlich zu einem externen Wachstum, sprich zum Aufkauf anderer Firmen.

Wir haben das dann auch praktiziert, wenngleich nicht immer mit Erfolg. Natürlich tätigt man solche Ankäufe aus der überlegenen Position dessen, der das Geld hat und die Bedingungen stellen kann. Also ist man in einer solchen Lage der „King“ und womöglich sogar der Retter, weil man Insolvenzen verhindert. Entsprechend wird man behandelt, ich sage wohl besser, umworben. Von heute aus betrachtet, denke ich allerdings, wir hätten vorsichtiger und kritischer agieren müssen. Wir hätten nur ankaufen sollen, was sich direkt positiv auf unsere Bilanzen ausgewirkt hätte. Leider ließen wir uns stattdessen auf einige Ankäufe ein, bei denen es sich um eher wacklige Geschäfte oder sogar um Sanierungsfälle handelte. Dazu kam, dass es zwar in der Windhoff AG einen eigenen Bereichsleiter für die Firmenankäufe gab, ich selbst mich aber nicht mehr in ausreichendem Maße um diese Aktivitäten kümmern konnte. Ich hatte den zusätzlichen Aufwand, den der Börsengang zur Folge hatte, deutlich unterschätzt. Zu den täglichen Arbeiten kamen jetzt die Vorbereitungen der Quartalsbilanzen und der Hauptversammlung, die regelmäßigen Gespräche mit den Analysten, die Pressekonferenzen und überhaupt die ganze Öffentlichkeitsarbeit. Da konnte ich mich nicht mehr um jedes Detail kümmern und war nicht über alles informiert, was eigentlich meiner Idee von der Stellung eines Geschäftsführers in einem mittelständischen Unternehmen widersprach.

Ein ziemlicher Flop waren die Übernahme eines Ingenieurbüros in Darmstadt und insbesondere die der Firma Unkauf in Heilbronn. Unkauf entwickelte Friedhofsbagger, also kleinere Fahrzeuge, die Gräber ausheben und Bodenarbeiten bewältigen. Schon die Verhandlungen waren schwierig, weil wir nur die Baggertechnik übernehmen wollten, in der wir uns ganz gut auskannten. Es stellte sich dann aber heraus, dass man sie nur mit größter Mühe, und eigentlich gar nicht, aus dem Unternehmen herauslösen konnte. Schließlich scheiterte das Baggergeschäft vollends, weil die für die Friedhöfe zuständigen Gemeinden kein Geld für solch anspruchsvolle Technik hatten. Man ließ dort die Gräber lieber durch ein paar schlecht bezahlte Hilfskräfte ausheben. Die ganze Angelegenheit brachte uns viel Ärger ein.

Etwas besser, aber auch nicht völlig unproblematisch, gestaltete sich der Ankauf der Firma Wiedemann in Peine, die unter anderem Treppen und Dollys für Flughäfen und sogenannte Cargomaster zum Beladen von Flugzeugen baute. Um Kosten zu sparen, lösten wir das Werk in Peine auf und integrierten die Produkte und die Technik der Firma Wiedemann in die Windhoff AG, wo sich unsere Belegschaft ihrer annahm.

Die Firma Epro in Gronau stellte Computerchips her, vor allem für Phillips. Das Unternehmen war an sich ganz in Ordnung, litt allerdings unter Geldnot. Nach dem Ankauf unterzogen wir die Firma einer gründlichen Revision in allen Positionen und konnten sie erfolgreich sanieren.

Schließlich übernahmen wir auch die Münsteraner Niederlassung der Firma Gehl, eines großen amerikanischen Herstellers von Land- und Baumaschinen. Die Niederlassung hatte finanzielle Schwierigkeiten, nicht zuletzt, weil sie Kredite zu exorbitant hohen Zinsen von 12 % aufgenommen hatte. Zusammen mit dem damaligen Geschäftsführer führte ich Gespräche mit dem zuständigen Banker. Der versuchte zwar, diese hohen Zinsen als sogenannte Zitterprämien für unsichere Kredite zu rechtfertigen, aber ich hielt ziemlich lautstark dagegen: So ruiniere man doch nur seine Kreditnehmer! Solche Kredite bekäme ich bei meiner Bank in Rheine zu einem Viertel des Prozentsatzes, was übrigens auch stimmte. Beim Verlassen der Bank sagte mir der Geschäftsführer von Gehl, er habe noch nie ein so erfreuliches und befriedigendes Gespräch mit einem Banker geführt.

Leider mussten wir die Niederlassung von Gehl in Münster am Ende doch schließen, da sie kurz vor dem Konkurs stand. Gemessen an ihren Umsätzen beschäftigte sie zu viele Mitarbeiter. Außerdem hatte sie bei zahlungsunfähigen Abnehmern zum Ausgleich Anteile übernommen, die sich später als wertlos erweisen sollten. Unser Sanierungskonzept bestand darin, die Zahl der Mitarbeiter zu reduzieren, die Außenstände einzutreiben und die Niederlassung von Münster nach Neuenkirchen bei Rheine zu verlegen, um auf diese Art und Weise durch Synergien Betriebskosten zu sparen.

Leider sind die Zukäufe der Windhoff AG in den kommenden Jahren meines Erachtens nicht sorgfältig genug weitergeführt und manchmal sogar leichtfertig aufgegeben worden. Es ist das alte Problem, dass Tochterunternehmen, die sich nicht mit den Kernprodukten ihres

Mutterunternehmens befassen, oft stiefmütterlich behandelt werden. Hätte ich noch länger, als ich es dann tatsächlich tun konnte, Einfluss nehmen können, dann wäre ich sicher anders verfahren. Einem Verkauf der Gehl-Niederlassung an den amerikanischen Mutterkonzern, wie er später erfolgte, hätte ich wahrscheinlich nicht zugestimmt.

Doch zurück ins Jahr 1993. Der Umstand, dass durch den Börsengang aus einem mittelständischen Unternehmen in der Provinz eine Firma geworden war, für die sich Anleger und Börsianer überall auf der Welt interessieren konnten, wurde hier in Rheine, ich möchte sagen, mit westfälischer Bedächtigkeit aufgenommen. Niemand verlor durch den Börsengang und den enormen Schritt in die Öffentlichkeit die Nerven. Heinz Lörfing und ich blieben Vorstandsvorsitzende. Zudem war die Konjunktur nach der Wiedervereinigung ganz auf unserer Seite. Gewaltige Bauprojekte wurden damals angestoßen, darunter der Ausbau und die Sanierung des Schienennetzes, das die so lange getrennten deutschen Staaten jetzt wieder mit modernen Trassen verbinden sollte. Etliche Mitarbeiter haben damals auf unsere Empfehlung hin Aktien gekauft und zum Teil gute Geschäfte damit gemacht; der höchste Stand der Windhoff Aktie lag einmal bei etwa 500 DM.

Wenn jemand damals einen Fehler gemacht hat, dann war es wohl ich, vermutlich aus Naivität. Etwa zwei Jahre nach dem Börsengang hatte mir die Bank Trinkaus & Burkhardt geraten, einen Teil meines privaten Aktienbesitzes an sie zu verkaufen, damit sie ihn zusätzlich an die Börse bringen könne. Zur Begründung hieß es, dass nicht genug Aktien am Markt seien und so die Gefahr bestehe, dass sich jemand durch Aktienkäufe zum Großaktionär machen und damit zu viel Einfluss auf das Unternehmen ausüben könne. Mir leuchtete das ein, also verkaufte ich an die Bank insgesamt 12,5 von meinen 37,5 %. Das brachte mir persönlich zwar eine ganz bedeutende Summe ein, wahrscheinlich mehr, als jemals ein Windhoff vor mir als Privatvermögen besessen hatte. Es fiel mir daher auch leicht, meinen Bruder als Miterben meines Vaters auszubezahlen und meiner Mutter eine lebenslange Apanage auszusetzen. Allerdings bestand nun keine Parität mehr zwischen mir mit 25 % und dem größten Aktionär, der Hauhinco, die sogar noch Aktien hinzu gekauft hatte, so dass sie schließlich 40 % hielt. Ein paar Jahre später sollte ich erfahren, was das für mich bedeutete.

8. Vorteil Aufschläger
Tennisspieler in mittleren Jahren

Ich hatte anfangs einmal gesagt, dass die Unterschiede zwischen dem Fußball- und dem Tennisspiel gar nicht so groß sind, wenn es um die jeweiligen körperlichen Anforderungen geht. Sehr große Unterschiede gibt es allerdings in der sozialen Struktur der beiden Sportarten und eng damit verbunden auch in den Biografien der Sportler.

Lassen Sie mich ein bisschen ausholen. Spätestens seit Gründung der Bundesliga 1965 beschäftigt der Fußball eine namhafte Anzahl von Berufsspielern, und seit der Professionalisierung der unteren Ligen werden es beständig mehr. So kann man heute ein einträgliches Leben als Profifußballer führen, auch wenn man es mit seinem jeweiligen Verein nicht in die europäischen Wettbewerbe schafft und niemals für die Nationalmannschaft nominiert wird. Selbst in der 3. Liga verdient ein Fußballer heute oft deutlich mehr als ein Facharbeiter in der Wirtschaft.

Allerdings ist das Sportleben eines Berufsfußballers ziemlich begrenzt. Einmal vorausgesetzt, dass nicht schwere Verletzungen seiner Karriere ein frühes Ende setzen, erleidet er doch mit Anfang dreißig einen Leistungsabfall, den er auch durch ein noch so intensives Training nicht wettmachen kann. Dabei ist dieser Leistungsabfall nun durchaus keine Privatangelegenheit, da er im Kontext eines Mannschaftssports alle anderen Mitspieler unmittelbar betrifft. Ab jetzt wird es dem Fußballer immer schwerer fallen, mit den jüngeren Spielern mitzuhalten. Er mag sie an Erfahrung und an technischen Fähigkeiten noch so weit übertreffen, doch das wird seinen Leistungsabfall nicht vollständig ausgleichen, da im Fußball die physische Kraft und die Ausdauer in der Auseinandersetzung Mann gegen Mann eine wichtige Rolle spielen. In der Regel beenden heute die Berufsfußballer der Bundesliga ihre sportliche Laufbahn mit etwa Mitte dreißig. Manche spielen die letzten Jahre in Vereinen irgendwo auf der Welt, wo ihr bloßer Name noch für Aufmerksamkeit sorgen soll, oder sie spielen eine Zeitlang in den unteren Ligen. Viele versuchen dann schließlich, mit dem Bonus ihres guten Namens und natürlich auch mit ihrer Erfahrung in eine andere Tätigkeit innerhalb der Fußballwelt zu wechseln. Sie werden zum Beispiel Trainer, Manager oder Kommentatoren. Auch in diesem Bereich ist die Anzahl der Berufsmöglichkeiten in den letzten Jahren sehr gestiegen.

Doch was tun die vielen Spieler der unteren Ligen, und was tut das Heer der Amateurkicker, wenn ihre beste Zeit zu Ende geht? Die allermeisten werden gezwungen sein, ihre Fußballschuhe an den Nagel zu hängen. Es gibt zwar Freizeit- und Seniorenmannschaften, aber ein Training und einen geregelten Spielbetrieb für sie aufrechtzuerhalten, ist nicht so einfach. Kein großes Problem ist es, irgendwo eine Mannschaft von zwölf- oder fünfzehnjährigen Jungs zusammenzustellen, denn die befinden sich meistens in einem ziemlich ähnlichen Entwicklungsstadium. Außerdem gilt ihnen die Aufmerksamkeit und damit auch der finanzielle Einsatz der Vereine, jedenfalls dann, wenn sie sich aktiv um ihren Nachwuchs kümmern. Der Alterungsprozess eines Menschen aber verläuft höchst individuell. Man versuche einmal, eine Fußballmannschaft von Vierzigjährigen zusammenzustellen, die ein einigermaßen gleiches Leistungsniveau zeigen, und dann einen Gegner für sie zu finden, so dass ein ausgeglichenes und interessantes Fußballspiel möglich wird. Leicht ist das nicht. Und, ebenso wichtig, es wird kaum jemanden geben, der das finanziert! Da bedarf es also privater Initiative.

Warum ich das so ausführlich beschreibe? Nun, weil es im Tennis ganz anders ist. Zunächst einmal gibt es nur sehr wenige Spieler, die ein so hohes Niveau erreichen, dass sie mit Aussicht auf Erfolg an den großen internationalen Turnieren teilnehmen können. Die Preisgelder dort sind zwar in den letzten Jahrzehnten enorm in die Höhe geschnellt, doch das heißt noch lange nicht, dass etwa in einem Land wie Deutschland ebenso viele Tennisspieler wie Fußballspieler von ihrem Sport leben könnten. Der Kuchen mag viel größer geworden sein, aber er wird nur an sehr wenige verteilt.

Und nun versetze man sich einmal in meine besonders aktive Tennis-Zeit, die sechziger und siebziger Jahre. Zum damaligen Zeitpunkt war das Tennis praktisch noch ein reiner Amateursport, und darauf wurde auch großer Wert gelegt. Man konnte zum Beispiel von einem Turnier ausgeschlossen werden, nur, weil bekannt geworden war, dass man außerhalb seines Vereins ein paar bezahlte Trainerstunden gegeben hatte. Der Amateurgedanke beherrschte die gesamte Struktur des Tennissports. Man könnte auch ganz einfach sagen: Mit Tennis war kaum Geld zu verdienen. So lagen die Förderung der Spieler und die Organisation der Turniere im Wesentlichen bei den Vereinen. Die mochten nun zwar ein Interesse an der Förderung von Spitzensportlern haben, aber zugleich mussten sie die Wünsche und Anforderungen ihrer „normalen" Mitglieder berücksichtigen, zumal die mit ihren Beiträgen den Erhalt der Anlagen und den Spielbetrieb überhaupt erst ermöglichten. Unter den Clubmitgliedern aber war immer eine Mehrzahl von Freizeitsportlern, die ihren Verein weniger als Kaderschmiede und mehr als einen Ort von Vergnügen und Geselligkeit betrachteten. Das heißt, der Club musste immer auch ein Ort sein, an dem Spielerinnen und Spieler jedes Alters und jeder Spielstärke ein ihnen angemessenes sportliches Betätigungsfeld finden konnten. Quintessenz: Im Gegensatz zum Fußball war und ist es im Tennis leicht, auch im fortgeschrittenen Alter noch „passende" Spielpartner und Gegner zu finden, jedenfalls, wenn man gut in das Vereinsleben eingebunden ist.

Und schließlich: Wie steht es um das Altern beim Tennisspieler? Natürlich lassen auch seine Fähigkeiten mit den Jahren nach. Er ist nicht mehr so schnell, nicht mehr so wendig, kann nicht mehr so hart schlagen, und an einem schlechten Tag (oder nach einem langen Abend) kann es ihm passieren, dass er den ersten Satz souverän gewinnt und ihm dann im zweiten ganz schlicht die Puste ausgeht. Aber anders als in den Kontaktsportarten können beim Tennis Erfahrung, Technik und Präzision sehr viel an Kraft und Kondition wettmachen. Ein routinierter Grundlinienspieler von vierzig Jahren kann durchaus dafür sorgen, dass sein Gegner, der nur halb so alt ist, sich in seiner Hälfte von einer Seite zur anderen totläuft. Mit einem Lob oder einem Stoppball, den er zwanzig Jahre lang trainiert hat, düpiert der Ältere den Jüngeren ein ums andere Mal. Und sein zuverlässig immer wieder weit ins Feld und eng an die Linie gesetzter Aufschlag, der nur unpräzise zu retournieren ist, wird den Jüngeren enorm zermürben. Ist der ältere Spieler zusätzlich noch geübt darin, nicht erzwungene eigene Fehler zu vermeiden, hat er viele Vorteile auf seiner Seite.

Mit anderen Worten: Man kann als überdurchschnittlicher bis sehr guter Tennisspieler, vorausgesetzt, man bleibt gesund und im Training, noch viele Jahre lang gleichwertige Gegner finden; man könnte sogar sagen, die Zahl der infrage kommenden Gegner wird eher größer als kleiner. Dazu kommt, dass die oben schon beschriebene Struktur des Tennissports dafür sorgt, dass es ständig passende Gegner und Gelegenheiten zum Spiel gibt. Langer Rede kurzer Sinn: Auch ich wurde älter, was traurig war, wenngleich unvermeidlich; aber ich spielte weiter Tennis!

Als ich 1970 von der Universität Gießen zurück nach Rheine kam, um hier in der Kühlerfabrik zu arbeiten, blieb ich zunächst weiter Mitglied der Mannschaft vom Tennisclub Palmengarten Frankfurt. Trainieren konnte ich ja in Rheine im TC 22, zu unseren Ligaspielen fuhr ich dann ins Hessische. 1972 wurde ich Hessischer Meister im

Doppel zusammen mit Dieter Ecklebe, wie ich Jahrgang 1939 und einer der besten deutschen Spieler in den sechziger Jahren. Im selben Jahr rangierte ich als Nummer Drei der hessischen Rangliste. 1971 absolvierte ich in Wetzlar einen Schaukampf mit Wilhelm Bungert, dem besten und bekanntesten deutschen Spieler dieser Jahre und übrigens einem weiteren 39er.

Doch allmählich wurde mir das Pendeln zwischen Rheine und den hessischen Spielorten zu anstrengend, und so wechselte ich 1973 in die Mannschaft des TC 22 Rheine, mit der ich dann 1973 in die Oberliga aufstieg. Hier kümmerte ich mich auch um das Training des Nachwuchses. In den ersten Jahren erreichte ich zweimal Platz vierzehn der westfälischen Rangliste, später verbesserte ich mich auf Platz sechs. Bei den Westfalenmeisterschaften in Herford 1975 wurde ich Dritter, mit immerhin bereits fünfunddreißig Jahren.

1976 wechselte ich dann vom TC 22 Rheine zum TC Rechen Bochum, weil ich mir als Mitglied der dortigen Mannschaft interessantere Gegner erwarten durfte. Tatsächlich wurden wir 1976 Westfalenmeister, im selben Jahr wurde ich bei der Stadtmeisterschaft in Rheine Sieger im Einzel und im Doppel, dasselbe gelang mir im Jahr darauf noch einmal. Mit Rechen Bochum spielte ich 1976 und 1977 in der Oberliga, 1978 und 1979 in der Regionalliga. 1979 wurde ich mit diesem Verein erneut Westfalenmeister.

Zu Beginn meiner Zeit in Bochum erlitt ich allerdings meine erste schwerere Sportverletzung. Ich litt an einer Sehnenscheidenentzündung, wahrlich keine seltene Erkrankung bei einem Tennisspieler, im Grunde ein Resultat der zu starken Ausprägung einiger Muskeln im Armbereich, woraus eine Verkürzung der Sehne resultiert. Nachdem mit Salben und dergleichen nichts mehr zu machen war, wurde ich in der Sportklinik Hellersen operiert. Die betreffende Sehne wurde eingekerbt und damit verlängert. Ich konnte anschließend zwar einige Wochen lang nicht spielen und verlor in dem Jahr meinen Ranglistenplatz, doch glücklicherweise war die Operation erfolgreich, und ich fühlte mich danach in keiner Weise gehandicapt. 1977 war ich wieder Zehnter in der westfälischen Rangliste.

Ich denke, dies hier ist der beste Platz zu sagen, dass ich in meiner Laufbahn als Sportler das große Glück gehabt habe, von wirklich schweren und langwierigen Verletzungen verschont geblieben zu sein. Damals und später habe ich viele Tenniskarrieren verfolgt, bei denen die Spieler oder Spielerinnen noch mehr als mit ihren Gegnern mit ihrem eigenen Körper zu kämpfen hatten. Monika Seles zum Beispiel, die Anfang der neunziger Jahre vorübergehend Steffi Graf entthronte, musste immer wieder verletzungsbedingt lange Spielpausen einlegen, um dann die schon angekündigte Rückkehr in die Profi-Tour wieder verschieben zu müssen, bis sie endlich vor ihrem eigenen Körper kapitulierte.

Mag sein, dass ich selbst mich in meinen ersten Jahren als Spieler, noch in den fünfziger Jahren, nicht so verausgabt habe, wie es später die jungen Profis vom Schlage eines Boris Becker taten, aber eine Sportverletzung kann jeden treffen, mag er auch noch so gut trainiert sein und noch so moderat mit seinen Kräften umgehen. Ein falsches Auftreten reicht manchmal, um einen Knöchel, ein falscher Schlag, um einen Ellenbogen zu ruinieren. Und was den Erhalt der sportlichen Leistung im fortgeschrittenen Alter angeht, da ist man weitgehend dem ausgeliefert, was in den eigenen Genen steht. Ich bin bis heute dankbar dafür, dass mir das Schicksal der Sportinvalidität erspart geblieben ist.

Die meisten wissen es: Der Davis Cup, der seit dem Jahr 1900 ausgetragen wird, ist so etwas wie die inoffizielle Weltmeisterschaft für Herren-Tennismannschaften. In die Reihe der Spieler, die hier agierten, bin ich nie aufgestiegen, habe es auch nie wirklich gewollt, denn das hätte ein ganz anderes Leben erfordert, als ich es führen sollte und wollte. Sozusagen unterhalb des Davis Cups aber organisierte der Tennisverband Länderkämpfe, zu denen jeweils neue Mannschaften zusammengestellt wurden. Ich habe in den siebziger und achtziger Jahren an solchen Länderkämpfen gegen Schweden, die Niederlande, England, Belgien, Luxemburg, Frankreich, die Schweiz, Indien und die USA teilgenommen; die Begegnungen fanden teils in Deutschland, teils aber auch im Ausland statt. Bei dem Turnier gegen die USA in West Palm Beach fungierte ich als Kapitän. Die Teilnahme an diesen Länderkämpfen habe ich immer als Auszeichnung empfunden und sehr genossen. Man traf manchmal auf renommierte Gegner und stets auf höchst bemühte Veranstalter; in der Regel blieb am Abend genügend Zeit fürs gesellige Beisammensein und den regen Austausch über dies und das.

1973 wurde ich in den ITC, den Internationalen Tennisclub aufgenommen. Der ITC ist eine Art virtueller Club, dem Spielerinnen und Spieler angehören, die mehrmals in einer nationalen Auswahlmannschaft gegen die eines anderen Landes gespielt haben. Die Idee ist die, diese Spieler wieder zusammenzubringen. Natürlich sind die Betreffenden in der Regel über vierzig und damit weit über den Zenit ihrer

Leistungsfähigkeit hinaus. Aber ihre Grundfähigkeiten und ihre Routine haben sie sich bewahrt, sodass es zu höchst interessanten Treffen kommt.

1975 war ich dann zum ersten Mal in Wimbledon bei dem wohl berühmtesten Tennisturnier der Welt. Nein, natürlich nicht als Spieler, aber als Zuschauer! Ich weiß nicht, wie es anderen geht, Fußballern oder Tennisspielern, ich jedenfalls sehe auch anderen gerne beim Spielen zu, und das tue ich bis heute. Ich war später noch viele Male in Wimbledon, ich habe dort Spieler wie Björn Borg, John McEnroe, Jim Connors, Ivan Lendl, Boris Becker und Roger Federer aus nächster Nähe gesehen, was besonders für jemanden, der selbst Tennis spielt, noch einmal viel aufschlussreicher ist, als das Spiel im Fernsehen zu verfolgen.

Aber das Schönste an diesem Turnier ist, was sich am schwierigsten beschreiben lässt und mit dem Wort Atmosphäre nur sehr allgemein zu fassen ist. Wimbledon, das ist bis heute eine Art Fest der Tennis-Idee. Im Mittelpunkt stehen natürlich die Auftritte der weltbesten Spieler, aber drum herum entsteht für ein paar Tage eine in sich geschlossene, distinguierte Gesellschaft, die den Sport als etwas Verbindendes begreift und durchaus auch zelebriert. Auf mich hat der Zauber dieser Veranstaltung immer wieder stark gewirkt.

Von den vielen anderen großen und kleinen Turnieren, die ich als Zuschauer besucht habe, möchte ich noch die Internationalen Damenmeisterschaften bei Rot Weiß Berlin im Mai 1984 erwähnen. Dort spielt die vierzehnjährige Steffi Graf, die damals einer breiteren Öffentlichkeit noch nicht bekannt war. Allerdings hieß es damals schon von ihr, sie habe das Zeug, einmal ganz oben zu spielen. Und davon konnte auch ich mich überzeugen. Ich habe ein Foto von ihr aufgenommen, auf dem gut zu erkennen ist, wie bestürzend jung sie damals noch war, aber auch wie konzentriert und ehrgeizig.

Die achtziger Jahre waren für mich als Vorstand der Windhoff AG eine sehr erfolgreiche Zeit, und dasselbe galt auch für meine große Leidenschaft, das Tennis. Mittlerweile über vierzig, war ich natürlich endgültig zu alt für die großen internationalen Turniere, aber meine Leistungsfähigkeit und meine technischen Fähigkeiten blieben mir so weit erhalten, dass ich in regionalen Turnieren und später in Spielen meiner Altersklasse noch ganz gut mithalten konnte. Ich schaffte es auch immer wieder, solche Turniere zu gewinnen, zum Beispiel in Meppen oder auf Norderney. 1981 wurde ich Clubmeister in meinem alten Verein TC 22 Rheine, und das sogar im Einzel und im

Doppel. Bei solchen Turnieren gewann ich regelmäßig auch gegen Gegner, die deutlich jünger waren als ich.

Meine damaligen Doppelpartner rekrutierten sich übrigens zum großen Teil aus den jungen Nachwuchsspielern, die ich im TC 22 trainierte. Besonders gut erinnere ich mich an Willi Weyl, Rüdiger Krampe, Oliver Freund, Martin Bolte, Uli Steinweg, Jürgen Eilert und Grischa Zühlke, der später einmal Deutscher Jugendmeister im Doppel wurde. Diese Spieler waren zwar nur halb so alt wie ich, manchmal sogar noch jünger, aber wir harmonierten ausgezeichnet. Was ihnen an Erfahrung fehlte, konnte ich wettmachen, dafür waren sie schneller und wendiger. Diese Kontakte haben dafür gesorgt, dass ich noch sehr lange recht erfolgreich im Doppel spielen konnte. Allerdings musste ich gegen diese jungen Leute im Einzel gelegentlich auch Niederlagen einstecken. Das war natürlich bitter. Aber ich sagte mir damals: Wenn du weiter auf diesem Niveau mitspielen willst, musst du auch Niederlagen in Kauf nehmen. Und weiter spielen wollte ich, für einen Dauerplatz auf einer Bank neben dem Tennisplatz fühlte ich mich definitiv noch zu jung.

Ich muss übrigens zugeben, dass ich unmittelbar nach Niederlagen immer ziemlich geknickt und ärgerlich war. Ein strahlender Verlierer, der alles mit einem Lächeln abtut, war ich nun wirklich nicht. Aber ich hatte das große Glück, eine Niederlage nach kurzer Zeit vergessen und mich wieder auf das nächste Spiel freuen zu können. Das ist allerdings auch eine wichtige Voraussetzung für eine gelingende Tennis-Karriere. Man verliert im Tennis allein (allenfalls zu zweit), im Falle einer Niederlage kann man sich nicht in einer Mannschaft verstecken. Wenn man verliert, verliert man auch oft über einen längeren Zeitraum während des Spiels. Beim Fußball besteht zumindest theoretisch bis zum Schluss die Chance, dass eine unterlegene Mannschaft mit ein, zwei glücklichen Toren ein Spiel drehen kann. Spielt man hingegen im Tennis gegen einen überlegenen Gegner, so läuft man ihm das ganze Spiel über hinterher, und es gibt nicht die Chance, mit ein, zwei gelungenen Aktionen das Spiel herum zu reißen und für sich zu entscheiden. Das kann demütigend sein, allerdings lernt man in solchen Spielen auch zu verlieren, das heißt, mit Anstand zu verlieren.

1980 wechselte ich vom damaligen Regionalligisten Rechen Bochum zum TC Burgsteinfurt, zwei Jahre darauf zum TC Blau Weiß Rheine, mit dem ich 1982 in die Verbandsliga und 1983 in die Oberliga aufstieg, wo wir Platz vier erreichten. Grund für die Vereinswechsel war natürlich jedes Mal mein Wunsch, nicht so viel Zeit für eine Anfahrt zu den Plätzen opfern zu müssen.

Seit dem Jahr 1985 konnte ich in der Seniorenklasse spielen. Es gab damals nur diese eine Klasse, für die man mindestens fünfundvierzig Jahre alt sein musste. Das hat sich mittlerweile geändert, es gibt jetzt sogenannte Leistungsklassen, die bereits mit dreißig beginnen und in fünf-Jahres-Einheiten aufgeteilt sind. Im Herbst 1985 nun hatte ich erwogen, zukünftig für den TC Preußen Münster zu spielen, doch schließlich wechselte ich in die Seniorenmannschaft des berühmten Rochus Clubs in Düsseldorf. Grund dafür war vor allem, dass ich dort mit zwei anderen 39ern spielen konnte, nämlich mit Wilhelm Bungert und Niki Pilic, dazu mit Dieter Ecklebe, Peter Randel und Detlev Irmler. Es spielte aber auch ein besonderes Detail bei dem Wechsel eine große Rolle. Bungert selbst hatte mich eingeladen, der Mannschaft beizutreten, aber ich glaubte zunächst, ihm absagen zu müssen. Normalerweise fanden die Spiele nämlich am Sonntag statt, und ich hatte an jedem Montagmorgen sehr früh die große Konferenz mit allen Führungskräften zu leiten. Bungert konnte mich aber nicht nur mit dem damaligen Sponsor der Mannschaft locken, Manfred Holl, Gründer der Restaurantkette Maredo, sondern vor allem damit, dass man in Düsseldorf immer am Samstag spielte. So hatte ich den Sonntag zur Erholung und zur Vorbereitung frei. Also sagte ich zu.

Die meisten werden sich erinnern: 1985 war das Jahr, in dem der siebzehnjährige Boris Becker mit seinem Sieg in Wimbledon praktisch von einem Tag auf den anderen das Tennis in Deutschland zu einer extrem populären Sportart machte. Was es vorher nie gegeben hatte, gab es jetzt dauernd: stundenlange Liveübertragungen von den großen Turnieren. Becker selbst wurde zum populärsten Sportler Deutschlands; und Tausende, die sich vorher überhaupt nicht für Tennis interessiert oder es als Sport für reiche Leute sogar verachtet hatten, verbrachten jetzt Stunden vor dem Fernsehen und ließen sich von den Kommentatoren zu (passiven) Tennisexperten ausbilden.

Mich persönlich musste 1985 nun wirklich niemand mehr vom Tennis überzeugen, aber natürlich packte es auch mich. Meine neuen Mannschaftskameraden Bungert und Pilic fungierten damals als Kapitän bzw. Trainer des deutschen Davis-Cup Teams, und ihnen folgte ich im Dezember 1985 nach München zum Davis-Cup Finale. Die deutsche Mannschaft stand nach 1970 erst zum zweiten Mal im Finale, und da sie erstmals mit Boris Becker spielte, konnte sie sich

Hoffnungen machen, ihren schwedischen Gegner zu schlagen. Leider ging das Spiel knapp verloren, allerdings wurde die deutsche Mannschaft in diesem Jahr zur Mannschaft des Jahres gewählt.

1986 wurde ich mit dem Rochus Club Düsseldorf Europameister der Senioren, 1987 Deutscher Seniorenmeister und im selben Jahr Sieger im Intercontinental Cup Deutschland gegen Südamerika, zudem war ich Kapitän des ITC Teams bei einem Treffen in Baastad.

1988 kehrte ich, im sportlichen Sinne, nach Westfalen zurück und wurde Mitglied der Schomburgk Mannschaft des TC Preußen Münster, zusammen mit meinem Doppelpartner Peter Tillmann. Im Jahr darauf spielte ich für die Jungsenioren des TC Blau Weiß Rheine, mit denen ich dann noch den Aufstieg in die Oberliga und in die Regionalliga schaffte. 1990, mit fünfzig Jahren also, wurde ich noch einmal Sieger bei den Clubmeisterschaften meines alten TC 22.

Doch damit endete allmählich meine Laufbahn als Mannschaft- und Turnierspieler. Natürlich habe ich den Schläger nicht in die Besenkammer gepackt. Nur zu meinem Vergnügen habe ich weiter gespielt, wo und wann immer das möglich war, in Rheine und Umgebung und an verschiedenen Urlaubsorten, vor allem in Amerika, wovon später noch die Rede sein wird. Mein letztes offizielles Turnier habe ich bei einem meiner alten Vereine, bei Blau-Weiß Berlin gespielt. Es fand im Jahr 2000 statt, zum hundertjährigen Bestehen des Vereins. Weil ich 1960 dort Mitglied gewesen war, hatte ich eine Einladung bekommen. Noch einmal durfte ich die wunderbare Anlage genießen; Blau-Weiß Berlin ist ein ausgesprochen reicher Club, immer wieder profitiert er von Erbschaften, die ihm seine Mitglieder hinterlassen. Ich spielte gegen Istvan Gulyas, geboren 1931, der in meinen frühen Tennisjahren neben Billy Knight eines meiner großen Vorbilder gewesen war. Ich rechnete mir keinerlei Chancen aus; Gulyas, obwohl acht Jahre älter als ich, war immer noch ein hervorragend spielender Senior. Zu meiner Überraschung gewann ich den ersten Satz mit 6:4. Jetzt konnte ich, wenn ich den zweiten Satz verlor, nur noch im sogenannten Match-Tiebreak und damit sehr ehrenhaft verlieren. Doch dann gewann ich den zweiten Satz mit 6:0. Ich freute mich natürlich sehr darüber; immerhin hatte ich in meinem letzten offiziellen Tennismatch eines meiner alten Idole besiegt. Was für ein schöner Abgang. Doch nur drei Wochen später erfuhr ich von Gulyas' Tod. Er hatte an einem Hirntumor gelitten und war wohl schon bei dem Spiel gegen mich auf einem Auge blind gewesen, hatte sich aber überhaupt nichts anmerken lassen. Nun wusste ich, dass ich mein letztes offizielles Tennismatch niemals vergessen würde.

Mein vielleicht letztes ganz großes Tenniserlebnis hatte ich im Jahr 2008 bei einem Besuch der US Open in Flushing Meadow. Dort traf ich auf Dick Savitt, der 1951 in Wimbledon und in Australien gewonnen hatte und dem ich 1961 während meiner Teilnahme bei den internationalen Hallenmeisterschaften in New York begegnet war. Im Gegensatz zu mir konnte er sich an den Namen meines damaligen Gegners noch gut erinnern: John Cranston.

Am liebsten würde ich am Ende dieses Kapitels noch einmal meinen großen Dank formulieren für alles, was mir in meinem Leben durch den Tennissport vergönnt war. Aber ich denke, ich muss das gar nicht tun, mittlerweile hat wahrscheinlich jeder verstanden, wie innig ich mit diesem Sport verbunden bin.

9. Helldunkle Zeiten

Die zweite Ehe und das Ausscheiden aus der AG (1993–2004)

Ich habe meine Autobiografie „Mein beinahe vollkommen glückliches Leben" genannt. Sieht man einmal von den Schwierigkeiten und Rückschlägen ab, die meine Eltern durch den Krieg erleiden mussten, die ich selbst allerdings kaum, allenfalls am Rande wahrnahm, so ist bislang eigentlich nur von den guten Zeiten die Rede gewesen, aus denen mein Leben bis über mein fünfzigstes Jahr hinaus bestand. Vor allem durch den Sport erlebte ich eine sehr glückliche Kindheit. Immer gab es für mich etwas, auf das ich mich freuen konnte und das eventuelle Probleme in den Hintergrund schob. Mein Studium, meine Zeit an der Universität und die ersten Jahre meiner Ehe verliefen ebenfalls weitgehend problemlos und harmonisch. Und als ich dann mit dreißig Jahren zurück nach Rheine kam, um dort ins Familienunternehmen einzusteigen, da empfand ich das als etwas ganz Natürliches und mir vollkommen Eigenes. Und wenn ich mich dann einmal aus der westfälischen Provinz in die „große weite Welt" hinaus sehnte, befriedigte der Sport dieses Bedürfnis mehr als ausreichend. Die übrige Zeit fühlte ich mich wohl in einem Unternehmen und in einer Stadt, die noch recht überschaubar sind und in denen sich die Geschichte meiner Vorfahren abgespielt hat.

Schließlich stand mir mein Temperament beim glücklich-Sein nicht allzu sehr im Weg. Ich weiß, es ist schwierig, über den eigenen

Charakter zu reden. Eigentlich müssten das andere tun. Aber ich denke doch, eins kann ich sagen, nämlich, dass ich jemand bin, für den das Glas immer halb voll und nie halb leer ist. Womöglich hat mich auch hier der Sport geprägt. Ich sagte es ja schon einmal: Wer mittun möchte, der muss lernen, Niederlagen nicht so wichtig zu finden oder wenigstens schnell zu verkraften. Nachtragend zu sein behindert einen beim Sport ganz ungemein, und ich glaube, im Leben noch viel mehr.

In den nächsten Kapiteln muss ich nun aber leider darüber sprechen, warum dieses Buch nicht „Mein vollkommen glückliches Leben“, sondern „Mein *beinahe* vollkommen glückliches Leben“ heißt, also warum ich diese Einschränkung machen musste. Tatsächlich ist mir jenseits (von heute aus betrachtet: diesseits) der Fünfzig einiges zugestoßen, das meine Lebensfreude sehr stark getrübt und mir manchmal sogar ein großes Stück meines Lebensmutes genommen hat. Gelegentlich denke ich, dass vielleicht auf eine lange Zeit, in der mir so vieles gelang, eine Phase folgen musste, in der das Unglück, das mir bislang erspart geblieben war, quasi mit Verspätung nachgeliefert wurde. Aber wer weiß schon, ob es im Leben tatsächlich so zugeht. Bekommt jeder das gleiche Maß von Glück und Unglück? Nein, sicher nicht. Allerdings hätte ich mir schon gewünscht, dass sich die unangenehmen Dinge ein bisschen besser verteilt hätten. Glücklicherweise ist all das, worum es jetzt gehen wird, mittlerweile auch schon ziemlich lange her, und ich habe es verkraftet. Das Glas ist definitiv immer noch halb voll. Mindestens!

Einige Kapitel weiter vorne habe ich von meiner ersten Ehe erzählt. Auch davon, dass sie nicht so glücklich war, wie eine Ehe vielleicht sein kann, oder besser gesagt, sein sollte. Gelegentlich war zwischen uns tatsächlich von Trennung die Rede; aber um ehrlich zu sein: Wir verbrachten so wenig Zeit als Eheleute oder als Familie miteinander, dass es eigentlich gar nicht genug Zeit und Raum für große Zerwürfnisse gab. Ich hatte die Arbeit in der Firma, die mich seit der Vorbereitung des Börsengangs der Windhoff AG immer mehr auslastete; in meiner knapper werdenden Freizeit spielte ich Tennis und genoss die vielfältige Geselligkeit der Clubs und der Turniere. Meine Frau Adrienne verfolgte derweil mit großem Ehrgeiz und mit großem Erfolg ihre Karriereziele, die sie praktisch alle erreichte, weil sie in ihrem Fach überragende Leistungen zeigte und zu einer viel gefragten Ansprechpartnerin für ihre sozialen und politischen Fachthemen wurde.

Tatsächlich waren wir bereits etwa fünfundzwanzig Jahre verheiratet, als unsere einerseits schwache, andererseits aber auch irgendwie stabile Ehekonstruktion schließlich doch zusammenstürzte. Wie das geschah? Nun, ich muss zugeben: Es war nicht besonders originell – ich lernte eine andere Frau kennen. Und sie war jünger als ich, viel jünger sogar, fast dreißig Jahre.

Sie hieß Stefanie und arbeitete am Flughafen. Ich lernte sie bei einer Abendveranstaltung kennen, wir tanzten miteinander und redeten. Am Tag darauf musste ich zu einer längeren Reise nach Indonesien aufbrechen. Ich hatte beim Abschied am Abend zuvor gesagt, ich würde mich telefonisch melden. Ich weiß heute nicht mehr, wie ernst es mir damit war. Stefanie war eine freundliche, aufgeweckte junge Frau, aber eigentlich viel zu jung für mich. Doch sie meldete sich gleich am nächsten Tag bei mir, sie bemühte sich sehr um mich, und nach all den Jahren einer sehr distanziert geführten Ehe war ich dafür ausgesprochen empfänglich. Und was den Altersunterschied angeht? Nun, damals konnte ich wohl noch für etliches jünger als fünfzig durchgehen. Immerhin war ich wenige Jahre zuvor noch Weltmeister und Europameister im Senioren-Tennis geworden, noch immer trieb ich Sport und lebte dementsprechend gesund; außerdem hatten ein gütiges Schicksal und die Familien-Gene mir noch alle meine Haare gelassen. Jedermann hätte mir damals geglaubt, wenn ich gesagt hätte, ich sei Mitte vierzig.

Ich lernte also eine wesentliche jüngere Frau kennen. Was dann geschah, war teils sehr schön und teils sehr unerfreulich und bitter. Kurz vor Silvester 1992 erklärte ich meiner Frau Adrienne, dass ich die Absicht hatte, mich von ihr zu trennen. Trennungen sind nie etwas Angenehmes, und auch unsere brachte unvermeidliche Auseinandersetzungen mit sich. Meine Frau und unser Adoptivsohn Peter zogen schließlich in ein Haus gleich gegenüber auf derselben Straße, das mir gehört hatte und das ich ihnen überließ. Nach einem Jahr der Trennung wurde die Scheidung ausgesprochen, und im Herbst 1993, kurz nach dem Börsengang, heiratete ich Stefanie in New York. Zu diesem Zeitpunkt arbeitete sie, die als technische Zeichnerin ausgebildet worden war, in der Werbeabteilung der Windhoff AG. Das war natürlich ein bisschen heikel, schließlich war sie jetzt die Frau des Vorstandsvorsitzenden. Ich konnte mich aber davon überzeugen, dass sie ihre Arbeit zur vollsten Zufriedenheit ihres Vorgesetzten erledigte. Die Marketing Abteilung profitierte von ihren Ideen.

Ich führte jetzt also mit vierundfünfzig Jahren ein Eheleben, wie ich es nie zuvor kennengelernt hatte. Wann immer ich abends nach

Hause kam, erwartete mich meine Frau. Im Gegensatz zu Adrienne verfolgte sie keine ehrgeizigen beruflichen Ziele, sie war auch nie ohne mich unterwegs. Unser Zusammenleben verlief in den ersten Jahren vollkommen reibungslos. Ich hatte damals absolut nicht das Gefühl, mit einem wesentlich jüngeren Menschen zusammenzuleben, denn Stefanie ging ganz in ihrer neuen Beziehung und in ihrer neuen Lebenswelt auf. Dass die Veränderung für sie gewaltig war, immerhin war sie von einer kleinen Angestellten zur Frau eines stadtbekannten Unternehmers geworden, das war mir natürlich klar. Heute denke ich allerdings, dass ich damals das Maß der Herausforderung, die diese Ehe für eine so junge Frau bedeutete, stark unterschätzt habe. Das war aber auch kein Wunder, denn Probleme gab es in den ersten Jahren so gut wie keine. Stefanie füllte ihre öffentliche Rolle aus; und für mich war sie eine Ehefrau, wie ich sie mir immer gewünscht hatte. Wenn ich gelegentlich hörte, ich sei mit dieser Heirat eine Mesalliance eingegangen, weil Stefanie zu jung war und überdies aus einfachen Verhältnissen stammte, berührte mich das nicht. Es geht doch immer um den Menschen und nicht um Standeszugehörigkeit oder dergleichen.

Im Jahr 1995 wurde unser erster Sohn Maximilian geboren. Schwangerschaft und Geburt verliefen nicht ganz problemlos. Ein Zwilling verstarb noch im Mutterleib, was uns natürlich sehr traurig machte; auch die Geburt musste von den Ärzten sehr aufmerksam begleitet werden. Zum Glück war der Junge ganz gesund und entwickelte sich gut. Seine Geburt und mein Vater-Sein brachten nach zwanzig Jahren wieder eine sehr lebhafte Atmosphäre ins Haus. Stefanie hatte in der Klinik andere Eltern von Neugeborenen kennengelernt, zu denen sie Kontakt hielt. Also saß ich mit Mitte fünfzig im Kreis von stillenden Müttern beim Kaffee. Und es gefiel mir! Weder bei meinen Eltern noch in meiner ersten Ehe hatte eine solch familiäre Stimmung geherrscht. Spät erst bemerkte ich, was mir da entgangen war.

Und genau dieses eigentlich ganz positive Gefühl war dann der Anstoß dafür, eine große Dummheit zu begehen, die ich bis heute bereue. Denn tatsächlich gefiel mir mein neues Familienleben so gut, dass ich begann, darüber nachzudenken, ob ich mein Engagement in der Firma nicht reduzieren sollte. Das war zu Beginn des Jahres 1997. Ich hatte jetzt siebenundzwanzig Jahre für die AG gearbeitet, ich hatte ihren Aufstieg in den achtziger Jahren begleitet, zuletzt hatte ich das Unternehmen an die Börse gebracht und ihm damit ganz neue Möglichkeiten eröffnet. Wie wäre es jetzt, wenn ich von meiner Position im Vorstand in den Aufsichtsrat wechselte? Ich würde dann mit meiner Familie immer die Hälfte des Jahres in Rheine leben; den Winter aber könnten wir in Amerika verbringen, in Naples in Florida, wo ich seit 1992 eine Wohnung besaß, in der wir die Sommerferien verbrachten. Dort in Florida zu leben, in einer wunderschönen Landschaft und in unmittelbarer Nähe von Tennis- und Golfplätzen, war seit langem ein Traum von mir; außerdem wäre ich damit Stefanies Wünschen sehr entgegen gekommen. Bei den modernen Kommunikationsmöglichkeiten, gerade etablierte sich das Internet, dürfte die räumliche Distanz zum Unternehmen kein Problem sein. Und schließlich hatte mein Vater etwa fünfzehn Jahre zuvor das gleiche getan, als er in den Aufsichtsrat wechselte und dort mit seiner ganzen praktischen Erfahrung dem Unternehmen weiterhin zur Verfügung stand.

Der Plan war nicht schlecht, und womöglich hätte ich ihn auch umsetzen können. Aber fatalerweise überschätzte ich meine Möglichkeiten. Heute glaube ich zu wissen, was ich eigentlich hätte tun müssen. Ich hätte zu Peter Jochums von der Hauhinco, dem zweiten Gesellschafter, gehen und ihm meine Wünsche unter dem Siegel der Verschwiegenheit anvertrauen sollen, ja, ich hätte ihn förmlich um sein Einverständnis bitten müssen. Und wenn ich es nicht bekommen hätte, dann hätten wir beide uns immerhin so verhalten können, als hätte es meinen Vorschlag und diese Unterredung nie gegeben.

Aber das tat ich leider nicht. Ich unterbreitete Jochums nicht einen Plan, sondern stellte ihn vor vollendete Tatsachen; meine Kündigung als Vorstandsvorsitzender hatte ich bereits auf den Weg gebracht. Und Jochums war „not amused". Anders gesagt: Er war absolut dagegen! Es mag sein, dass er keinen „Übervorstand" im Aufsichtsrat wollte. Vielleicht fürchtete er, dass ich mich zu sehr in den Vorstand eingemischt hätte. So, als würde unser Bundespräsident permanent der Regierung ins Tagesgeschäft hineinreden und mit der Auflösung des Parlaments drohen, wenn man seinen Direktiven nicht folgte. Womöglich hatte er auch persönliche Gründe. Leider wurde unser Verhältnis nach dieser Unterredung von jetzt auf nun ein anderes; wir haben uns später nie richtig aussprechen können und dann auch nie mehr gesehen.

Und, was konnte ich nach dieser Absage tun? Herzlich wenig. In dem ansonsten sehr genauen und umfangreichen Pool-Vertrag, den wir beim Einstieg der Hauhinco abgeschlossen hatten, war die Klausel vergessen worden, dass Mitgliedern der Familie Jochums und

Windhoff ein Übertritt in den Aufsichtsrat auf eigenen Wunsch erlaubt sei. Der Anwalt hatte diesen Passus ganz einfach vergessen. Es musste also eine Mehrheit der Gesellschafter zustimmen. Mein eigener Anteil betrug aber nur noch 25 %, Jochum hielt 40 %, und der Rest der Aktien befand sich in Streubesitz. Es wäre also völlig unmöglich gewesen, eine Mehrheit gegen Jochum 40 % zu organisieren. Wenige Tage nach unserem Gespräch hieß es dann in einer außerplanmäßigen Aufsichtsratssitzung ganz offiziell, dass Bernd Windhoff keinesfalls in den Aufsichtsrat wechseln werde. Der Arbeitnehmervertreter stimme dem zu. Und damit war nichts mehr zu machen. Der Anwalt Jürgen Biermann, mein Freund und Vertreter im Aufsichtsrat, musste mir das mitteilen. Es war an einem Freitagvormittag, ein sehr trauriger Tag mit vielen Tränen – und damit stand ich auf der Straße!

Man wird vielleicht fragen, warum ich keinen Rückzug von meinen Plänen unternahm. Ich hätte doch meinen Vertrag als Vorstandsvorsitzender, der noch bis zum Jahr 2001 datiert war, einfach erfüllen können. Aber das ging eben nicht, besser gesagt: Ich konnte es nicht. Ich hatte alle Beteiligten vor vollendete Tatsachen gestellt, und jetzt zurück zu rudern, nein, das wäre zu demütigend gewesen. Außerdem hatte in den Monaten zuvor keine besonders gute Stimmung in der Unternehmensführung geherrscht. Grund dafür war ein schwerwiegender Dissens in der Dividendenpolitik. Ich hatte für das Jahr 1996 wenigstens eine freiwillige Dividende an Kleinaktionäre ausschütten wollen. Jochums und die Analysten waren anfangs auch dafür, später allerdings dagegen. Bis heute weiß ich nicht, warum das so war. Der Konflikt trieb einen Keil zwischen mich und das Unternehmen. Ich habe ihn damals nicht verstanden, und ich verstehe ihn bis heute nicht. Jedenfalls war dieser Dissens ein Element in der komplizierten psychologischen Lage, in der ich mich nach dem Scheitern meiner Pläne befand. Und er trug nicht wenig dazu bei, dass ich für mich kein Zurück mehr sah.

Ich muss das in aller Form so sagen: Ich habe die Sache verbockt. Ich hatte mich so auf meinen „amerikanischen Traum" konzentriert und war so fest davon überzeugt, nur mit den Fingern schnippen zu müssen, damit er in Erfüllung ging, dass ich gegen meine sonstige Gewohnheit nichts dafür getan hatte, alle anderen mit ins Boot zu holen. Das Resultat war, dass ich von einem Tag auf den anderen von der Firma Windhoff abgeschnitten war, so als hätte ich dort niemals gearbeitet. Mein Urgroßvater hatte die Firma gegründet, mein Großvater hatte mitgeholfen, sie auszubauen, mein Vater hatte sie in einem desolaten Zustand übernommen, um sie wieder groß zu machen, ich hatte sie über fünfzehn Jahre lang geleitet und an die Börse gebracht. Und dann endete an einem Freitagmittag die Ära Windhoff denkbar sang- und klanglos. Ich war ihre vierte Generation gewesen, eine fünfte würde es nun wohl nicht mehr geben.

Während ich das hier aufschreibe, jährt sich dieses Desaster zum zwanzigsten Mal. Es liegt wohl in meinem „sonnigen" Charakter, dass ich damals über meinen weitgehend selbstverschuldeten Rauswurf aus unserem Familienunternehmen nicht völlig verzweifelt bin. Außerdem war ich dadurch ja kein armer Mann geworden; ich hatte meine junge Familie, und an der Erfüllung meines „amerikanischen Traums" konnten mich nichts und niemand in Rheine hindern. Tatsächlich habe ich zusammen mit meiner Familie von 1997 an das Winterhalbjahr in Florida verbracht. 1998 konnten wir dort unser eigenes Haus beziehen, das ich am Rande des örtlichen Golfplatzes, direkt bei Loch dreizehn, hatte bauen lassen. Es lag etwa zehn Autominuten vom Meer entfernt, in einer Gegend, in der praktisch ausschließlich vermögende Amerikaner wohnten. Die meisten von ihnen hatten die Unternehmen, die sie aufgebaut hatten, unlängst für einige Millionen Dollar verkauft; ihre kommenden Jahre wollten sie in einer absolut ruhigen, sicheren und höchst gepflegten Umgebung verbringen. Manche von ihnen, die die Amerikaner selbst „Zugvögel" nennen, verbrachten wie wir nur die Winter in Florida. Etliche Häuser standen sogar das ganze Jahr über leer, selbst solch wundervolle Anwesen, die direkt an den Strand münden. Nun war das Leben in Grey Oakes zwar alles andere als billig, die Nebenkosten für das Haus waren geradezu exorbitant. Andererseits war das Haus eine absolute zuverlässige Investition, da die dortigen Immobilienpreise, besonders in guten und begehrten Lagen, damals noch zuverlässig stiegen. Man hätte es jederzeit mit Gewinn verkaufen können.

Aber der Wermutstropfen in meinem amerikanischen Traum blieb spürbar, und er war bitter. Bei privaten Telefonaten mit ehemaligen Mitarbeitern verhielten die sich mir gegenüber ängstlich und verschlossen; wahrscheinlich fürchteten sie, sich dem neuen Vorstand gegenüber illoyal zu verhalten, wenn sie mit mir Kontakt aufnahmen. Ich war persona non grata im Unternehmen geworden. Und ich bin es lange geblieben.

Nach meinem Ausscheiden geriet die Windhoff AG in Probleme. Es sei „Sand im Getriebe", sagte mir einmal ganz diskret ein Mitarbeiter. Ich habe vom weiteren Geschäftsverlauf natürlich nur erfahren, was allgemein bekannt wurde oder was mir gelegentlich der eine oder andere Mitarbeiter erzählte. Und ich bin weit davon entfernt zu behaupten, dass unter meiner Leitung nicht passiert wäre, was dann alles geschah und zu einem raschen Abstieg der Firma beitrug. Unternehmen sind wie Lebewesen, sie können ohne eigenes Verschulden erkranken, sie können von Schicksalsschlägen getroffen werden, gegen die sie sich nicht haben wappnen können.

So war zum Beispiel von der Deutschen Bahn ein Auftrag über mehrere Hundert Lokomotiven des Typs Cargo Sprinter erwartet worden, einer speziellen Konstruktion zum Aufbau schneller Güterzüge nach einem ähnlichen Konzept wie das des ICE im Personenverkehr. Die Konstruktion war vom Unternehmen bereits geleistet worden, der Auftrag allein hätte den Bestand der Firma auf Jahre hinaus gesichert. Aber dann stellte die Bahn noch während der Erprobungsphase fest, dass sich ihr Güterverkehrs-Konzept nicht würde realisieren lassen, und der Auftrag wurde zurückgezogen. So etwas kann passieren, man kann unmöglich alle Entwicklungen seiner Kunden kennen, was insbesondere für die Bahn gilt, ein Unternehmen, das sehr stark von politischen Strömungen abhängig ist. Dass bei der Windhoff AG bereits in hohem Maße in die Produktion des Cargo Sprinters vorinvestiert worden war, mag man im Nachhinein als einen Fehler betrachten. Aber womöglich hätte ich als Verantwortlicher dieselbe Entscheidung getroffen. Und wenn, wie bei Windhoff geschehen, die Installation einer neuen innerbetrieblichen Software scheiterte, so zählt auch das am Ende zu den unvorhersehbaren Rückschlägen, die von Zeit zu Zeit jede Firma treffen. Aber, um es noch einmal zu betonen, was genau zum Niedergang der Firma geführt hat, kann ich nicht sagen; ich hatte ja so gut wie gar keinen Einblick mehr in die Interna.

Allerdings bin ich bis heute der Ansicht, dass viel vom Wohl und Wehe eines Unternehmens davon abhängt, ob es von Leuten geführt wird, die eine innige Bindung daran besitzen, täglich vor Ort sind und über alle Details der Produktion und des Geschäftsgangs bestens informiert sind. Ich sage das ganz im Allgemeinen. Wir haben in den letzten Jahrzehnten immer wieder von spektakulären Pleiten großer, auch börsennotierter Unternehmen erfahren, bei denen angestellte Manager die Verantwortung trugen – und sie eigentlich nicht trugen, weil sie finanziell nicht betroffen waren, wenn ihre Unternehmen Schiffbruch erlitten. Stattdessen schieden sie mit einer Millionenabfindung aus. Diese Großunternehmen stehen im Fokus der Öffentlichkeit, und ihre Manager sind allmählich so etwas wie Popstars geworden. Tragende Säule der deutschen Wirtschaft aber ist der Mittelstand, das heißt Unternehmen, die überwiegend von ihren Besitzern geführt werden. Aus meiner eigenen Erfahrung kann ich nur sagen, dass ich dieses Modell für das bessere halte. Damit hängt auch zusammen, wie authentisch sich ein Unternehmen in der Öffentlichkeit präsentiert. So hat mir damals sehr missfallen, dass in den folgenden Hauptversammlungen der AG die Schwierigkeiten des Unternehmens eher schöngeredet wurden. Ich hätte in einer solchen Situation lieber öffentlich den Finger in die Wunde gelegt.

Es scheiterte dann ein Sanierungskonzept, Vorstände wurden eingestellt und wieder entlassen, binnen kurzer Zeit verloren die Banken das Vertrauen in Windhoff, und natürlich reagierte die Börse nervös auf solche Entwicklungen; die Aktienkurse der AG fielen. Schließlich musste das Unternehmen im Dezember 2001 Insolvenz anmelden. Ich bin bis heute der festen Ansicht, dass das nur wenig mit seiner Qualität und Kompetenz zu tun hatte. Aber es ist nun einmal das Schicksal der mittelständischen Unternehmen, in hohem Grade von ihren Geldgebern abhängig zu sein. Und wenn eine einflussreiche Bank beschließt, die Struktur und die Besitzverhältnisse eines Unternehmens grundlegend zu ändern, dann geschieht das auch. Als nach der Insolvenz der Investor Jürgen Grossmann im Jahr 2002 Windhoff aufkaufte und zu einer Tochter des Unternehmens Georgsmarienhütte machte, arbeitete die Firma wieder mit gutem Erfolg. Allerdings waren einige Bereiche abgetrennt und verkauft worden, und natürlich notierte Windhoff nicht mehr an der Börse. Die Familie Jochums, am Schluss Mehrheitsaktionär, verlor in der Insolvenz praktisch ihren ganzen Firmenbesitz. Peter Jochums soll, so wurde mir später einmal zugetragen, auf das Kapitel Windhoff in seinem Unternehmerleben später sehr schlecht zu sprechen gewesen sein. Ich kann das verstehen; andererseits hatten er und die Hauhinco fünfzehn Jahre lang gut an Windhoff verdient.

Ich selbst hatte mir übrigens nach dem Verkauf der Windhoff AG an Grossmann Hoffnungen gemacht, wenigstens in geringem Maße wieder für das Unternehmen tätig werden zu können. Meine Mitarbeit im Beirat, so dachte ich damals, müssten die neuen Besitzer doch schätzen; immerhin kannte ich das Unternehmen seit über dreißig Jahren in- und auswendig. Ich signalisierte Grossmann also meine Bereitschaft, aber davon wollte er nun überhaupt nichts wissen. Mitglieder des alten Vorstands wolle er nicht im Unternehmen sehen, sagte er. Es war ein ziemlich deprimierendes Gespräch. Und als ich schließlich darauf hinwies, dass das neu aufgestellte Unternehmen vielleicht nicht ganz zu Recht noch immer den Namen meiner Familie trage, sah Grossmann darin keinen Umstand, über den man irgendwie verhandeln müsse. Das war eine weitere Kränkung, die ich allerdings nicht ganz tatenlos hinnehmen konnte. Ich klagte also gegen das Unternehmen und bekam eine Art Ablösesumme für meinen Namen. Dabei hatte ich die Forderung meines Anwalts auf ein Viertel reduziert, ich wollte meine alte Firma ja nicht über Gebühr schädigen.

Ich muss jetzt leider noch einmal in die Jahre 1997 und 1998 zurückkehren. Kurz nach meinem Ausscheiden fand im Mai 1997 eine Hauptversammlung der AG in Rheine statt. Damals war ich noch Anteilseigner, und also machte ich von meinem Recht Gebrauch, mich zu Wort zu melden. Es lief auf eine ziemlich scharfe Abrechnung mit der neuen Unternehmensführung hinaus und auf eine Kritik an ihrer Manier, geschäftliche Probleme in der Öffentlichkeit klein zu reden. Damit machte ich mich natürlich alles andere als beliebt. Es kam zu einer mehr oder minder offenen Auseinandersetzung mit Peter Jochums, der über bestimmte innerbetriebliche Vorgänge lieber gar nicht gesprochen hätte.

Aber es kam noch schlimmer. Kurz nach meinem Ausscheiden aus der AG bekam ich ein Angebot des Mehrheitsaktionärs, meine 25 % am Aktienbestand an ihn zu verkaufen. Das Angebot war verständlich und nachvollziehbar. Nun, da ich nicht mehr in der Firma tätig war, hätte man gerne auch den Rest meines Einflusses auf das Unternehmen getilgt. Es zeigte überdies, dass man auf Seiten des Mehrheitsaktionärs offenbar ein großes Vertrauen in die Zukunft des Unternehmens besaß. Wer kauft schon ein Viertel des Aktienbestandes von einer Firma, die er in ernsten Schwierigkeiten sieht!

Ich war damals aber überhaupt nicht gewillt, mich von meinem Anteil zu trennen. Schließlich trug die Firma den Namen unserer Familie, und ein Aktienverkauf hätte das letzte, wenngleich schon ziemlich dünne Band zwischen uns zerschnitten. Also lehnte ich das Angebot ab. So weit, so gut. Allerdings kam es daraufhin zu einer Fülle von Falschinformationen und Beschuldigungen. Wochenlang berichtete die regionale Presse über etwas, das sie ein „Dallas an der Ems“ nannte. Irgendwer hatte nämlich zu wissen geglaubt, dass ich meine Aktien hätte abstoßen wollen, weil ich die Firma in Schwierigkeiten sah. Was nichts anderes bedeutet hätte, als verbotenerweise von einem Insiderwissen Gebrauch zu machen, um daraus einen persönlichen Vorteil zu schlagen. Das war zwar absolut nicht der Fall gewesen, aber wenn die Gerüchteküche einmal ihre Türen öffnet, finden sich bekanntlich sehr rasch viele interessierte Köche. Und man darf sich nichts vormachen: Wer jahrelang als einflussreiche Persönlichkeit in der Öffentlichkeit gestanden hat, der besitzt einen engagierten Kreis von Feinden und Neidern. Die meldeten sich damals reihum zu Wort. Heute, aus der Distanz von zwanzig Jahren, kann ich mit einer gewissen Ruhe über die damaligen Vorgänge reden; im Frühjahr 1997 aber erlebte ich die bis dahin mit weitem Abstand schlimmste Zeit meines Lebens.

Schließlich legte sich der Aufruhr. Dafür häuften sich die öffentlichen Meldungen über den schlechteren Geschäftsgang der Windhoff AG. Meine wenigen Finanzberater, zu denen auch mein Bruder gehörte, legten mir schließlich nahe, meinen Aktienanteil zu verkaufen, solange es dafür noch einen Käufer gab. Ich tat das dann im Jahr 1998, und damit erlosch nach einhundertundneun Jahren und vier Generationen endgültig das Engagement der Familie Windhoff in dem nach ihr benannten Unternehmen.

Ich habe eingangs dieses Kapitels gesagt, dass darin vom Unglück in meinem Leben die Rede sein wird. Und dieses Unglück beschränkte sich nicht auf den beruflichen Bereich, denn leider nahm auch meine zweite Ehe, die als großes Glück begonnen hatte, ein trauriges Ende.

1998 wurde unser zweiter Sohn John-Bernd in Amerika geboren; kurz darauf zogen wir in unser neu gebautes Haus. Das Leben in Florida hatte sich bislang so gestaltet, wie ich es mir erhofft hatte. Hier herrschte immer ein geradezu paradiesisch gutes Wetter, und über die Clubs gab es eine Menge angenehmer Geselligkeit. Ich konnte so viel Tennis spielen, wie ich wollte. Ein bisschen mangelte es zwar an guten Gegnern, dafür gewann ich praktisch alle Turniere, an denen ich teilnahm; und den möchte ich sehen, der sich dabei nicht gut fühlt. Es war auch geregelt, dass die Kinder zumindest bis zum Ende ihrer Grundschulzeit jeweils ein halbes Jahr in Rheine und ein halbes Jahr in Florida zur Schule gehen würden. Die Absprachen mit dem deutschen Schulamt waren getroffen und die beiden Jungs in den, allerdings teuren, amerikanischen Schulen angemeldet. Dass sie auf diese Art und Weise zweisprachig aufwachsen würden, schien mir für ihr späteres Berufsleben ein klarer Vorteil zu sein.

Doch das Leben im amerikanischen Paradies nahm bereits im Jahr 2004 ein Ende. Meine Frau bat darum, dass wir wieder das ganze Jahr in Rheine verbringen sollten. Ihre Bitte überraschte mich, war sie es doch gewesen, die sich für unsere Ansiedlung in Gray Oakes und speziell für das Haus ausgesprochen hatte. Ich hatte auch bislang nicht den Eindruck gehabt, dass sie sich in Amerika gelangweilt oder unterfordert gefühlt hätte, schließlich hatten wir ja kleine Kinder, die viel Aufmerksamkeit forderten. Nun ja, ich muss zugeben, Florida und besonders die Gegend um Naples werden überwiegend von Rentnern bewohnt, mit meinen sechzig Jahren gehörte selbst ich dort zu den jüngsten. Leute im Alter meiner Frau sah man eigentlich nur unter den Angestellten der Clubs und der Geschäfte; doch bislang hatte sie sich darüber nie beschwert. Schweren Herzens verkaufte ich also das Haus wieder. Dabei war es für mich nur ein kleines Trostpflaster, dass ich dabei einen guten Gewinn machte. Selbst beim Austritt aus dem Golf- und dem Tennisclub bekam ich meinen Eintrittsbeitrag mit einem satten Aufschlag zurück.

In Rheine angekommen, traf es mich dann vollends, als meine Frau mir ohne jede Vorwarnung eines Morgens mitteilte, dass sie sich von mir trennen und mich mit den Kindern verlassen werde. Ich war wie vor den Kopf geschlagen. Irgendeiner Schuld war ich mir nicht bewusst. Heute, fünfzehn Jahre später, denke ich, dass ihre Entscheidung letztlich wohl eine unvermeidliche Folge unseres allzu großen Altersunterschiedes war. Anfangs hatte der noch keine große Rolle gespielt, aber dann hatten sich meine Lebensumstände ganz entscheidend verändert. Als wir 1993 heirateten, stand ich mitten in meinem beruflichen und gesellschaftlichen Leben. Doch nicht viel mehr als drei Jahre später hatte ich eher eine Art Rentnerstatus inne. Mit dem Vorstandsposten bei Windhoff waren auch viele gesellschaftliche Aktivitäten eingestellt und Verbindungen in der Stadt geschwunden; tatsächlich lebten wir in Rheine sehr häuslich und auf die Familie konzentriert. Meine Frau, die damals Mitte dreißig war, erwartete wohl von ihrem Leben noch mehr und anderes als eine solche Familienexistenz in finanzieller Sicherheit.

Ganz im Gegensatz zu meiner ersten Scheidung habe ich die zweite als eine große persönliche Katastrophe empfunden. Zehn Jahre zuvor war eine distanzierte und instabile Beziehung nach vielen Jahren des Nebeneinanderherlebens eher unspektakulär zerbrochen. Dagegen bedeutete die zweite Scheidung mit dem Auszug meiner jungen Frau und der beiden kleinen Söhne für mich einen plötzlichen und tiefen Absturz in eine ganz und gar freudlose Lebenssituation. Ich war damals vierundsechzig Jahre alt. Den Verlust an beruflichem Einfluss und öffentlicher Geltung hatte ich mittlerweile verschmerzt. Aber nun war ich von einem Tag auf den anderen auch im täglichen Leben ein sehr einsamer Mann geworden. In unserem Haus, das besonders durch die Kinder in den letzten Jahren ein fröhlicher und bewegter Ort gewesen war, herrschte jetzt eine Stille, die mich anbrüllte, wenn ich durch die Haustür trat. Niemand verlangte nach mir, niemand brauchte mich noch. Und wenn ich nun eines auf dieser Welt so gar nicht beherrsche, dann ist es das Alleinsein. An ganz schlimmen Tagen überlegte ich damals, ob ich nicht besser daran täte, mich umzubringen.

10. Das Glas ist halb voll. Mindestens!
Meine Ehrenämter in Rheine

Es würde sicher zu weit gehen, wenn ich sagte, ich hätte nach meiner Scheidung einen Plan entworfen, um mich am eigenen Schopf aus meiner unglücklichen Lage und besonders aus meiner Einsamkeit zu befreien. Es war wohl eher so, dass ich getan habe, was meinem Naturell am nächsten lag. Ich sagte es ja schon, ich kann nicht gut alleine sein; und wer in Gesellschaft sein möchte, der muss sich eben darum bemühen. Es nutzt nichts, darauf zu warten, dass jemand an die Tür klopft und fragt, ob man etwas Unterhaltung wünsche.

Damals war ein Mann, etwa in meinem Alter, den ich seit langem kannte, in eine schlimme und bedrohliche Notlage geraten. Er hatte sich, vor allem aus Leichtsinn, um seine Stellung und darüber hinaus um alle seine Einkünfte gebracht. Es ist nicht nur eine Redewendung, wenn ich sage: Der Mann stand auf der Straße. Ich bot also ihm und seiner Frau an, gegen eine eher geringe Miete bei mir zu wohnen. Im Haus war jetzt mehr als genug Platz dafür.

Der Mann akzeptierte, und so ergänzten wir einander. Ich sorgte dafür, dass er und seine Frau nicht in noch schlimmere finanzielle Nöte gerieten. Im Gegenzug vertrieben die beiden diese grausame Stille aus meinem Haus. Wir frühstückten zusammen, wir unterhielten uns, die Frau des Bekannten unterstützte zudem meine Haushälterin; sie war eine großartige Köchin. Dem Mann stellte ich mein Auto zur Verfügung, er las meine Zeitungen, er nutzte Radio und Fernsehgerät. Von außen betrachtet, mag unser Zusammenleben eine ungewöhnliche Konstellation gewesen sein. Womöglich hat es darüber auch Gerede gegeben, aber das war mir egal. Tatsächlich war es nichts anderes als eine klassische Symbiose, bei der die Partner so zusammenwirken, dass jeder, ohne besonderen Aufwand zu treiben, seinen Vorteil daraus zieht.

Etwa drei Jahre dauerte unsere Notwohngemeinschaft, und ich kann sagen, dass sie mir über die schlimmste Zeit der Trennung von meiner Familie hinweggeholfen hat. Dann fanden wir eines Tages den Mann, der ein ungemein starker Raucher war, leblos in seinem Bett liegen. Der Notarzt, der nach wenigen Minuten eintraf, versuchte zwar noch, ihn zu reanimieren. Doch vergeblich. Ich stand dabei und sah, wie der Gesichtsausdruck des eben erst Verstorbenen sich in wenigen Minuten so sehr veränderte, dass ich ihn kaum noch erkannte. Das war ein grauenvolles Erlebnis, das mich bis heute verfolgt. Kurz darauf musste ich aus verständlichen Gründen seine Frau bitten, baldmöglichst auszuziehen. Nun war ich wieder die meiste Zeit zu Hause alleine, aber Menschen gewöhnen sich bekanntlich an vieles. Ich war inzwischen wieder stabiler geworden, und also lernte ich, mit der Stille als einem dauerhaften Gefährten in meinem Haus zu leben. Zum Glück währte diese Stille nicht ewig, aber damit greife ich vor.

Ich habe hier schon mehrfach gesagt, dass ich mich meiner Heimatstadt Rheine immer sehr verbunden gefühlt habe. Mit dem sehr verbreiteten abschätzigen Gerede über die Provinz kann ich wenig anfangen, und das, obwohl ich, insbesondere während meiner Tennis-Karriere, so einiges von der „großen, weiten Welt“ gesehen habe. Durch unsere Familiengeschichte, die Firma und meine Arbeit darin war ich viele Jahre lang den Menschen und den Institutionen in Rheine sehr nahe. Mit meinem eher unfreiwilligen Ausscheiden aus der Windhoff AG und der Konzentration auf meine junge Familie waren zwar manche dieser Verbindungen eingeschlafen, aber längst nicht alle, und bis zu meiner zweiten Scheidung hatte ich ein immer noch recht geselliges Leben geführt.

Wenn ich jetzt also etwas tun wollte, damit mir die Einsamkeit nicht über dem Kopf zusammenschlug, dann lag es nahe, die alten Kontakte zu intensivieren und meine viel zu viele freie Zeit und meine Fähigkeiten dort anzubieten, wo sie gebraucht wurden. Tatsächlich war ich ja der klassische Kandidat für ein Ehrenamt: Ich hatte Zeit und Muße, ich kannte mich in der Stadt gut aus, war mit vielen Funktionsträgern befreundet und überdies auch in der Lage, mich finanziell zu engagieren. Also habe ich mich an einigen Stellen angeboten, und nachdem ich Jahre zuvor die zweifellos wichtigste Position meines Lebens verloren hatte, bekam ich jetzt eine Reihe neuer. Die brachten mir zwar keinen Cent ein, dafür aber das Gefühl, wieder gebraucht zu werden und sinnvolle Dinge zu tun.

Von allen meinen ehrenamtlichen Engagements war das beim Fußballverein FC Eintracht Rheine sicher das wichtigste. In seiner heutigen Form besteht dieser Verein seit 1994, er ist das Resultat einer ganzen Reihe von Fusionen aus Rheinenser Fußballklubs. Im ältesten von ihnen, der 1908 gegründeten Borussia Rheine, habe ich als Junge gespielt, bis mir der damalige Jugendwart August Homann nahelegte, mich ganz für das Tennisspiel zu entscheiden. Das hieß aber nicht, dass ich dem Fußball in Rheine untreu geworden wäre. Im Gegenteil, ein paar Jahre später, da war ich schon Anfang zwanzig, spielte ich sogar wieder für die erste Mannschaft. Das war allerdings ziemlich schwierig zu bewerkstelligen, da ich von Köln aus zu den Spielen anreisen musste. Es war dann mein Vater, der mich davon überzeugte, das Fußballspielen endgültig aufzugeben. Während meiner Berufszeit hatte ich dann Ämter im Verein inne, und natürlich verwendete ich mich dafür, dass die Windhoff AG den Fußball in Rheine als Sponsor unterstützte. Ich kannte daher die Vorgeschichte des FC Rheine ebenso wie seine Gegenwart in- und auswendig. Und also war es ganz folgerichtig, dass ich im Jahr 2000 das Angebot annahm, mich zum Vereinspräsidenten wählen zu lassen.

Was aber bedeutet es nun, Präsident eines Fußballvereins zu sein, der in der 5. Liga spielt? Vor allem bedeutet es, eine dauernde Gratwanderung zu bestehen. Es gibt in Deutschland nur etwa fünfzig Fußballvereine, vielleicht eher noch weniger, die das Potenzial haben, in der 1. oder der 2. Bundesliga zu spielen. Das System der Ligen sorgt allerdings dafür, dass im oberen Bereich des bezahlten Fußballs eine ziemlich große Konstanz herrscht. Zwar kommt es vor, dass Mannschaften wie zum Beispiel der SC Paderborn in wenigen Jahren ganz nach oben kommen oder sehr tief stürzen, in der Regel aber tauschen die Ligen nur eine überschaubare Anzahl von Vereinen untereinander aus, darunter einige sogenannte Fahrstuhlmannschaften, die im Laufe der Jahre mehrmals auf- und wieder abgestiegen sind.

Was ich damit sagen will: Für einen Verein der 4. oder 5. Liga ist die Chance auf einen Aufstieg in die höheren Klassen und damit in den Profifußball geringer als die eines Lottogewinns. Fast alle Mannschaften aus diesem Bereich des Fußballs werden auf unabsehbare

Zeit in ihren Ligen verbleiben. Und Ähnliches gilt auch für die Spieler. Wer besonders gut ist, kann zwar von einem finanziell etwas potenteren Verein aus dem Amateurbereich abgeworben werden. Aber um den Sprung in den Profifußball zu tun, müssten die jungen Spieler ihr Leben vollkommen ändern und sich ausschließlich auf den Fußball konzentrieren. Das aber wollen die allermeisten nicht. In unserem jetzigen Kader sind zu einem großen Teil Studenten und Fachhochschüler. Sie alle sind natürlich leidenschaftliche Fußballer und widmen dem Training und den Spielen einen Großteil ihrer Freizeit, aber der Sport ist nicht ihr Plan A. Sie wollen mit dreiunddreißig lieber ihre Arztpraxis oder ihr Architekturbüro eröffnen, statt als ehemalige Profifußballer in Rente zu gehen.

Leider sind die Zuschauer beim Fußball heute um einiges verwöhnter, als sie es zu der Zeit waren, da ich selbst mit dem Fußballspielen begann. Damals hätten wir ins Ruhrgebiet fahren müssen, um wenigstens Spiele auf nationalem Niveau sehen zu können. Heute werden täglich im Fernsehen Fußballspiele auf internationalem Spitzenniveau gezeigt. Wer an überragende Spieler denkt, denkt heute nicht mehr wie in meiner Jugendzeit an die jungen Männer vom Nachbarverein oder an die Stars der Revierclubs, sondern an Neymar, Messi und Ronaldo. Es ist, als würde man dauernd in Sterne-Restaurants essen, was auch bedeutet, dass man Gefahr läuft, für die Hausmannskost verdorben zu werden.

Das alles macht es für einen fünftklassigen Provinzverein gar nicht leicht, seine eigene Identität zu wahren. Einerseits ist es die Aufgabe solcher Vereine, ein lokales Sportangebot für Spieler und Zuschauer zu garantieren. Sport soll ja nun wirklich nicht nur etwas sein, dem man von der eigenen Couch aus zusieht. Ein Verein wie Eintracht Rheine organisiert Training und Spielbetrieb für drei Seniorenmannschaften und dreißig Mannschaften im Jugendbereich. Damit ermöglicht er nicht nur Hunderten junger Menschen eine sportliche Betätigung, er bietet darüber hinaus auch eine Plattform für Begegnung und Integration. Sportvereine sind Orte, an denen man gleichgesinnte Menschen trifft; es sind aber auch Orte, an denen man das einvernehmliche Miteinander und das Lösen von Konflikten lernen kann.

Allerdings hat ein Verein der unteren Klassen das Problem, dass die Leistungen und Erfolge seiner Mannschaften oftmals an Margen gemessen werden, die vielleicht für große Profiklubs gelten. Dort aber werden gewaltige Summen eingenommen, mit denen ein teurer

Spielerkader finanziert wird. Ein Heimspiel beschert Dortmund oder Schalke Hunderttausende Euro, während ein Verein wie Eintracht Rheine mit rund 400 Zuschauern pro Heimspiel praktisch keine Einnahmen aus Eintrittsgeldern hat. Hier ist man vielmehr auf die Mitgliedsbeiträge, Sponsorengelder und gelegentliche Unterstützungen durch die öffentliche Hand angewiesen und natürlich auf die Arbeit der ehrenamtlichen Trainer und Betreuer. Dabei gilt es, umfangreiche Sportstätten in Betrieb zu halten und gelegentlich zu sanieren. Eine umgestürzte Bande oder ein neuer Belag auf einem Fußballplatz können bei ungünstigen Umständen den Verein in schlimme finanzielle Bedrängnis bringen.

Ein gutes Beispiel für die Anfälligkeit kleiner und finanzschwacher Provinzvereine ist die Frauenfußballmannschaft von Eintracht Rheine, die sich 1998 unter dem Namen Heike Rheine selbstständig gemacht hatte. Sie erreichte sehr beachtliche Positionen in der damals neu gegründeten Damen-Bundesliga und brachte damit erstklassigen Fußballsport nach Rheine. Einmal stand sie sogar im Pokalfinale. Mit Kerstin Garefrekes und Kerstin Stegemann hatte sie zwei der erfolgreichsten deutschen Fußballspielerinnen in ihren Reihen, Garefrekes und Stegemann wurde mit der Nationalmannschaft mehrmals Weltmeisterinnen und Europameisterinnen. Doch Garefrekes verließ den Verein, um nach Frankfurt zu gehen, natürlich auch aus finanziellen Gründen. Nach einem Abstieg in die zweite Bundesliga im Jahr 2007 verlor Heike Rheine dann praktisch seinen gesamten Kader und war finanziell nicht imstande, für Ersatz zu sorgen. Der Sturz war schließlich so tief, dass sich der Verein im Jahr 2016 auflösen musste. Als Mitglied des Beirats habe ich diesen Niedergang ziemlich hautnah erlebt.

Es gilt also, auch und besonders für den Präsidenten eines Provinzvereins, die Leidenschaft für ein Sportleben unterhalb der Sphäre von Glamour und Pokalen wach zu halten. Ich habe als Präsident im Vorstand getan, was ich konnte. Und warum sollte ich es verschweigen: Ich habe ein paar Jahre lang den Etat des Vereins am Ende des Jahres aus meinem privaten Vermögen ausgeglichen. Ich habe mitgeholfen, die neue Tribüne zu bauen, die man dann freundlicherweise nach mir benannt hat. Nebenbei gesagt, ein Denkmal, wie ich mir kein schöneres wünschen könnte. Zuvor schon hatte ich die Fußballerinnen von Heike Rheine finanziell unterstützt. Tatsächlich sind solche Vereine ohne die großzügige Unterstützung von Sponsoren praktisch nicht lebensfähig.

Und was mich persönlich betrifft: Mein ganzes Leben lang, und noch bis heute, war und ist es der Sport, der zu einem Gutteil dafür sorgt, dass ich ein glücklicher und ausgeglichener Mensch sein darf. Sei es als Aktiver, sei es als Zuschauer, war ich dem Sport immer verbunden, und ich habe allen Grund, ihm dankbar zu sein. Also war es auch nur richtig und angemessen, dieser Dankbarkeit einen namhaften materiellen Ausdruck zu geben.

Leider gestaltete sich das Ende meiner Präsidentschaft nicht ganz so, wie ich es mir erträumt hätte. Es gab in dem ziemlich großen Vorstand ein paar Mitglieder, die wohl mit meiner Doppelfunktion als Mäzen und Präsident nicht einverstanden waren. Während einem meiner längeren Aufenthalte in Amerika wandte sich diese Gruppe an die Presse, und ich erfuhr von ihrem Aufstand durch einen befreundeten Redakteur, der mich in Naples anrief. An einer großen Auseinandersetzung im Vorstand hatte ich damals kein Interesse, obwohl andere Vorstandsmitglieder mir zur Seite sprangen und den Verein davor warnten, so wörtlich: den Ast abzusägen, auf dem er sitze. Dennoch beschloss ich, dass meine Zeit als Präsident beendet sei. Auf der nächsten Hauptversammlung konnte ich zum Glück einen Nachfolger präsentieren und kam so einigermaßen unbeschadet aus dem Amt heraus. Später wurde ich zum Ehrenpräsidenten ernannt, was mich sehr gefreut hat. Leider haben es auch meine Nachfolger im Präsidentenamt nicht leicht gehabt, die Vereinsmitglieder bei Laune und den Verein über Wasser zu halten. Manchmal konnte eine Insolvenz nur sehr knapp vermieden werden. Ich habe das alles weiter verfolgen können, weil ich noch im Beirat tätig war. 2014 habe ich dann alle Ämter niedergelegt.

Was natürlich nicht heißt, dass mich der Rheinenser Fußball nicht mehr interessieren würde. Im Gegenteil, ich besuche noch regelmäßig die Heimspiele des FC Rheine, wahrscheinlich bin ich dabei oft derjenige unter den Zuschauern, der am längsten Vereinsmitglied ist. Bei mir sind es immerhin etwa siebzig Jahre. Dass mir dabei nicht immer ganz großer Fußballsport geboten wird, das weiß ich und das sehe ich natürlich. Aber auch ein Spiel, das nicht gerade auf höchstem Niveau ausgetragen wird, kann durchaus spannend sein. Und über einen Sieg der eigenen Mannschaft kann man sich freuen, auch wenn er nicht Resultat einer weltmeisterlichen Leistung war. Außerdem treffe ich bei meinen Stadionbesuchen Freunde und Bekannte; in den Pausen versammeln wir uns im „Salvus-Stübchen“ zu Gesprächen über dies und das, alles in einer schlichten, aber angenehmen und vertrauten Atmosphäre.

Natürlich habe ich mich auch in meinem ersten und liebsten Tennisverein, dem TC 22, meiner Tennisheimat, ehrenamtlich engagiert, unter anderem als Mitglied des Clubausschusses. Leider muss ich in dieser Funktion auch miterleben, dass der Verein, wie so viele andere, an Mitgliederschwund leidet. Das Freizeitangebot ist heute so umfangreich, dass es fast alle traditionellen Einrichtungen schwer haben, insbesondere junge Menschen dauerhaft an sich zu binden.

Zum Vorsitzenden des Tierschutzvereins wurde ich, ohne selbst damit gerechnet zu haben. Ich war zu einer Ehrung nach langjähriger Mitgliedschaft eingeladen, doch dann stellte sich heraus, dass ein neuer Vorsitzender gewählt werden sollte und niemand sich um den Posten bewarb. Ich ließ mich also überreden und habe dieses Amt zehn Jahre lang ausgeübt. Meine eigene Beziehung zu Tieren war damals eigentlich nicht besonders eng, aber dass ein Tierschutzverein grundsätzlich sinnvolle Arbeit leistet, daran kann ja kein begründeter Zweifel bestehen. Trotzdem bezweifle ich, dass ich der richtige Mann für dieses Amt war. Aus meiner beruflichen Zeit war ich es gewohnt, in Besprechungen möglichst rasch Entscheidungen zu treffen und wenig Zeit mit Diskussionen zu verbringen, die sich schon im Ansatz als unergiebig erwiesen. Deswegen fehlte mir bei den Sitzungen des Tierschutzvereins auch manchmal die Geduld, allen Beiträgen gelassen zu folgen.

Besser aufgehoben war und bin ich als Vorsitzender des Vereins „Alter Friedhof", der vor etwa zehn Jahren gegründet wurde und dessen Initiator Theo Pompey leider bereits verstorben ist. Auf dem „Alten Friedhof" wurden vom Beginn des 19. bis zum Beginn des 20. Jahrhunderts die Bürger der Pfarre Sankt Dionysius in Rheine beerdigt. 1908 wurde der Friedhof für weitere Beerdigungen geschlossen. Mitten in der Stadt liegend, dient er heute als Park, als eine kleine grüne Oase im ansonsten nicht so grünen Rheine. Demnächst wird er eine Station der „Historischen Meile" sein, einer Sammlung von stadtplanerischen Maßnahmen, durch die den Bürgern von Rheine und ihren Gästen die Geschichte der Stadt vermittelt werden soll. Der Friedhof und die Grabmäler, mittlerweile im Besitz der Stadt, drohten allerdings zu verfallen, da die Mittel zu ihrem Erhalt fehlten. Der Verein „Alter Friedhof" verfolgt daher den Plan, die Anlage und die Gräber mit privaten Mitteln zu sanieren und instand zu halten. Wir haben hier bereits sehr viel erreicht. Und wenn es darum geht, nicht nur selbst einen finanziellen Beitrag zu leisten, sondern auch andere Unternehmer zu Spenden oder Sachleistungen zu animieren, bin ich wahrscheinlich der richtige Mann. Dabei hatte ich an der Sanierung des Parks immer ein ganz persönliches Interesse, liegen doch mein Urgroßvater Rudolf Windhoff und dessen Vater dort begraben. Man findet hier auch die Gräber anderer großer Gestalten aus der industriellen Vergangenheit von Rheine. Gelegentlich mache ich hier Führungen und spreche dabei über dieses Thema.

Mit der Vergangenheit beschäftigt bin ich auch als stellvertretender Vorsitzender der Gesellschaft „Verein", einem Club für Industrielle, aus dem 1922 auch der Tennisverein hervorging. Der „Verein" unterhielt einmal ein eigenes Haus mit einer Kegelbahn auf eigenem Gelände, doch das alles ist schon seit über dreißig Jahren aufgegeben und verkauft. Heute organisiert der Verein noch Veranstaltungen und Fahrten für seine Mitglieder. Doch bei der einmal im Jahr stattfindenden Mitgliederversammlung muss man leider zur Kenntnis nehmen, dass sich der Altersdurchschnitt der etwa 150 Mitglieder ständig erhöht. Auch findet sich hier ein Abbild der veränderten ökonomischen und sozialen Situation in Rheine. Da es kaum noch Textilindustrie gibt, fehlt dem „Verein" seine angestammte Klientel. Früher waren die großen Unternehmerfamilien untereinander auch durch verwandtschaftliche Beziehungen eng verbunden. Heute geben junge Managerinnen und Manager in der verbliebenen und der neuen Industrie den Ton an; die meisten von ihnen unterhalten keine enge Verbindung zum Ort, da ist es verständlich, dass sie keine Zeit für einen Club wie den „Verein" erübrigen können. Im Jahr 2015 habe ich mein Mandat niedergelegt.

Sehr erfreulich ist dagegen meine Tätigkeit als stellvertretender Vorsitzender des Kuratoriums der Stiftung Kloster/Schloss Bentlage. Die Anlage stammt aus dem 15. Jahrhundert und wurde seit dem Beginn des 18. Jahrhunderts als Adelssitz genutzt. In den siebziger Jahren verfielen die ungenutzten Gebäude zusehends. Sie wurden dann von der Stadt Rheine gekauft und mit einem Finanzaufwand von etwa zwanzig Millionen DM restauriert. Heute betreibt eine Gesellschaft unter der Leitung des Geschäftsführers Gerd Musekamp und des künstlerischen Leiters Jan-Christoph Tonigs das Anwesen; hier finden Ausstellungen, Musikveranstaltungen, Lesungen, Tagungen und Workshops statt. Man kann hier auch übernachten oder im sehr stilvollen Ambiente heiraten. Nach Abschluss der Restaurierung im Jahr 2000 gründete sich eine Stiftung mit dem Ziel, Mittel für die laufenden Kosten der Anlage aufzubringen. Ich habe damals daran mitgearbeitet, vierzig Bürger dazu zu bewegen, je fünftausend

Euro in die Stiftung einzuzahlen; als dies gelungen war, habe ich den eingenommenen Betrag verdoppelt. Die Stiftung besitzt heute einen Grundstock von etwa 600.000 Euro, leidet allerdings momentan an den niedrigen Zinsen am Kapitalmarkt.

Im Gegensatz zur Arbeit im Kuratorium ist meine Tätigkeit als Kassenwart des Vereins „Alte Dionysianer" eigentlich kaum erwähnenswert. Allerdings ist es sehr schön, gelegentlich frühere Mitschüler wieder zu treffen. Und natürlich habe ich mich auch sehr darüber gefreut, dass meine jüngeren Söhne am Dionysianum ihr Abitur gemacht haben.

Wenig Arbeit kommt auch auf einen Senator der Karnevals Union Rheine zu, der KUR. Ein großer und leidenschaftlicher Karnevalist bin ich zugegebenermaßen nicht, aber, wenn ich dann einmal im Jahr als einer der zehn Senatoren auf dem Karnevalswagen der KUR mitfahre, Kostüm: dunkler Mantel, weißer Schal und Karnevalsmütze, freue ich mich doch sehr über die Begeisterung der Menschen auf der Straße.

Als hochinteressant empfinde ich meine Arbeit als Stadtteilbeirat für den Innenstadtbereich und den Hörstkamp, in dem auch mein Haus liegt. Der Stadtteilbeirat hat zwar keine Beschlussrechte und ist ein reines Beratungsgremium. Aber hier werden interessante und aktuelle Themen besprochen. Wir sind zwölf Männer und Frauen, tagen einmal im Monat und laden dazu gelegentlich Fachleute ein. Zuletzt haben wir uns unter anderem mit der Ausgestaltung der oben schon erwähnten „Historischen Meile" befasst, deren Einrichtung unter anderem eine neue Pflasterung der Innenstadt vorsieht. Im Gestaltungsbeirat finden sich Menschen ganz unterschiedlicher Herkunft und unterschiedlicher Profession; es eint sie das Engagement für ihre Heimatstadt und ihre unmittelbare Umgebung.

Im Frühjahr 2009 erhielt ich einen Anruf aus dem Rathaus. Bevor ich mich fragen konnte, ob ich irgendetwas ausgefressen hatte, teilte man mir mit, dass der Bundespräsident der Bundesrepublik Deutschland, damals war es Horst Köhler, mir das Bundesverdienstkreuz am Bande verliehen habe, den einzigen Verdienstorden, den unser Staat vergibt. Zuerst habe ich mich sehr gefreut, dann habe ich mich erkundigt. Man erhält das Bundesverdienstkreuz in der Regel, weil man dafür vorgeschlagen wurde; allerdings erfährt man nicht, von wem. Was ja auch nur zu verständlich ist. Wenn das Bundespräsidialamt einen solchen Vorschlag erhält, erkundigt es sich in der Umgebung des Betreffenden nach dessen Person und ihrem Leumund. Ich vermute, dass unter anderem der Vorstand des FC Rheine über mich und meine ehrenamtliche Arbeit Auskunft geben sollte, aber ich habe nie danach gefragt. Mir reichte voll und ganz zu wissen, dass offenbar niemand leidenschaftlich gegen diese Auszeichnung meiner Person protestiert hatte. Und mehr kann man sich ja nun wirklich nicht wünschen.

Die Verleihung fand an einem heißen Sommertag 2009 im großen Saal des Stadtmuseums Falkenhof in Rheine statt. Laudatoren waren der damalige Landrat des Kreises Steinfurt, Thomas Kubendorf, die stellvertretende Bürgermeisterin von Rheine, Frau Helmis und Werner Friedrich, ein Freund von. Wie ich es nicht anders erwartet hatte, betonten und lobten sie vor allem mein ehrenamtliches und, damit verbunden, mein finanzielles Engagement für städtische Angelegenheiten, für die Kultur und besonders natürlich für den Sport. Nun denke ich, dass jeder gerne gelobt wird. Aus meiner beruflichen und aus meiner sportlichen Vergangenheit hatte ich durchaus Erfahrung damit, Erfolge zu haben und dafür auch Anerkennung zu finden. Dennoch war es etwas ganz Besonderes, ja, etwas Einmaliges, in diesem festlichen Saal zu sitzen und Menschen dabei zuzuhören, wie sie gewissermaßen meine eigene Lebensbilanz formulierten. 2009 war das Jahr, an dessen Ende ich siebzig wurde, kein schlechter Zeitpunkt also, um eine erste große Bilanz anzustellen.

Ich hatte die Erlaubnis bekommen, achtzig Gäste einzuladen. Bei diesen Einladungen habe ich mir große Mühe gegeben, Freunde und Bekannte einzuladen, die einen Querschnitt durch mein Leben repräsentierten. Das reichte von meinen ältesten Mitspielern auf dem Fußballplatz „Auf Ecke" und den ersten Mädchen, denen ich einmal ganz schüchtern den Hof gemacht hatte, über frühere Mitarbeiter bei der Windhoff AG und Mitstreiter in meinen Ehrenämtern bis hin zu meinen damals noch ganz jungen Söhnen und ihren Schulkameraden. Von den achtzig Gästen, die ich eingeladen hatte, waren tatsächlich neunundsiebzig gekommen, nur einer hatte aus beruflichen Gründen absagen müssen. Das war eine große Genugtuung für mich, fast so schön wie der Orden, den mir der Landrat mit einiger Mühe ans Revier heftete.

Ich habe es anschließend unterlassen, den Reden, die auf mich gehalten wurden, noch etwas Inhaltliches hinzuzufügen. Stattdessen habe ich alle meine Gäste persönlich begrüßt und mich ganz ausführlich für die Rolle bedankt, die sie in meinem Leben gespielt haben. Ein Bundesverdienstkreuz, habe ich gesagt, bekomme ja niemand, dessen Arbeit und Engagement nicht von vielen anderen Menschen unterstützt und gewürdigt werde. Am Schluss meiner Begrüßung habe ich meine Auszeichnung meinem Vater gewidmet. Ohne sein Lebenswerk, ohne sein Vorbild und ohne seine Liebe zu mir hätte ich sicher nur wenig von dem erreicht, wofür ich jetzt belohnt wurde.

Das Folgende soll jetzt den Wert und die Bedeutung des Bundesverdienstkreuzes nicht im Geringsten schmälern. Aber das schönste Resultat all meiner ehrenamtlichen Tätigkeiten war und ist sicher der Umstand, dass ich dadurch meine jetzige Ehefrau kennengelernt habe. Ich war wieder einmal mit meinem Werbematerial für den Verein „Alter Friedhof" unterwegs, da lernte ich Helena kennen, damals Rektorin einer Grundschule in Rheine. Und zu meiner Überraschung erfuhr ich, dass ich offenbar auch mit über siebzig noch einen sympathischen Eindruck bei einer nicht unerheblich jüngeren Frau hinterlassen konnte. Etwas von dem damaligen „Sunnyboy" war mir wohl noch geblieben. Seit dem Sommer 2015 sind Helena und ich verheiratet. Es ist meine dritte Ehe, recht spät im Leben geschlossen, und ich bin mir sicher, es wird nicht nur meine letzte sein – sondern vor allem meine glücklichste.

11. Zum Schluss

Da sich die Arbeit an meinen Lebenserinnerungen jetzt ihrem Ende zuneigt, erscheint am Horizont mein achtzigster Geburtstag im Dezember 2019. Ich habe mich in meinem Leben vor runden Geburtstagen nie besonders gefürchtet; ich habe immer lieber nach vorne als zurück geschaut, und meine Alterssentimentalität hält sich, wenn ich das selbst so sagen darf, in vernünftigen Grenzen. Aber achtzig Jahre sind kein Pappenstiel. Und natürlich beschäftige ich mich wie viele Menschen in meinem Alter zunehmend mit Fragen nach dem Muster: Was wäre gewesen, wenn? Wie wäre es, wenn in deinem Leben dies oder das sich ganz anders entwickelt hätte?

Was wäre zum Beispiel gewesen, wenn ich vor über zwanzig Jahren nicht so unglücklich aus unserem ehemaligen Familienunternehmen ausgeschieden wäre? Was wäre geschehen, wenn mein geplanter Übergang vom Vorstand in den Aufsichtsrat sich so reibungslos vollzogen hätte, wie es Jahre zuvor bei meinem Vater der Fall gewesen war?

Nun, eine erste Antwort auf diese Frage lautet: Dann besäße ich heute nicht das Vermögen, dass der Verkauf meiner Anteile an der

Firma Windhoff mir damals eingebracht hat und das mich und meine Familie seitdem recht sorglos leben lässt. Eine weitere Antwort wäre: Als Vorstand, später vielleicht als Aufsichtsratsvorsitzender und Gesellschafter der Windhoff AG hätten mich womöglich widrige Geschäftsumstände um meinen Besitz gebracht, der zum großen Teil in der Firma steckte. Als Familienunternehmer trägt man nun einmal ein großes Risiko. Ich erinnere nur an die schwere Banken- und Finanzkrise von 2008. Damals wurden auch Unternehmen in den Konkurs gerissen, die verantwortungsvoll und zuverlässig gewirtschaftet hatten, und das nur, weil ihre Geldgeber sich verspekuliert hatten. Wirtschaftsunternehmen, ob klein oder groß, sind in gewisser Beziehung wie Lebewesen. Sie können sich durch ungesundes Verhalten schwächen und schädigen, es können ihnen aber auch „Unfälle" zustoßen, die niemand vorhersehen oder abwenden kann. Mit anderen Worten: Wäre ich im Geschäft geblieben, dann wäre ich auch im Risiko geblieben.

Doch eine andere Antwort auf die Frage nach dem „Was wäre wenn?" muss lauten: Wir hätten auch Glück haben können. Dann hätte ich heute vielleicht einen „Halbtagsjob" im Aufsichtsrat, und die Firma Windhoff wäre noch immer, zumindest in Teilen, in der Hand der Nachkommen ihres Gründers. Mancher mag es vielleicht nicht verstehen, aber der Erlös aus dem Verkauf meiner Anteile konnte mich damals und kann mich bis heute nur schwer für den eigentlichen Verlust entschädigen. Denn damals habe ich nicht nur das Familienunternehmen, sondern auch meine ganz persönliche Wirkungsstätte mit einem Mal verloren. Die Firma Windhoff war für mich ja nicht irgendeine austauschbare Arbeitsstelle, sie war vielmehr der Ort, dem ich mich seit meiner Kindheit zugehörig fuhlte. Sie war, ich denke, ich kann das sagen, für eine lange Zeit meine eigentliche Heimat, vielleicht sogar noch mehr als mein Wohnort oder meine Familie. Ihr Verlust wiegt daher immer noch sehr schwer, und manchmal plagt mich das Gewissen. Nicht selten frage ich mich, was wohl mein Vater, mein Großvater und mein Urgroßvater dazu gesagt hätten, dass ihre Firma einmal nicht mehr von einem Träger dieses Namens geleitet wird? Sollte ich den Dreien tatsächlich einmal an einem jenseitigen Ort begegnen, wird es mir nicht leicht fallen, mich zu rechtfertigen.

Ja, das schwierige Thema Erbe und Nachfolge! In einem Familienunternehmen spielt es eine gewaltig große Rolle. Als ich 1997 aus dem Unternehmen ausschied, war unser Adoptivsohn Peter und waren erst recht meine beiden Söhne aus der zweiten Ehe noch längst nicht in dem Alter, da man hätte wissen können, ob sie für eine spätere Position im Familienunternehmen geeignet bzw. daran interessiert sein könnten. Und dann ergab sich die Frage gar nicht mehr. Die Bitterkeit des Umstandes, drei Kinder zu haben und ihnen das Familienunternehmen nicht irgendwann einmal übergeben zu können, hat mich viele Jahre lang begleitet.

Dabei war meine Beziehung insbesondere zu meinen beiden Söhnen aus meiner zweiten Ehe sicherlich enger als die Beziehung meines Großvaters zu meinem Vater oder die meines Vaters zu mir. Als „Rentner" hatte ich ja alle Zeit der Welt, mich mit meinen Kindern zu beschäftigen, ganz anders als mein Vater, der praktisch sein ganzes Leben in der Firma zubrachte. Daran änderte auch die schmerzliche Trennung von meiner zweiten Frau Stefanie im Jahr 2004 nichts Grundlegendes. Wir hatten uns über alle Verfahrensfragen der Scheidung und über das Sorgerecht gütlich geeinigt; und so verbrachten meine Söhne mehr Zeit mit mir, als es die üblichen Wochenend-Regelungen vorgesehen hätten.

Aber ich muss ehrlich sein. In gewisser Beziehung erging es mir mit meinen Söhnen, wie es meinem Vater mit mir ergangen ist: Den für mich wichtigsten und aufschlussreichsten Zugang zu den beiden Jungen fand ich über den Sport. Mein Vater hatte damals erst begonnen, eine engere Bindung zu mir aufzubauen, als er meine beginnende Karriere als Tennis-Nachwuchsspieler begleitete. Erst damals lernte er meine Persönlichkeit kennen, meine guten und natürlich auch meine nicht so guten Eigenschaften. Ganz ähnlich habe ich, indem ich die sportlichen Aktivitäten meiner Söhne begleitete, sie erst so richtig als eigenständige Individuen kennengelernt. Bei meinem jüngsten Sohn John-Bernd war es sein engagiertes Fußballspiel; bei seinem älteren Bruder Maximilian ist das Golfspielen, das uns seit einigen Jahren eng verbindet. Hier lerne ich, besser als in Gesprächen, meine Söhne als Individuen mit ihren Stärken und Schwächen kennen. Gewisse Dinge bleiben sich einfach gleich, erst recht in Familien.

Mittlerweile sind beide Jungen über zwanzig, sie haben ihr Abitur gemacht; jetzt studieren sie, und es hat sich tatsächlich ergeben, dass sie sich beide, so wie ich damals, für ein Studium der Betriebswirtschaft entschieden haben. Das ist eine große Freude für mich, kann ich doch jetzt die Fortschritte auf ihren Lebenswegen noch besser nachvollziehen und miterleben. Das gilt auch für meinen ältesten

Sohn Peter, der heute mit hervorragenden Kenntnissen als Immobilienfachwirt aktiv ist und dem seine breiten Jurakenntnisse in diesem Beruf entgegen kommen. So habe ich noch vor kurzem erlebt, wie klug und umsichtig er die Gespräche mit seinen Mietern führt. Ich musste damals meinen Vater enttäuschen, als ich ihm bekannte, kein Techniker werden zu wollen, weil mir dafür ganz erkennbar das Talent fehlte. Nun folgen meine beiden jüngeren Söhne ihrem Vater in ihrer Ausbildung nach, und das ist ein Geschenk, das ich zu schätzen weiß.

Andererseits birgt es auch wieder einen gewissen Schmerz. Wenn ich heute in Rheine und in der Umgebung unterwegs bin, wenn ich die Lokalnachrichten lese, dann begegnet mir überall der Name Windhoff als Name der verschiedenen Unternehmen, die inzwischen aus der alten AG hervorgegangen sind. Neben dem Stammwerk sind das vor allem die Wassertechnik und die Gleisbautechnik. Und natürlich weckt jede Begegnung mit diesen Unternehmen in mir aufs Neue die Wunschvorstellung, meine Söhne könnten dort einmal ihre berufliche Heimat finden, so wie ich sie damals in der Windhoff AG gefunden habe.

Natürlich habe ich das nicht in der Hand. Wir leben in einem sich ständig weiter globalisierenden Zeitalter. Die Ausbildungs- und Berufswege engagierter junger Menschen kennen weder Länder- noch Kontinentgrenzen. Schon in den sechziger Jahren „verordnete“ mir mein Vater ein Auslandsstudium, gab sich dann aber mit der Schweiz zufrieden. Dementsprechend müsste man seinen Kindern heute raten, während der Ausbildung einmal rund um die Welt zu reisen, um unsere Gegenwart von allen Seiten kennen zu lernen. Mit anderen Worten: Ich weiß nicht, welchen Ort und welches Land Maximilian und John-Bernd Windhoff zu ihrer beruflichen Heimat machen werden. Und ich brauche viel Glück und eine eiserne Gesundheit, um es überhaupt zu erfahren!

Sollte es allerdings irgendwo in der Nähe zu ihrem Elternhaus sein, so wäre es für mich das letzte und allergrößte Glück in meinem beinahe vollkommen glücklichen Leben.

Harald Wixforth

Vermächtnis und Verhängnis? Bernd Windhoff und die Unternehmen der Familie Windhoff

Einleitung

Die wirtschaftshistorische Forschung ist sich inzwischen einig, dass die wirtschaftliche Entwicklung in Deutschland seit dem Durchbruch der Industrialisierung zu einem großen Teil durch mittelständische Betriebe geprägt wurde. Diese seien, so die Einschätzung einer Reihe von Autoren, die eigentlichen Träger von wichtigen Innovationen gewesen. Zudem seien ihre Inhaber oder ihr Führungspersonal eher bereit gewesen, Risiken einzugehen, um ihre Wettbewerbsposition zu behaupten oder zu verbessern. Schließlich seien sie bei der Gestaltung des operativen Geschäfts vielfach effizienter gewesen als die oft unflexiblen Konzerne.[1] Einige Autoren verweisen darüber hinaus auf einen weiteren Vorteil familiengeführter mittelständischer Unternehmen: In Zeiten eines zum Teil ausufernden Manager-Kapitalismus mit verschachtelten Großkonzernen und einer hohen personellen Fluktuation beim Führungspersonal hätte sich diese Unternehmensform im Wettbewerb eher behauptet, da sich die Entscheidungsträger dieser Firmen einem klar definierten, oft durch die Familie vorgegebenen Verhaltenskodex verpflichtet fühlten, zudem eine höhere emotionale Bindung und damit eine größere Leistungs- und Risikobereitschaft an den Tag gelegt hätten als die Manager in Konzernen.[2]

Trifft dieser Befund tatsächlich zu, ist eine Hommage an die „hidden champions“ der deutschen Wirtschaft gerechtfertigt. Ein eindeutiger empirischer Beweis steht jedoch noch aus, zudem ist der Einwand berechtigt, dass die Zahl der Konkurse im Mittelstand deutlich höher liegt als bei den Großunternehmen, Firmen aus diesem Segment der Wirtschaft daher anfälliger für konjunkturelle Schwankungen, aber auch strategische Fehlentscheidungen des Führungspersonals sind.[3] Eine präzise Antwort auf die Frage nach der Rolle mittelständischer Firmen fällt daher schwer. Zwar sind in letzter Zeit einige Studie erschienen, die unter Anwendung der Kriterien der modernen

Unternehmensgeschichte die Rolle mittelständischer Unternehmen in Deutschland untersuchen, doch fehlen für das Gros dieser Firmen weiterhin quellengestützte valide Arbeiten.[4]

Dabei stößt die Forschung oft auf ein gravierendes Hindernis. Trotz aller Bemühungen der letzten Jahre – auch und vor allem durch das Westfälische Wirtschaftsarchiv in Dortmund – ist die Quellenlage für die Mehrheit der mittelständischen, familiengeführten Unternehmen vielfach schwierig, da häufig kein geordnetes Archiv mit einer dichten Überlieferung an Material vorhanden ist. Die Entwicklung einer Vielzahl von Betrieben lässt sich daher nur schwer oder zum Teil gar nicht rekonstruieren. Ihre „performance“ beinhaltet jedoch Fragen und Erkenntnisse, die für die unternehmenshistorische Forschung von großer Bedeutung sind. Dazu zählen neben der Nachzeichnung der Strategiewahl und den Methoden zur Sicherung der Wettbewerbsposition Aspekte in der Entwicklung eines Unternehmens wie einzelne angewandte Techniken der Finanzierung und der Kapitalmobilisierung, und vor allem die immer wieder diskutierten Probleme bei der Regelung der Erbfolge im Todesfall eines mittelständischen Unternehmers. Erst wenn sich diese Fragen zufriedenstellend beantworten lassen, wird es möglich sein, auf der Grundlage der gewonnenen Ergebnisse valide Aussagen über die Bedeutung des „Mittelstands“ für die deutsche Wirtschaft zu treffen.[5]

Dies bedeutet nicht, dass die Geschichte dieser Unternehmen für die Forschung tabu sein sollte, im Gegenteil, dafür ist sie zu wichtig und vielfach auch zu spannend. Die Forschung ist daher gut beraten, andere Wege zu gehen, um sich der „performance“ dieser Firmen anzunähern, auch wenn dieses nicht immer unter Einbeziehung des Fragenkatalogs der modernen Unternehmensgeschichte geschieht. Inzwischen ist es eine gesicherte Erkenntnis, dass die neue „Biographik“ und damit die Nachzeichnung des Lebenswegs von Unternehmerpersönlichkeiten durchaus interessante Einblicke in das „Innenleben“ von Firmen und Aufschlüsse und über die Gestaltung ihrer Wettbewerbsposition erlauben. Lange Zeit mit dem „augout“ einer unkritischen Hagiographie behaftet, wird heute wieder die „dichte Erzählung“ über einen Unternehmer und die Darstellung seines Lebenswegs genutzt, um Erkenntnisse über die von ihm geleitete Firma zu erhalten.

Ein solcher Weg ist auch im Fall der Windhoff AG im westfälischen Rheine zu beschreiten, über Jahrzehnte hinweg einer der Marktführer auf dem Gebiet der Bahn- und Anlagentechnik. Über die Entwicklung dieses Unternehmen sind nur wenige Informationen vorhanden, eine ambitionierte, den Kriterien der modernen Unternehmensgeschichte entsprechende Studie fehlt vollständig.[6] Eine solche Studie ist auch an dieser Stelle nicht zu leisten. Das Ziel der Ausführungen ist vielmehr, auf der Grundlage des „Selbstzeugnisses" von Bernd Windhoff und der eher essayistischen Schilderung seines Lebenswegs die Entwicklung des Unternehmens Windhoff über die Brüche und Friktionen der deutschen Geschichte im 19. und 20. Jahrhundert hinweg zu beleuchten, diese in den Kontext der allgemeinen wirtschaftlichen Entwicklung in dieser Zeit einzubetten, aber auch – wenn möglich – mit der „performance" anderer Firmen aus dem Bereich des Maschinen- und Anlagebaus zu kontrastieren.

2. Die Entwicklung der Windhoff-Unternehmen bis zum Ende des Zweiten Weltkriegs

Die Gründung des ersten Unternehmens der Familie Windhoff entsprang einer Melange an Motiven, wie sie in dieser Zeit häufig in der deutschen Wirtschaft zu beobachten war. Rudolf Windhoff, geboren 1833 in der Nähe des westfälischen Städtchens Rheine, begann seine berufliche Karriere nach Schulbesuch und Studium in Berlin zu Beginn der 1860er-Jahre bei der Lingener Eisenhüttengesellschaft, einem Unternehmen für die Fertigung von Dampfmaschinen, Öfen und landwirtschaftlichem Gerät. Die Hochkonjunktur in der deutschen Wirtschaft nach dem siegreichen Krieg gegen Frankreich, die sogenannten „Gründerjahre"[7], veranlassten ihn offenbar, die Leitung dieser Firma zu übernehmen, zudem die Produktion auszuweiten und neues Personal einzustellen. Wie die Mehrheit der Industriellen in Deutschland zu dieser Zeit glaubte auch Windhoff an einen beständigen wirtschaftlichen Aufschwung sowie an stetig steigende Umsätze und Gewinne seines Unternehmens.[8]

Mit Ausbruch des sogenannten „Gründerkrachs", der ersten großen internationalen Banken- und Finanzkrise im Herbst 1873, mussten viele Unternehmer erkennen, dass sie sich in ihren optimistischen Zukunftserwartungen fundamental getäuscht hatten. Infolge der Turbulenzen auf den Finanzmärkten kam es in allen Teilen der deutschen Wirtschaft zu Zahlungseinstellungen und Konkursen von Firmen. Auch die Lingener Eisenhüttengesellschaft sah sich schon bald mit erheblichen finanziellen Problemen konfrontiert. Hinzu traten

Schäden an einigen Firmengebäuden infolge eines Großbrandes sowie das Versiegen der Erzvorkommen im Emsland, was den kostspieligen Transport von Erz aus anderen Revieren nach Lingen implizierte. 1878 war das Unternehmen Rudolf Windhoffs, immerhin der zu dieser Zeit größte private Arbeitgeber im Emsland, zahlungsunfähig. Wie viele andere Unternehmer stand auch Rudolf Windhoff vor dem Nichts und musste seine Hoffnungen begraben, am bisherigen Standort einen großdimensionierten Maschinenbaubetrieb aufzuziehen. Offenbar hatte auch er sich von dem dreijährigen „boom“ blenden lassen und unternehmerische Risiken unterschätzt.[9]

Es spricht für seine Hartnäckigkeit und seinen unternehmerischen Wagemut, dass sich Rudolf Windhoff nach einem beruflichen Intermezzo bei einer Maschinenfabrik in Thüringen 1889 erneut bei der Gründung einer Firma engagierte. Die von ihm ins Leben gerufene Rheiner Maschinenfabrik Windhoff & Comp. KG fertigte zunächst in bescheidenem Rahmen Transmissionsanlagen für die expandierende Textilindustrie im Münsterland. Außer von der in den 1890er-Jahren wieder anziehenden Konjunktur profitierte dieses Unternehmen aber von einer Diversifizierung seiner Produktpallette: Die Basis für eine längere Expansion wurde mit dem Einstieg in die Eisenbahnbetriebstechnik und den dazu gehörenden Anlagen gelegt. Sowohl die Preußische Staatsbahn als auch die Reichsbahn hatten zu diesem Zeitpunkt das gesamte Kaiserreich mit einem vergleichsweise engmaschigen Schienennetz überzogen, mit einer Vielzahl von Bahnhöfen und Eisenbahnwartungs- und reparaturanlagen.[10] Zudem waren sie beide sichere und zahlungskräftige Abnehmer von Eisenbahnmaterial jeder Art. Für Rudolf Windhoff erwies es sich sicherlich als Glücksfall, dass er beide als dauerhafte Kunden für sein Unternehmen akquirieren konnte, so dass sich dessen Produktionskapazitäten ebenso stetig erweitern ließen wie seine Produktpallette für den Eisenbahnbetrieb.[11]

Ein weiterer Glücksfall kam hinzu: Nach dem Tode Rudolf Windhoffs 1901 blieb sein Unternehmen von Erbauseinandersetzungen in der Familie verschont, indem alle drei Söhne in die Unternehmensleitung eintraten und damit die Familientradition fortführten. Eine solche Konstellation war und ist sowohl bei mittelständischen Firmen als auch bei Großunternehmen keineswegs selbstverständlich. Neuere Forschungsergebnisse, etwa für den Maschinenbau im Raum Bielefeld, zeigen, wie schwierig es gerade für mittelständische Betriebe war, störungsfrei die Erbfolge zu sichern und familiäre Traditionen fortzusetzen.[12] Aber auch Konzerne wie die GHH, Krupp oder Thyssen sahen sich mit diesem Problem konfrontiert, das für eine gewisse Zeit lang eine marktadäquate Entscheidungsfindung erschwerte oder gar verhinderte und damit die Wettbewerbsposition beeinträchtigte. Als Lösung, die Auseinandersetzung zu entschärfen, blieb vielfach nur die Installation von familienfremdem Führungspersonal oder die Umwandlung in eine Aktiengesellschaft.[13]

Ein solches Szenario blieb Windhoff erspart. Im Gegenteil: Zwei seiner Söhne, Fritz und Hans, erwiesen sich als hervorragende Ingenieure und tatkräftige Unternehmer. 1907 gründeten sie die Motoren- und Fahrzeugtechnik Gebrüder Windhoff GmbH, die zunächst Zubehörteile für die aufstrebende Automobilindustrie, kurze Zeit schon komplette Autos fertigte. Ein Alleinstellungsmerkmal für einen solchen Schritt konnten die Windhoffs im deutschen Maschinenbau jedoch nicht für sich beanspruchen. Auch andere Unternehmer aus dieser Branche versuchten, dem ersten „Motorisierungsboom" vor Ausbruch des Ersten Weltkriegs zu partizipieren und ihre von ihnen entworfenen Modelle auf den Markt zu bringen. Zumeist in handwerklicher Produktion gefertigt, ließen sich ich diese zunächst noch ganz gut absetzen, doch zeigte sich die Branche gerade nach dem Ende des Ersten Weltkriegs der Konkurrenz aus den USA und Großbritannien immer weniger gewachsen und geriet in eine schwere Krise.[14]

Auch die beiden Brüder Windhoff konnten ihre Automobilproduktion nicht allzu lange gemeinsam aufrechterhalten. Ob die Spannungen zwischen ihnen aufgrund einer divergierenden Einschätzung der Marktlage zunahmen oder ob sie sich generell nicht auf eine zukunftsorientierte unternehmerische Strategie für ihre Betriebe verständigen konnten, lässt sich heute nicht mehr klären. Die gemeinsame Leitung ihres Unternehmens gaben sie jedenfalls auf und wandelten dieses in eine Aktiengesellschaft um. Hans Windhoff schied aus deren Leitung aus, übersiedelte nach Berlin und gründete dort vor Ausbruch des Ersten Weltkriegs eine eigene Firma, die Hans Windhoff Apparate- und Maschinenfabrik AG, die zunächst Kühler und andere Betriebstechnik für den Automobilbau, später auch für die Flugzeugindustrie herstellte, zudem mit der Fertigung von Autos und Motorrädern begann. Offenbar ließen sich diese Modelle gut absetzen, konnte doch die von Hans Windhoff geleitete Maschinenfabrik trotz Krieg und nachfolgender, inflationsbedingter Wirtschaftskrise ihre Produktion kontinuierlich ausbauen. Allerdings muss offenbleiben, ob sie nicht auch von der 1921 einsetzenden und durch den zunehmenden Währungsverfall verursachten Scheinkonjunktur profitierte. Möglich ist, dass sich auch Hans Windhoff wie viele andere Unternehmer dieser Zeit von der stetig wachsenden und durch die permanente „Geldflüssigkeit" evozierten Nachfrage nach Waren und Erzeugnissen blenden ließ, im „Strudel der Nullen" seine sichere Kalkulationsgrundlage verlor und sich zu einer Unternehmensexpansion verleiten ließ, die sich nach dem Ende des Währungsverfalls und der nachfolgenden Stabilisierungskrise als Ballast erwies.[15] Während der sogenannten „Weimarer Konjunktur" von 1926 bis 1929 konnte das Unternehmen noch eine zufriedenstellende Rentabilität erzielen, doch nach dem Ausbruch der Weltwirtschaftskrise im Herbst 1929 verschlechterte sich die Ertragslage deutlich. 1931, als die Krise infolge des Kollaps des deutschen Finanzmarkts eskalierte, wurden auch der Maschinenfabrik Windhoff keine weiteren Kredite von den Banken mehr zur Verfügung gestellt, so dass sie im Herbst 1931 ihre Produktion einstellen musste. Damit ereilte die Firma das gleiche Schicksal wie eine Vielzahl anderer mittelständischer Unternehmen in Deutschland. Der Firmengründer Hans Windhoff erlebte dieses Ereignis selber nicht mehr mit, er war bereits im Januar 1931 an den Folgen einer Sepsis gestorben. Die Leitung übernahm nun sein Sohn Hermann Windhoff.[16]

Infolge der nach der sogenannten „Machtergreifung" der Nationalsozialisten wieder anziehenden Konjunktur konnte sich die Hans Windhoff Maschinen- und Apparatefabrik jedoch konsolidieren, ab Mitte der 1930er Jahre sogar expandieren. Ob und inwieweit für diese Entwicklung auch Rüstungsaufträge verantwortlich waren, ist nicht genau belegt, ist aber zu vermuten, da die Firma nach wie vor zu den Marktführern bei der Produktion von Kühlern für die Luftfahrtindustrie zählte. Von Hitlers Erlass zur Intensivierung der Rüstungsproduktion im Sommer 1936 profitierte gerade diese Branche außerordentlich, da im Rahmen des nun in Gang gesetzten Vierjahres-Plans gerade die Luftrüstung deutlich ausgebaut werden sollte.[17] Fest steht dagegen, dass mit Kriegsbeginn die Windhoff-Firma einen rasant wachsenden Auftragseingang seitens der für die Rüstungsproduktion in Berlin zuständigen Ministerien und Behörden verbuchen konnte. Zum einen war es der erklärte Wille der Machthaber, die Luftwaffe weiter deutlich zu stärken und neue Maschinen in großer Zahl in Auftrag zu geben, zum anderen nahmen die Reparaturarbeiten für beschädigte Flugzeuge erheblich zu. Die enorm ansteigende

Flut an Aufträgen ließ sich auch bei Windhoff in Berlin nur bewältigen, indem zunehmend Fremd- und Zwangsarbeiter eingesetzt wurden. Ihre genaue Höhe ist nicht bekannt, ebenso wenig ihre wahrscheinlich schlechten und beklagenswerten Arbeits- und Lebensbedingungen.[18]

Das Ende des Zweiten Weltkriegs bedeutete auch das Ende der Windhoff'schen Maschinenfabrik. Als kriegswichtiger Betrieb stand sie – wie viele andere – auf der Liste der Unternehmen, die sich schnell einer massiven Demontage ausgesetzt sahen. Zudem lag sie in der sowjetischen Besatzungszone, so dass die russische Besatzungsmacht schnell und massiv die Chance nutzte, alle Maschinen für die Fertigung von Kühlern und anderen technischen Geräten abzubauen und in die Sowjetunion zu transportieren.[19] Das Ende der alten Maschinenfabrik Windhoff war damit besiegelt, an eine Wiederaufnahme der Produktion war nicht mehr zu denken. Zudem war zu erwarten, dass durch die neuen politischen und wirtschaftlichen Verhältnisse in der Sowjetzone privater Besitz an Produktionsmitteln, sprich an Firmen und Industriebetrieben, gänzlich untersagt würde. Der Zusammenbruch des NS-Regimes und die nachfolgende Demontage in der Maschinenfabrik bedeuteten definitiv, dass sich die Unternehmerfamilie Windhoff mit einer einschneidenden Zäsur in ihrer Geschichte konfrontiert sah.[20]

3. Wiederaufbau und „Wirtschaftswunder"

Nicht nur die von Hans Windhoff in Berlin gegründete Firma lag nach Kriegsende am Boden, sondern auch das Kernunternehmen der Familie, die Windhoff AG im westfälischen Rheine. Während des NS-Regimes hatte diese Gesellschaft ebenfalls vom „Rüstungsboom" profitieren können. Ihre Betriebsanlagen waren jedoch in den letzten Kriegsmonaten durch viele Bombentreffer erheblich beschädigt oder gar zerstört worden. Nach Kriegsende stand der in seine westfälische Heimat zurück gekehrte Hermann Windhoff vor der immensen Herausforderung, die zerstörten Anlagen wieder herrichten zu müssen. Als ebenso schwierig erwies sich die Aufgabe, die Besitz- und Vermögensverhältnisse neu zu ordnen, zudem eine Unternehmensstrategie zu implementieren, die für die Zukunft eine ordentliche Ertragslage und vielleicht sogar ausreichende Gewinne versprach. Mit dieser Aufgabe war Hermann Windhoff keineswegs allein. Im Gegenteil: Nach Kriegsende stand eine Vielzahl von Unternehmen, gerade aus dem Mittelstand, vor dem Problem, ihr Unternehmen wieder aufbauen und den neuen, zunächst noch eher diffusen Marktverhältnissen anpassen zu müssen.[21] Sie alle profitierten ebenso wie Hermann Windhoff von der Währungsreform im Sommer 1948, der Wiederherstellung stabiler Währungs- und Wirtschaftsverhältnisse, vor allem von der immensen Nachfrage nach Waren in den Jahren des Wiederaufbaus.[22]

Die Windhoff AG konzentrierte sich bald wieder auf ihr Kerngeschäft, die Fertigung von Anlagen zur Reparatur von Eisenbahnen, etwa Drehscheiben, Aufzüge, Kräne und Fahrzeuge zur Reparatur von Gleisen und Fahrdrähten. Da das komplette Eisenbahnnetz in Deutschland durch die Kriegsfolgen beschädigt bzw. zerstört worden war, herrschte hier ein enormer Investitions- und Modernisierungsstau. Seit Beginn der 1950er-Jahre konnte die Windhoff AG auf volle Auftragsbücher blicken. Das Unternehmen expandierte auch mit Hilfe von umfangreichen Bankkrediten beständig, modernisierte und erweiterte seine eigenen Betriebsanlagen und entwickelte sich zu einem der Marktführer für Eisenbahntechnik in ganz Europa.[23] Damit folgte es einem Entwicklungsmuster, das sich auch für viele andere Firmen und andere Branchen der deutschen Wirtschaft beobachten lässt. Angestoßen durch die immense Nachfrage nach Kriegsende und eine dadurch evozierte gute Ertragslage wurden neue Produkte und neue Verfahrenstechniken entwickelt, das Unternehmen also derart modernisiert, dass es für den internationalen Wettbewerb gut aufgestellt war und sogar zum Marktführer avancierte. Nicht nur im Maschinen- und Fahrzeugbau, sondern auch in der chemischen und pharmazeutischen Industrie oder in der Elektrotechnik lässt sich eine solche Entwicklung feststellen. Im Ergebnis ließ sich dadurch in der deutschen Wirtschaft eine bis dahin nicht gekannte Wachstumsdynamik erreichen, die von den Zeitgenossen mit dem Attribut „Wirtschaftswunder“ charakterisiert wurde.[24]

Begleitet wurde diese Entwicklung von einem zunächst langsamen, gegen Ende der 1950er-Jahre an Intensität gewinnenden Strukturwandel. Zum einen verloren die sogenannten „alten Industrien“, wie der Bergbau oder die Eisen- und Stahlproduktion, an Bedeutung, zum anderen wurden die „neuen“, vielfach „science based“ Industrien zum eigentlichen Schrittmacher des wirtschaftlichen Wachstums, etwa die chemische und die elektrotechnische Industrie sowie der

Maschinen- und Anlagenbau. Wollten Unternehmen aus diesen Branchen langfristig im Wettbewerb erfolgreich sein, so benötigten sie ein hoch qualifiziertes und mit den Usancen auf den internationalen Märkten vertrautes Führungspersonal, zudem eine gut ausgebildete Stammbelegschaft. Diese zu rekrutieren und zu behalten erwies sich Ende der 1950er und zu Beginn der 1960er-Jahre oft als nicht einfach. Die Arbeitslosigkeit in Deutschland war zu dieser Zeit niedrig, Fachpersonal wurde überall gesucht. Unternehmen, deren Firmensitz und Produktionsstätten nicht in einem der „industriellen Kernregionen" lagen, standen vielfach vor dem Problem, langfristig eine gut geschulte Stammbelegschaft an sich zu binden. Andererseits war klar, dass weitere Expansionsschritte in den „neuen Industrien" nur mit einer solchen Belegschaft möglich waren.[25]

Mit diesem Problem sah sich auch die Windhoff AG in Rheine konfrontiert. Trotz guter Ertragslage und voller Auftragsbücher war zu dieser Zeit keineswegs sicher, wie schnell sie expandieren und sich im Wettbewerb behaupten konnte. Zudem zeichnete sich für sie bereits eine weitere Facette des industriellen Strukturwandels ab: der an Intensität gewinnende Übergang vom Eigentümer- zum Managerkapitalismus. Die Zeit der „Firmenpatriarchen" und „Konzernherren", die zusammen mit ihren Familienmitgliedern ihr Unternehmen aufgebaut und seit den Anfängen teilweise selbstherrlich geleitet hatten, neigte sich immer mehr dem Ende entgegen. An ihre Stelle traten zunehmend mit einem Hochschulstudium versehene und international versierte Manager, während spezielle Forschungsabteilungen die Arbeit der Tüftler und wagemutigen Konstrukteure übernahmen, die mit ihren Ideen, Erfindungen und Patenten in der Regel die Grundlage für die langfristig positive Entwicklung ihres Unternehmens gelegt hatten. Diese Entwicklung hatte natürlich unmittelbare Folgen für die Organisationsstruktur von Unternehmen. Zum einen fand eine Verschiebung in der Eigentümerstruktur statt, weg von den ursprünglichen Besitzern und Großaktionären hin zu neuen Investoren und Gruppen von Aktionären, zum anderen war vielfach eine organisatorische Neuausrichtung einer Firma mit verschiedenen Abteilungen notwendig. Entscheidungen wurden nicht mehr direkt und zeitnah durch den „Patriarchen" getroffen, sondern nach einem ausdifferenzierten Entscheidungsfindungsprozess durch angestellte Manager. In welchem Ausmaß und in welchem Tempo gerade mittelständische Firmen diesen Strukturwandel vollzogen, ob sie sich ihm eher verweigerten und an traditionellen Führungsstrukturen festhielten, ist bis heute in der unternehmenshistorischen Forschung umstritten.[26]

Diesen Wandlungsprozessen musste sich auch die Windhoff AG stellen. Als Bernd Windhoff nach dem Abitur und einem Auslandsaufenthalt in den USA im Sommer 1961 sein Studium der Volks- und Betriebswirtschaftslehre an der Freien Universität Berlin aufnahm, war klar, dass für die Leitung eines Unternehmens in der Sparte Maschinen- und Anlagenbau eine profunde akademische Ausbildung notwendig war. Sicherlich wäre dazu auch ein Studium der Ingenieurswissenschaften von Vorteil gewesen, doch sich mit den verschiedenen Ansätzen zur Unternehmensführung und zur unternehmensstrategischen Entscheidungsfindung vertraut zu machen, schien ebenfalls unerlässlich zu sein. Mit Aufnahme seines Studiums war absehbar, dass Bernd Windhoff ebenfalls zu einer neuen Generation von Unternehmern und Firmenleitern gehören würde, die sich in ihrem Ausbildungs- und Anforderungsprofil naturgemäß von der seines Großvaters und Vaters unterschied.[27]

Mehr noch: Bernd Windhoff durchlief eine zehnjährige universitäre Karriere, mit einem Studium an zwei verschiedenen deutschen Universitäten, einem Auslandsaufenthalt und schließlich der Anfertigung einer Dissertation im Fach Wirtschaftswissenschaften. Ein solcher Werdegang war eher typisch für angehende Wissenschaftler, für Unternehmer der Zwischenkriegszeit und selbst der Jahre im „Wirtschaftswunder“ war sie atypisch bis undenkbar. Bei der Mehrzahl der familiengeführten Unternehmen war es vielmehr Usus, dass ein Familienmitglied möglichst schnell in die Unternehmensleitung aufrückte, sofern er eine dafür geeignete Qualifikation mitbrachte und die Erbfolge geregelt war.[28] In vielen Fällen drängten die Kinder der „Firmenpatriarchen“ selbst darauf, endlich an der Entscheidungsfindung in einem Unternehmen beteiligt zu werden und Verantwortung zu übernehmen. Weigerte sich der „Patriarch“, einem solchen Wunsch nachzukommen, konnte dieses zu schweren Zerwürfnissen zwischen ihm und seinen Kindern führen.[29] Eine lange Verweildauer an einer Universität galt dagegen als kontraproduktiv, um Erfahrungen in der Unternehmensführung zu sammeln. Stattdessen hielt man Praktika bei ausländischen Unternehmen für ein geeignetes Mittel, sich möglichst schnell und gezielt auf einen Führungsposten in der elterlichen Firma vorzubereiten.[30]

Bernd Windhoff konnte sich einen längeren Ausflug in die Welt der Wissenschaft erlauben, weil sein Vater ihn darin zum einen unterstützte und eine profunde akademische Bildung für seinen späteren Berufsweg für notwendig hielt, zum anderen bis zu Beginn der 1970er-Jahre die Entwicklung der Windhoff AG selbst entscheidend prägte und die unternehmensstrategische Ausrichtung bestimmte. Wie es scheint, wollte er seinen Sohn nicht zu schnell an seiner Seite wissen und unternehmerische Verantwortung an ihn abtreten. Die Windhoff AG hatte die erste kleinere konjunkturelle Krise nach Ende des Wirtschaftswunders in den Jahren 1965 und 1966 gut meistern können und war im Wettbewerb weiter gut aufgestellt, so dass keine Notwendigkeit für einen Strategiewechsel mit neuem Führungspersonal bestand. Daher überrascht es nicht, dass Bernd Windhoff nach seiner Rückkehr nach Rheine nicht sofort in den Vorstand der Windhoff AG berufen wurde, sondern sich seine ersten Meriten in einer der Tochtergesellschaften, einem Betrieb für den Kühlerbau in benachbarten Neuenkirchen, verdienen musste. Hier konnte er nicht nur praktische Erfahrungen sammeln, sondern auch seine akademische Expertise in die Betriebsführung einbringen und dafür sorgen, dass Betriebsabläufe optimiert und „verwissenschaftlicht" wurden.[31]

Schließlich war dieser Einstieg in die elterliche Firma auch aus einem anderen Grund von Vorteil: Seit Beginn der 1970er-Jahre zeichnete sich immer mehr ab, dass die wirtschaftliche Entwicklung in der Bundesrepublik an Dynamik verlor. Spätestens mit Ausbruch der „Ölkrise" im Herbst 1973 wurde offenkundig, dass die Zeit hoher Wachstumsraten und des „Wirtschaftswunders" definitiv vorüber war.[32] Für die meisten Unternehmen in Deutschland bedeutete dies eine erhebliche Veränderung der bisherigen Wettbewerbsbedingungen, zudem massive Herausforderungen für die strategische Ausrichtung in der Zukunft. Auch die Windhoff AG sah sich damit konfrontiert, ihr Führungspersonal musste sich ebenfalls den neuen Herausforderungen stellen. Jetzt unternehmerische Verantwortung zu übernehmen, war keine leichte Aufgabe. Nicht sofort im Zentrum der Entscheidungsfindung zu stehen und zunächst Erfahrungen im Unternehmen, in der Branche und auf den Märkten zu sammeln, war sicherlich die richtige Maßnahme, sich auf die kommenden Aufgaben vorzubereiten.

4. Vor neuen Herausforderungen

Der seit Beginn der 1950er-Jahre andauernde wirtschaftliche Aufschwung in der Bundesrepublik war im Herbst 1973 endgültig beendet. Deutschland sah sich mit einer schnell an Intensität zunehmenden Wirtschaftskrise konfrontiert. Diese war zum einen die Folge einer deutlich nachlassenden Wachstumsdynamik, zum anderen das Resultat des im Oktober 1973 ausgebrochenen Nahostkrieges, des Yom-Kippur-Kriegs. Als Reaktion auf die Unterstützung Israels durch die westlichen Industrienationen beschlossen die arabischen ölexportierenden Länder, ihre Erdölförderung drastisch zu senken. Sofort offenbarte sich die Abhängigkeit der westlichen Welt von Rohstoffimporten. Die Preise für Erdöl explodierten, in vielen Industrienationen kam es zu Versorgungsengpässen bei Benzin und Heizöl. Ihre Regierungen versuchten durch verschiedene Maßnahmen, entgegenzusteuern und Erdöl als wichtigsten Energieträger und Brennstoff einzusparen. Die Reglementierungen und Einschränkungen reichten dabei von Autofahrverboten an Sonntagen bis zur Schließung öffentlicher Einrichtungen. Auch der bundesdeutschen Bevölkerung wurde schmerzhaft bewusst, wie sehr die wirtschaftliche Leistungsfähigkeit des Landes durch die Verfügbarkeit über das ‚schwarze Gold' determiniert war. Der bis dahin weit verbreitete Glaube an die Beherrschbarkeit von Konjunkturschwankungen geriet ebenfalls ins Wanken. Der kurze Traum von immerwährender Prosperität, so wie er seit Mitte der 1960er-Jahre von einigen neokeynesianischen Vertretern der Wirtschaftspolitik propagiert worden war, schien endgültig ausgeträumt.[33] Als Reaktion auf die Engpässe beim Erdöl kam es in fast allen Industrieländern zu einer Rezession. Auch die Bundesrepublik Deutschland war von dieser Entwicklung betroffen. Von 1973 bis 1979 stagnierte das Bruttoinlandsprodukt, während die Arbeitslosigkeit zunahm.[34]

Zwar versuchte die Bundesregierung unter Bundeskanzler Helmut Schmidt, durch konjunkturpolitische Maßnahmen wie Subventionen oder Steuerreformen die Wirtschaft wieder anzukurbeln, doch trat der Erfolg nicht in dem gewünschten Maße ein. Die Arbeitslosigkeit blieb hoch und die Wachstumsraten fielen bis zum Beginn der 1980er-Jahre eher gering aus. Zudem prägten scharfe energiepolitische Auseinandersetzungen das Bild jener Jahre. Zum ersten Mal geriet auch die Ökologie in den Blickpunkt der Politik und einer für diese Fragen inzwischen sensibilisierten Öffentlichkeit. Angesichts fortbestehender Fehlentwicklungen auf dem Arbeitsmarkt, einer steigenden Staatsverschuldung und einer nachlassenden Wachstumsdynamik ließ sich nicht mehr verkennen, dass die westdeutsche Massenkonsumgesellschaft mit ihrer vom damaligen Wirtschaftsminister Ludwig Erhard Anfang der 1950er-Jahre herausgegebenen Parole „Wohlstand für alle“ Mitte der 1970er-Jahre in eine Krise geraten war.[35] Das Ende des über 20 Jahre dauernden ‚Nachkriegsbooms‘ war offenkundig geworden, die Wachstumseuphorie der Erkenntnis gewichen, dass die harte wirtschaftliche Realität die Entscheidungsträger sowohl in der Politik als auch in der Industrie und der Kreditwirtschaft vor neue und nur schwer zu bewältigende Herausforderungen stellte. Zusammen mit innenpolitischen Problemen wie dem Terrorismus rief dies in weiten Teilen der bundesdeutschen Bevölkerung Mitte der 1970er-Jahre eine tiefe Verunsicherung hervor.[36] Gegen Ende des Jahrzehnts nahm diese weiter zu, als im Jahr 1978 erste Annäherungen der beiden Supermächte USA und UdSSR mit dem Einmarsch sowjetischer Truppen in Afghanistan ein plötzliches Ende fanden. Der atomare Rüstungswettlauf zwischen den damaligen „Warschauer Pakt“-Staaten und der NATO verschärfte sich erheblich. Beide Seiten forcierten ihre Rüstungsanstrengungen, während Maßnahmen zur Konjunkturbelebung verringert wurden.[37]

Angesichts des schwierigen Umfelds überrascht es nicht, dass sich die wirtschaftlichen Probleme auch in der Bundesrepublik nicht wie erhofft lösen ließen. Die Binnennachfrage war nicht stark genug, um die Unternehmen zu mehr Investitionen zu veranlassen. Versuche der Regierung, durch Konjunkturprogramme die lahmende Wirtschaft zu beleben, blieben ohne greifbare Ergebnisse. Dagegen stiegen die jährlichen Ausgaben der öffentlichen Hand zwischen 1971 und 1981 von 390 Milliarden D-Mark auf 768 Milliarden DM, während sich die öffentliche Verschuldung im selben Zeitraum von 171 Milliarden DM auf 546 Milliarden DM erhöhte. Die Hoffnung, dass die Mehrausgaben keine inflationären Effekte verursachen würden, erwies sich als trügerisch. Zwar sank die Inflationsrate von 7,1 Prozent (1973) bis auf 2,7 Prozent (1978), doch war dies nur ein kurzes Intermezzo. Der erneute Anstieg der Teuerung bis auf 5,9 Prozent (1981) ließ nicht nur die Sorgen unter den Ökonomen um die Geldwertstabilität wachsen, sondern rief in weiten Teilen der Bevölkerung Kritik an der Politik der Bundesregierung hervor.[38]

In diesem schwierigen geschäftspolitischen Umfeld und unter diesen problematischen Rahmenbedingungen wurde Bernd Windhoff im Sommer 1975 in den Vorstand der Muttergesellschaft in Rheine gewählt. Hier galt es nun, unternehmerische Verantwortung zu übernehmen, zunächst an der Seite seines Vaters. Dieser schied allerdings 1980 aus dem operativen Geschäft und dem Vorstand aus und wechselte in den Aufsichtsrat, so dass Bernd Windhoff von diesem Zeitpunkt an mehr oder weniger alleine dafür sorgen musste, dass sein Unternehmen wettbewerbs- und zukunftsfähig blieb. Bereits 1975 begann er damit, dessen Organisationsstruktur zu optimieren. So wurden einige kleinere Abteilungen für die interne Verwaltung aufgelöst und der gesamte kaufmännische Bereich gestrafft. Auf der anderen Seite wurden neue Techniker eingestellt und „Innovationszirkel“ ins Leben gerufen, deren Aufgabe es sein sollte, neue Produkte zu entwickeln und zur Marktreife zu bringen. Bernd Windhoff hatte erkannt, dass sein Unternehmen seine Produktpalette diversifizieren musste, wollte es auch in Zukunft am Markt bestehen. So drängte er darauf, neben den „traditionellen“ Sparten Gleisbautechnik und Fördertechnik die neuen Sparten Flughafentechnik, Klärtechnik und Baumaschinen in der Firma zu implementieren. Diese Maßnahmen erwiesen sich zunächst als kostspielig, doch auf längere Sicht entpuppten sie sich genau als die richtige Strategie, mit der sich die Windhoff AG unter den schwierigen Bedingungen im Wettbewerb behaupten konnte. Der Umbau des Unternehmens ließ sich allerdings nicht gänzlich ohne „Störgeräusche“ vollziehen. Entlassungen von verdienten Mitarbeitern ließen sich nicht vermeiden, ein Schritt, der in erster Linie Bernd Windhoff angelastet wurde. Im Ergebnis waren die in Gang gesetzten Maßnahmen zur Diversifizierung der Produktpalette der richtige Schritt, um das Unternehmen krisenresistenter zu machen. Die Windhoff AG war nun nicht mehr wie zuvor von wenigen Großkunden, vor allem der Bahn, abhängig, sondern konnte ihre Kundenstruktur erweitern. Auf dieser Grundlage konnte sie die konjunkturell schwierige Zeit vom Beginn der Ölkrise bis in die Jahre nach der politischen „Wende“ und dem Anfang der Kanzlerschaft Helmut Kohls relativ gut überstehen. Im Vergleich mit der großen Zahl von mittelständischen Unternehmen, aber auch von traditionsreichen Konzernen, die in dieser Zeit ihre Geschäftstätigkeit aufgeben mussten, war dies sicherlich ein Erfolg.[39]

Als zeitweilig schwieriger für die Wettbewerbsfähigkeit und die Marktpräsenz erwiesen sich dagegen Verschiebungen in der Eigentümerstruktur und in den Besitzverhältnissen, mit denen sich die Windhoff AG konfrontiert sah. Zwei maßgebliche Anteilseigner aus dem

Kreis der Familie wollten 1979 ihre Anteile veräußern, da sie wohl unzufrieden mit der Dividendenausschüttung und der Rendite waren. Insgesamt 55 % des Gesellschaftskapitals standen zum Verkauf. Bernd Windhoff sah sich veranlasst, seinen eigenen Bestand an Aktien der Windhoff AG zu erhöhen, zudem musste er neue strategische Partner für seine Firme suchen, wollte er nicht Gefahr laufen, dass deren Kapitalmehrheit in die Hände völlig fremder Investoren geriet. Eine umfassende Maßnahme zur Kapitalbeschaffung, um die verkaufswilligen Anteilseigner auszahlen zu können, stand in dieser Zeit angesichts schwieriger Verhältnisse auf den Kapitalmärkten sowie einer restriktiven Haltung der Banken nicht zur Debatte.[40]

Nach längeren Verhandlungen fand man einen neuen Partner in der Hauhinco, einem Unternehmen für Fördertechnik in Sprockhövel in der Nähe Wuppertals. Angesichts einer guten Ertragslage und hoher Rückstellungen wollte die Firma expandieren und ihr Geld in den Erwerb von Anteilen anderer Gesellschafter investieren. Der Vertragsabschluss mit der Hauhinco sah vor, dass diese 50 % des Kapitals der Windhoff AG übernahm, die restlichen 5 % aus dem Besitz der ehemaligen Anteilseigner befanden sich inzwischen in den Händen Bernd Windhoffs. Mit diesem Schritt entsandte die Hauhinco auch ihre Direktoren in den Vorstand und den Aufsichtsrat der Windhoff AG, die nun darauf achten musste, ihre Unternehmensstrategie und ihre Geschäftspolitik mit den Wünschen ihres neuen Anteilseigners auszutarieren. Zu Beginn der 1980er-Jahre gelang dies wohl relativ problemlos. Allerdings ließ sich nicht übersehen, dass die Windhoff AG ihren Charakter als rein familiengeführtes Unternehmen damit verloren hatte. Sie teilte damit das Schicksal vieler anderer mittelständischer Firmen, die sich gerade in den Jahren der schlechten Konjunktur mit einer unzureichenden Eigenkapitalbasis und erheblichen Finanzproblemen konfrontiert sahen und neue Investoren und Anteilseigner suchen mussten.[41]

Für die Windhoff AG schufen die ergriffenen Maßnahmen zur Diversifizierung der Produktpalette, zum Aufbau neuer Sparten sowie die Beteiligung eines finanzstarken Investors die Basis für eine deutliche Konsolidierung des Geschäfts. Nach Überwindung der konjunkturellen Krise verbesserte sich die Lage des Unternehmens während der 1980er-Jahre beständig, es wurden neue Mitarbeiter eingestellt, zudem stiegen die Rendite und die Rückstellungen. Zum Zeitpunkt der Wiedervereinigung der beiden deutschen Staaten schaute man in Rheine optimistisch in die Zukunft, zumal durch den Wegfall des „eisernen Vorhangs“ neue Märkte und neue Absatzchancen im östlichen Europa winkten. Wie es schien, hatte die Windhoff AG ihre Herausforderungen gemeistert und war für den zukünftigen Wettbewerb gut aufgestellt.[42]

5. Unter neuen Bedingungen

Der Mauerfall im November 1989 und die Wiedervereinigung ein knappes Jahr später schufen für die gesamte deutsche Wirtschaft nicht nur neue Wettbewerbsbedingungen, sondern evozierten einen „Vereinigungsboom“, der durch die große Euphorie in allen Teilen der Gesellschaft gestützt wurde. Für die neuen Bundesländer prognostizierten viele „blühende Landschaften“, in Industrie und Handel sah man hier neue Märkte und Absatzchancen.[43] Erst nach einer gewissen Zeit wurde offenkundig, dass die Wiedervereinigung Probleme hervorrief und enorme Kosten verursachte. Die „blühenden Landschaften“ waren keineswegs so schnell zu erreichen, stattdessen durchlief gerade die Wirtschaft der ehemaligen DDR einen schmerzhaften Anpassung- und Schrumpfungsprozess. Vier Jahre nach der Wiedervereinigung ebbte der Boom merklich ab und mündete schließlich in eine Rezession für die gesamte deutsche Wirtschaft.[44] Zusätzlichen Nährstoff erhielt der Boom auch von der Liberalisierung bzw. der Internationalisierung der Finanzmärkte. Angestoßen durch die Entwicklung vor allem in den USA und Großbritannien sollte die Kapitalmobilisierung für Industrie, Handel und Dienstleistungsbetriebe auch in Deutschland vereinfacht werden, wovon auch mittelständische Firmen profitieren sollten, die sich zuvor vielfach mit Problemen konfrontiert sahen, sich die erforderlichen Betriebsmittel zu beschaffen.[45]

Auch die Windhoff AG wollte diese neue Konstellation ausnutzen, indem sie einen Teil ihres Aktienkapitals an der Börse platzieren und dadurch ihre Kapitalbasis verbreitern wollte. Angesichts der guten Geschäftsentwicklung in den letzten Jahren und der erfolgreichen Neustrukturierung des Unternehmens hielt Bernd Windhoff einen solchen Schritt für gerechtfertigt. Gleichzeitig hoffte er darauf, so genügend Kapital für eine etwaige weitere Unternehmensexpansion generieren zu können. Zudem folgte er dem Beispiel einer Reihe von mittelständischer Unternehmen, die in diesen Jahren in eine Aktiengesellschaft umgewandelt wurden und einen Teil ihrer Anteilsscheine an die Börse brachten, was sich angesichts einer robusten Aufwärtsentwicklung an den Finanzmärkten nach der „Wende“ als vergleichsweise problemlos erwies. Daher ließ Bernd Windhoff ein kleines Konsortium an Banken zusammenstellen, um den Börsengang vorzubereiten.[46]

Die Verhandlungen verliefen jedoch zäh und zogen sich hin. Erst die Einschaltung des Düsseldorfer Privatbankhauses Trinkaus & Burkhardt brachte den Durchbruch, da dieses eher bereit war, auf die Preisvorstellungen der Windhoff AG bei der Festsetzung des Emissionskurses einzugehen.[47] Am 13. Oktober 1993 erfolgte schließlich die Börseneinführung der Windhoff-Aktien, was dem Unternehmen immerhin zwanzig Millionen DM in die Kassen spülte. Die Zukunft musste zeigen, ob und wie sehr dieser Schritt den bisherigen Charakter der Windhoff AG als familiengeführtes Unternehmen und ihre „corporate governance“ veränderten. Zunächst schlug sie einen forcierten Expansionskurs ein, indem sie mehrere Firmen mit einer ähnlichen Produktpalette und ähnlicher Organisationsstruktur aufkaufte, die sich jedoch zu einem Teil in finanziellen Schwierigkeiten befanden bzw. sogar Sanierungsfälle waren. Ob man hier immer mit der notwendigen Sorgfalt vorgegangen ist oder sich von einer vermeintlichen Expertise der Banken täuschen ließ, die zu einem Zukauf rieten, lässt sich nur schwer beantworten. In der Rückschau musste Bernd Windhoff einräumen, dass die eine oder andere Akquisition der Windhoff AG viel Geld gekostet habe und sich als Fehlschlag erwies. Während des „Vereinigungsbooms“ und der dadurch bedingten Hausse an den Finanzmärkten wurde der Kurs der Windhoff-Aktie dadurch zunächst nicht belastet. Im Gegenteil, das Papier stieg bis auf einen Kurs von 500 DM. Diese Entwicklung veranlasste Bernd Windhoff wohl dazu, einen weiteren Teil seiner Aktien an Trinkaus & Burkhardt zu veräußern, um den Kursgewinn zu realisieren, während das Düsseldorfer Bankhaus die Anteilsscheine erneut an der Börse platzierte. Immer mehr zeichnete sich ab, dass sich die langjährigen Besitzverhältnisse bei der Windhoff AG mit Familienmitgliedern als maßgeblichen Aktionären ändern würden, da neue Investoren und firmenfremde Anteilseigner zunehmend Kapital des Unternehmens erwarben.[48]

Großaktionär mit einem Anteil von 40 % des Kapitals blieb die Hauhinco, deren Repräsentanten immer mehr Einfluss auf die Unternehmenspolitik gewannen. Zudem musste Bernd Windhoff als Vorstandsvorsitzender auch angesichts der seit Mitte der 1990er-Jahre schwieriger werdenden Wettbewerbsbedingungen die Erfahrung machen, dass der Arbeits- und Zeitaufwand in einer Aktiengesellschaft mit derartigen Besitzverhältnissen deutlich zunahm. Analysten der Banken drängten immer häufiger darauf, umfassende Exposés zur Unternehmensentwicklung zu erstellen, auch die Finanzpresse verlangte Details über den Geschäftsgang, um bisherige und zukünftige Anteilseigner möglichst genau zu informieren. Auch bei der Windhoff AG musste man erkennen, dass sich die „corporate governance“ und der Führungsstil geändert hatten, dass die Zeit eines rein familiengeführten mittelständischen Unternehmens im beschaulichen Rheine, so wie sie Hermann Windhoff erlebt hatte, definitiv vorüber war, eine Erfahrung, die Entscheidungsträger in mittelständischen Unternehmen vielfach teilten, die nun an der Börse notierten. Vielleicht waren es diese Umstände, die Bernd Windhoff 1997 bewogen, aus dem Vorstand seines Unternehmens auszuscheiden und in den Aufsichtsrat zu wechseln.[49] Dieser Plan scheiterte jedoch am Veto der Vertreter der maßgeblichen Anteilseigner im Aufsichtsrat, vor allem der Hauhinco. Windhoff musste den Vorstand verlassen, ohne einen anderen Posten in einem Entscheidungs- und Aufsichtsgremium zu erhalten. Der Einfluss der Familie Windhoff in ihrem Unternehmen schwand darauf hin erheblich. Aus dem ehemaligen und auf den Märkten erfolgreichen Familienunternehmen war nun eine börsennotierte Aktiengesellschaft mit familienfremden Manager geworden, die sich den schwierigen Wettbewerbsbedingungen ebenso wenig gewachsen zeigten wie sie in der ab Ende der 1990er-Jahre herein brechenden Konjunktur- und Finanzkrise gegensteuern konnten. Schon bald wurde offenkundig, dass der Übergang vom Eigentümer- zum Managerkapitalismus bei der Windhoff AG gescheitert war. Ein Alleinstellungsmerkmal für das Unternehmen war und ist dies keineswegs. Knapp zwanzig Jahre nach dem Ausbruch der Börsenkrise und dem Zusammenbruch des ehemaligen „Neuen Markts“ sind viele Namen von ehemals mittelständischen Firmen, die in der zweiten Hälfte der 1990er-Jahre und zur Jahrtausendwende an die Börse gebracht wurden, längst in Vergessenheit geraten, da sie ihre Geschäftstätigkeit mittlerweile beenden mussten. Die Windhoff AG besteht dagegen noch weiter, wenn auch mit anderen Besitzverhältnissen, anderer Organisationsstruktur und unter problematischen Geschäftsbedingungen.[50]

Nach Windhoffs Ausscheiden aus dem Vorstand musste das neugebildete Gremium akzeptieren, dass einige Großaufträge, vor allem der

Deutschen Bahn AG, platzten, zudem drangen zunehmend Gerüchte über eine Verschlechterung der Ertragslage nach außen. Als Folge fuhren die Banken Kreditlinien zurück, der Kurs der Aktien sank beständig. Vor diesem Hintergrund war es sicherlich die richtige Entscheidung, dass Bernd Windhoff bereits 1998 seinen letzten Bestand an Aktien verkauft hatte. 2001 musste die Windhoff AG schließlich Insolvenz anmelden. Ein neuer Großinvestor kaufte die inzwischen fast wertlosen Anteilsscheine auf und versuchte, das Unternehmen zu restrukturieren und wieder wettbewerbsfähig zu machen, mit verhaltenem Erfolg. Heute ist Windhoff zwar noch immer auf den Märkten präsent, allerdings als Teil der Stego Vermögensverwaltung GmbH, deren alleiniger Gesellschafter der Unternehmer und Investor Jürgen Grossmann ist.[51]

Lassen sich aus der Geschichte der Windhoff AG Lehren ziehen? Sicherlich ist sie ein Plädoyer dafür, bewährte Leitungs-, Entscheidungs- und Besitzstrukturen in einem mittelständischen Unternehmen nicht vorschnell über Bord zu werfen und ohne Augenmaß zu verändern, so reizvoll dies angesichts spezifischer Konstellationen auf den Finanzmärkten auch sein mag. Gerade ein solcher Schritt, verbunden mit seiner Demission aus dem Vorstand, wurde für Bernd Windhoff und sein Unternehmen zum Verhängnis. Die Geschichte der Windhoff AG ist aber auch ein Plädoyer dafür, das Vermächtnis vorheriger Generationen und Entscheidungsträger in einem mittelständischen Unternehmen so lange wie eben möglich zu bewahren. Bis zum Jahre 1997 hatten die verschiedenen Windhoff- Unternehmen bewiesen, dass sie wettbewerbsfähig waren, sich an veränderte Marktbedingungen anpassen und wirtschaftliche und politische Krisen meistern konnten. Gerade in dieser Konstellation ist auch ein Vermächtnis und eine Verpflichtung für die Zukunft zu sehen, werden sie bewahrt, so bleibt der Mittelstand das „Herz“ der deutschen Wirtschaft und der entscheidende Träger für Innovationen und Wachstum in unserem Land.

Anmerkungen

1 Zu dieser Einschätzung vgl. etwa Christina Lubinski, Familienunternehmen in Westdeutschland. Corporate Governance und Gesellschafterstruktur seit den 1960er-Jahren, München 2010.

2 Hartmut Berghoff, Familienunternehmen. Stärken und Schwächen einer besonderen Unternehmensverfassung, in: Maria Spitz u. a. (Hg.), Phänomen Familienunternehmen, Mettingen 2016; Arist von Schlippe u. a., Die beiden

Seiten der Unternehmerfamilie. Familienstrategien über Generationen. Auf dem Weg zu einer Theorie der Unternehmerfamilie, Göttingen 2017; Thomas Urban, Die Krisenfestigkeit der Unternehmerfamilie. Haniel, Stumm und der doppelte Strukturwandel, in: Zeitschrift für Unternehmensgeschichte, Vol. 63, 2018, issue 2, S. 185–219. Sowohl beim VW-Konzern als auch bei der thyssenkrupp AG oder bei der Deutschen Bank lässt sich zum Beispiel eine hohe personelle Fluktuation in den Entscheidungsgremien während der letzten Jahre beobachten. Auf die Debatte über die Rekrutierung des Führungspersonals bei Konzernen ist an dieser Stelle nicht näher einzugehen.

3 Zur Entscheidungsfindung in den Führungsgremien von Unternehmen existiert eine kaum noch zu überschauende Literatur, vorwiegend betriebswirtschaftlicher und betriebssoziologischer Herkunft, auf die hier nicht näher einzugehen ist. Vgl. aber Werner Plumpe, Wie entscheiden Unternehmen?, in: Zeitschrift für Unternehmensgeschichte, 61. Jg., Nr. 2/2016, S. 141–159.

4 Vgl. etwa Jörg Lesczenski, Thomas Mayer und Andrea H. Schneider, Vom Bocholter Wattefritzen zum internationalen Automobilzulieferer. Borgers: 150 years – one family, Essen 2016; Roman Mensing und Wilhelm Mensing, Vom Windmühlenflügel zum Turbinenpropeller. Geschichte der Firma Drees & Co. GmbH, Maschinenfabrik und Eisengießerei in Werl 1894–1987, Münster 2013, sowie Ralf Stremmel, Die Familie Selve und ihre Unternehmen (1861–1977). Möglichkeiten und Grenzen einer historischen Analyse von Familienunternehmen, in: Karl-Peter Ellerbrock, Nancy Bodden und Margrit Schulte-Beerbühl (Hg.), Kultur, Strategie und Netzwerke. Familienunternehmen in Westfalen im 19. und 20. Jahrhundert, Dortmund 2014, sowie die hier in einzelnen Aufsätzen angeführte Literatur.

5 So fehlt noch immer eine grundlegende empirische Studie, in der die Frage untersucht wird, wie viele mittelständische Unternehmen gescheitert sind, da die Erbfolge nicht klar geregelt war bzw. zu Streitigkeiten unter den Erbberechtigten führte. Spektakuläre Fälle in der jüngsten Vergangenheit, etwa bei der Gerry Weber AG, zeigen, welche fatale Folgen solche Probleme hervorrufen können.

6 Unter https//de.wikipedia.org findet sich zwar ein knapper Abriss der Unternehmensentwicklung, jedoch kein einziger Literaturhinweis zur Geschichte der Windhoff-Unternehmen.

7 Allgemein zur wirtschaftlichen und politischen Entwicklung in den 1860er und 1870er- Jahren: Rolf Walter, Deutsche Wirtschaftsgeschichte. Vom Merkantilismus bis zur Gegenwart, Köln 1995, S. 102/03, Richard Tilly, Vom Zollverein zum Industriestaat. Die wirtschaftliche Entwicklung Deutschlands 1834 bis 1914, München 1990, S. 79–89; Toni Pierenkemper, Umstrittene Revolutionen. Die Industrialisierung im 19. Jahrhundert, Frankfurt 1996, S. 90–107, sowie zur Gründung des Deutschen Kaiserreiches und den wirtschaftlichen und politischen Folgen: Hans-Ulrich Wehler, Das Deutsche Kaiserreich, Göttingen 1988. Insgesamt wurden im Deutschen Kaiserreich allein in den Jahren 1871 bis 1873 nicht weniger als 928 Aktiengesell-

schaften mit einem Gesamtkapital von 2.79 Milliarden Mark gegründet. Zahlen nach Jacob Riesser, Die deutschen Großbanken und ihre Konzentration, Glashütten am Taunus 1973. (Neudruck der Originalausgabe von 1912, S. 106); Walter, Deutsche Wirtschaftsgeschichte, S. 102/03.

8 Zu den Zukunftserwartungen bei bedeutenden Unternehmen der frühen Industrialisierung siehe etwa für Krupp: Lothar Gall, Krupp. Der Aufstieg eines Industrieimperiums, Berlin 2000, S. 97–133. Für die Gutehoffnungshütte, ein anderes wichtiges Unternehmen der frühen Industrialisierung, siehe Ralf Banken, Die Gutehoffnungshütte. Vom Eisenwerk zum Konzern (1758–1920), in: ders., Johannes Bähr und Thomas Flemming, Die MAN. Eine deutsche Industriegeschichte, München 2008, S. 56–87.

9 Auf die Ursachen und den Verlauf der „Gründerkrise" ist hier nicht detailliert einzugehen. Unstrittig ist, dass es sich um die erste wirkliche große internationale Finanzkrise handelte, mit einer anschließenden mehrjährigen Rezession in allen bereits industrialisierten Ländern. Für Deutschland siehe den „locus classicus": Hans Rosenberg, Große Depression und Bismarckzeit, Frankfurt 1967; sowie Hans-Ulrich Wehler, Deutsche Gesellschaftsgeschichte, Bd. 3, Von der deutschen „Doppelrevolution" bis zum Beginn des Ersten Weltkriegs, München 1995, S. 104–110; Tilly, Zollverein 78–81.

10 Zur Rolle des Eisenbahnbaus als „Motor" der industriellen Entwicklung sowie zur Eisenbahnpolitik in Deutschland siehe Dieter Ziegler, Eisenbahnen und Staat im Zeitalter der Industrialisierung. Die Eisenbahnbaupolitik der deutschen Staaten im Vergleich, Stuttgart 1996.

11 Zum Eisenbahnbau und –betrieb vgl. die Ausführungen bei Ziegler, Eisenbahnen und Staat.

12 Vgl. etwa die Konflikte in den Firmen zur Herstellung von Nähmaschinen und Fahrrädern in Bielefeld: Harald Wixforth, Nähmaschinen – Fahrräder – Werkzeuge. Anmerkungen zur Entwicklung der metallverarbeitenden Industrie als Führungssektor der Bielefelder Wirtschaft, in: Johannes Altenberend und Reinhard Vogelsang (Hg.), Forschen – Verstehen – Vermitteln. Festschrift zum 100. Jahresbericht des Historischen Vereins für die Grafschaft Ravensberg, Bielefeld 2015, S. 277–305.

13 Zu den Schwierigkeiten beim Krupp-Konzern, einen geeigneten Nachfolger für die Leitung in der Familie zu finden, siehe Gall, Krupp, S. 318–341; sowie für die Erbfolgeregelung Ende der 1960er Jahren: Lothar Gall, Von der Entlassung Alfried Krupp von Bohlen und Halbachs bis zur Errichtung seiner Stiftung 1951 bis 1967/68 in: ders. (Hg.), Krupp im 20. Jahrhundert. Die Geschichte des Unternehmens vom Ersten Weltkrieg bis zur Gründung der Stiftung, Berlin 2002, hier vor allem S. 558–565. Zu den gleichen Problemen bei der Gutehoffnungshütte und der Installation von Paul Reusch als neuem Generaldirektor siehe: Banken, Gutehoffnungshütte, S. 117–129; sowie die Studie von Christian Marx, Paul Reusch und die Gutehoffnungshütte. Die Leitung eines deutschen Großunternehmens, Göttingen 2013. Zu den Erbauseinandersetzungen beim Thyssen-Konzern, die dessen Auflösung erheblich beförderten, siehe Simone Derix; Die Thyssens. Familie und

Vermögen, Paderborn 2016, S. 233–312; Harald Wixforth, Vom Stahlkonzern zum Firmenverbund. Die Unternehmen Heinrich Thyssen-Bornemiszas 1926–1932, Paderborn 2019, S. 53–61.

14 Zur Entwicklung der Automobilindustrie bis zur Weltwirtschaftskrise siehe Rainer Flik, Von Ford lernen? Automobilindustrie und Motorisierung in Deutschland bis 1933, Köln 2002.

15 Immer noch die beste und konziseste Darstellung der deutschen Nachkriegsinflation: Carl-Ludwig Holtfrerich, Die deutsche Inflation 1914–1923. Ursachen und Folgen in internationaler Perspektive, Berlin und New York 1980. Eine empirisch fundierte und vergleichende Studie zur Strategiebildung in der deutschen Industrie und im deutschen Bankwesen während der Inflationszeit ist noch immer ein Desiderat der Forschung. Zu konzedieren ist jedoch, dass zu diesem Komplex für einige Großunternehmen und Konzerne Arbeiten vorliegen. Vgl. etwa Gerald D. Feldman, Hugo Stinnes. Biographie eines Industriellen, München 1998; sowie die Ausführungen bei Klaus Tenfelde, Krupp in Krieg und Krisen. Die Unternehmensgeschichte der Fried. Krupp AG 1914 bis 1924/25, in: Lothar Gall (Hg.), Krupp im 20. Jahrhundert. Die Geschichte des Unternehmens vom Ersten Weltkrieg bis zur Gründung der Stiftung, Berlin 2002; Banken, Gutehoffnungshütte, S. 117–129.

16 Die Literatur zur Weltwirtschaftskrise ist inzwischen deutlich angeschwollen, dennoch fehlt nach wie vor eine umfassende und quellengestützte Arbeit zur Banken- und Finanzkrise in Deutschland. Siehe jedoch Johannes Bähr, Die deutsche Bankenkrise 1931, in: ders. und Bernd Rudolph, 1931–Finanzkrisen–2008, München 2011, sowie Harold James, Die mitteleuropäische Bankenkrise von 1931 im Lichte der sich wandelnden Gegenwart, in: Hartmut Berghoff, Jürgen Kocka und Dieter Ziegler (Hg.), Wirtschaft im Zeitalter der Extreme. Beiträge zur Unternehmensgeschichte Deutschlands und Österreichs, München 2010, S. 226–242.

17 Zur Entwicklung der Luftfahrtindustrie und zum Aufbau der Luftrüstung siehe Lutz Budrass, Flugzeugindustrie und Luftrüstung in Deutschland 1918–1945, Düsseldorf 1998, hier vor allem S. 557–575 und S. 654–675.

18 So die Einschätzung Bernd Windhoffs in seiner hier vorliegenden Schilderung seines Lebenswegs. Inzwischen existiert eine Fülle von Studien über das Ausmaß der Zwangsarbeit bei einzelnen Unternehmen oder in einzelnen Branchen, auf die hier nicht näher einzugehen ist. Vgl. als Überblick: Mark Spoerer, Zwangsarbeit unter dem Hakenkreuz, Stuttgart und München 2001.

19 Die Höhe der Demontage in SBZ ist in der Forschung noch umstritten. Inwieweit es aufgrund der Quellenlage möglich ist, eine halbwegs verlässliche Schätzung vorzunehmen, bleibt abzuwarten. Siehe Klaus Jochen Arnold, Demontagen in der Sowjetischen Besatzungszone und in Berlin 1945–1948 Potsdam 2007; sowie allgemein zu diesem Problem: André Steiner, Von Plan zu Plan. Eine Wirtschaftsgeschichte der DDR, Berlin 2007.

20 Zum Ende des NS-Regimes, zum „Zusammenbruch" und zur „Stunde Null" in Deutschland nach der Kapitulation am 8. Mai 1945 liegt inzwischen eine

Fülle von Literatur vor, die häufig essayistisch eingefärbt ist. Hierauf ist nicht näher einzugehen. Vgl. die Zusammenfassung bei Ian Kershaw, Das Ende. Kampf bis in den Untergang in NS-Deutschland 1944/45, München 2011; sowie die Beiträge in Ulrich Herbert und Axel Schildt (Hg.), Kriegsende in Europa. Vom Beginn des deutschen Machtzerfalls bis zur Stabilisierung der Nachkriegsordnung, 1944–1948, Essen 1998; Martin Broszat, Klaus-Dietmar Henke und Hans Woller (Hg.), Von Stalingrad zur Währungsreform. Zur Sozialgeschichte des Umbruchs in Deutschland, München 1988.

21 Inzwischen hat die Forschung für eine Reihe von Unternehmen die Kontinuitätslinien sowohl beim Führungspersonal als auch bei den Besitzverhältnissen und beim Führungsstil herausgearbeitet. Dies relativiert etwas die lange Zeit verbreitete Ansicht, das Kriegsende und die „Stunde Null" seien eine Fundamentalzäsur für die deutsche Gesellschaft gewesen. Siehe zur Debatte um unternehmerische Karrieren vor und nach dem NS-Regime den Beitrag in dem Sammelband von Paul Erker und Toni Pierenkemper (Hg.), Deutsche Unternehmer zwischen Kriegswirtschaft und Wiederaufbau. Studien zur Erfahrungsbildung von Industrie–Eliten, München 1999; die Beiträge in Jörg Osterloh und Harald Wixforth (Hg.), Unternehmer und NS-Verbrechen. Wirtschaftseliten im „Dritten Reich" und in der Bundesrepublik Deutschland, Frankfurt 2014; sowie die Zusammenfassung von Tim Schanetzky, Unternehmer: Profiteure des Unrechts, in: Norbert Frei (Hg.), Karrieren im Zwielicht. Hitlers Eliten nach 1945, Frankfurt 2001, S. 73–124.

22 Auf die Einzelheiten zur Währungsreform ist hier ebenso wenig näher einzugehen wie auf die Debatte, welche Faktoren als Initialzündung für das „Wirtschaftswunder" in den 1950er-Jahren anzusehen sind. Vgl. Christoph Buchheim, Die Errichtung der Bank deutscher Länder und die Währungsreform in Westdeutschland, in: Deutsche Bundesbank (Hg.), Fünfzig Jahre Deutsche Mark. Notenbank und Währung in Deutschland seit 1948, München 1999, vor allem S. 101–124. Monika Dickhaus, Die Bundesbank im westeuropäischen Wiederaufbau. Die internationale Währungspolitik der Bundesrepublik Deutschland von 1948 bis 1958, München 1996.

23 Dazu: Christopher Kopper, Ausgeplündert in Ruinen.

24 Werner Abelshauser, Wirtschaft in Westdeutschland 1945–1948, Stuttgart 1975; ders., Wirtschaftsgeschichte der Bundesrepublik Deutschland, Frankfurt 1982; Christoph Buchheim, Die Wiedereingliederung Westdeutschlands in die Weltwirtschaft 1945–1958, München 1990; Ludger Lindlar, Das missverstandene Wirtschaftswunder, Tübingen 1997; Werner Abelshauser und Christopher Kopper, Ordnungspolitik der sichtbaren Hand, in: Werner Abelshauser (Hg.), Das Bundeswirtschaftsministerium in der Ära der Sozialen Marktwirtschaft (Wirtschaftspolitik in Deutschland, Bd. 4), Berlin 2016, vor allem S. 22–45. Auf den Wiederaufbau und die Entwicklung einzelner Unternehmen nach Kriegsende ist hier nicht weiter einzugehen.

25 Zum Formwandel des Kapitalismus siehe etwa Christoph Deutschmann, Gesellschaftliche Dynamik, Frankfurt 2013; Karoline Krenn, Alle Macht

den Banken? Zur Struktur personaler Netzwerke deutscher Unternehmen am Beginn des 20. Jahrhunderts, Wiesbaden 2012, vor allem S. 23–61; Werner Abelshauser, Umbruch und Persistenz. Das deutsche Produktionsregime in historischer Perspektive, in: Geschichte und Gesellschaft, 27. Jg. 2001, Heft 4, S. 503–523. Vgl. auch einzelne Beiträge in Werner Plumpe und André Steiner, Der Mythos von der postindustriellen Welt. Wirtschaftlicher Strukturwandel in Deutschland 1960–1990, Frankfurt 2016. Zur wirtschaftlichen Entwicklungsdynamik in dieser Zeit siehe Werner Glastetter, Günter Högemann, Ralph Marquardt, Die wirtschaftliche Entwicklung der Bundesrepublik Deutschland 1950–1989, Frankfurt 1991, S. 37–46.

26 Zu den Entscheidungsfindungsprozessen in Unternehmensgremien existiert eine Fülle betriebswirtschaftlicher und betriebssoziologischer Provenienz. Aus unternehmenshistorischer Sicht vgl. die Zusammenfassung bei Plumpe, Wie entscheiden Unternehmen, S. 141–159.

27 Eine Zusammenfassung liefert Fritz Söllner, Die Geschichte des ökonomischen Denkens, Frankfurt 2001. Vgl. auch die Ausführungen bei Lubinski, Familienunternehmen; von Schlippe u. a., Familienstrategien.

28 Siehe David Landes, Die Macht der Familie. Wirtschaftsdynastien in der Weltgeschichte, München und Berlin 2006; sowie Lubinski, Familienunternehmen.

29 Die unternehmenshistorische Forschung hat in den letzten Jahren eine Reihe von Fällen heraus gearbeitet, bei denen ein Vater-Sohn-Konflikt sowie eine unklare Regelung der Erbfolge die Wettbewerbsposition eines Konzerns deutlich belasteten. Siehe etwa zum angespannten Verhältnis zwischen Hugo Stinnes und seinen beiden Söhnen Hugo jr. und Edmund, Feldman, Stinnes. Zum Verhältnis August Thyssens zu seinen Kindern siehe Jörg Lesczenski, August Thyssen. Lebenswelt eines Wirtschaftsbürgers, Essen 2008. Zum problematischen Verhältnis zwischen Friedrich Flick und seinem Sohn Otto Ernst siehe Kim Christian Priemel, Flick. Eine Konzerngeschichte vom Kaiserreich bis in die Bundesrepublik, Göttingen 2007. Bernd Windhoff selber verweist in der hier vorliegenden Studie auf dieses Problem und hält es für ein großes Hindernis, eine möglichst „geräuschlose“ Erbfolge und „Staffelübergabe“ in einem Unternehmen zu erreichen.

30 Vgl. Lubinski, Familienunternehmen; von Schlippe u. a., Familienstrategien.

31 So Bernd Windhoff in der hier vorliegenden Studie. Zum Konjunkturverlauf in den 1960er-Jahren siehe Glastetter u. a., Wirtschaftliche Entwicklung, S. 37–46. Vgl. auch Abelshauser und Kopper, Ordnungspolitik der sichtbaren Hand, S. 35–45.

32 Zum Konjunkturverlauf in den 1970er-Jahren siehe Glastetter u. a., Wirtschaftliche Entwicklung, S. 37–46. Vgl. auch Burkhard Lutz, Die Singularität der europäischen Prosperität nach dem Zweiten Weltkrieg, in: Hartmut Kaelble (Hg.), Der Boom 1948–1973. Gesellschaftliche und wirtschaftliche Folgen in der Bundesrepublik Deutschland und Europa, Opladen 1992, S. 35–64; Harm G. Schröter, Außenwirtschaft im Boom. Direktinvestitio-

nen bundesdeutscher Unternehmen im Ausland 1950–1973, in: ebd., S. 82–106.

33 Burkhard Lutz, Der kurze Traum immerwährender Prosperität, Frankfurt am Main 1984; ders., Singularität der europäischen Prosperität, S. 35–61; Karl Dietrich Bracher, Wolfgang Jäger. Werner Link, Republik im Wandel 1969–1974. Die Ära Brandt, Stuttgart und Wiesbaden 1986 (Geschichte der Bundesrepublik, Bd. 5); Arnulf Baring, Machtwechsel. Die Ära Brandt-Scheel, Stuttgart 1982; Werner Abelshauser, Nach dem Wirtschaftswunder. Der Gewerkschafter, Politiker und Unternehmer Hans Matthöfer, Bonn 2009, vor allem S. 320–334. Zentral zum Ausbruch und zu den Hintergründen der Ölkrise: Jens Hohensee, Der erste Ölpreisschock 1973/74, Stuttgart 1996.

34 Vgl. Hohensee, Ölpreisschock, vor allem S. 53–75. Zur Entwicklung der makroökonomischen Kennziffern siehe Glastetter u. a., Wirtschaftliche Entwicklung, S. 37–46.

35 Dazu programmatisch Ludwig Erhard, Wohlstand für alle, Düsseldorf 1957. Zur Auseinandersetzung dazu siehe vor allem Herbert Giersch, Karl-Heinz Paqué und Holger Schmieding, The Fading Miracle. Four Decades of Market Economy in Germany, Cambridge 1992; Werner Plumpe, Industrieland Deutschland 1945–2008, in: Hans-Peter Schwarz, (Hg.), Die Bundesrepublik Deutschland. Eine Bilanz nach 60 Jahren, Köln 2008, S. 379–404.

36 Vgl. Lutz, Traum; Manfred Görtemaker, Geschichte der Bundesrepublik Deutschland, München 1999, vor allem S. 563–595; Tim Schanetzky, Die große Ernüchterung. Wirtschaftspolitik, Expertise und Gesellschaft in der Bundesrepublik 1966–1982, Berlin 2007.

37 Görtemaker, Bundesrepublik Deutschland, S. 588–592; Schanetzky, Ernüchterung, S. 121–146; Karsten Rudolph, Wirtschaftsdiplomatie im Kalten Krieg. Die Ostpolitik der westdeutschen Großindustrie 1945–1991, Frankfurt am Main und New York 2004, S. 311–339; Helga Haftendorn, Sicherheit und Stabilität, Die Außenbeziehungen der Bundesrepublik zwischen Ölkrise und Nato-Doppelbeschluß, München 1986, S. 11–15.

38 Zahlen nach Giersch u. a., Fading Miracle S. 13–15; Glastetter u. a., Wirtschaftliche Entwicklung, S. 32–35.

39 Die Liste der Unternehmen, die in dieser Zeit ihren Geschäftsbetrieb aufgeben und sogar ihre Zahlungen einstellen mussten, ist lang. Neben einigen renommierten Bankhäusern wie die Herstatt-Bank in Köln und das Bankhaus Schröder, Münchmeyer, Hengst & Co. in Hamburg, umfasst sie klangvolle Namen wie die AEG, die A. G. „Weser", BuM Beton- und Monierbau, Rollei, die Anker-Werke oder die van Delden-Gruppe. Gerade die Textilindustrie durchlief eine tiefgreifende Strukturkrise, von der sie sich nicht mehr erholen konnte und ihre internationale Wettbewerbsfähigkeit einbüßte.

40 Zur Lage auf dem deutschen Kapitalmarkt in dieser Zeit siehe: Deutsche Bundesbank (Hg.), Deutsches Geld – und Bankwesen in Zahlen 1876–1975, Frankfurt a. M. 1976, S. 279, Tabelle 2.02, Die Entwicklung ausgewählter Zinsen und Renditen 1949–1974.

41 Die Klagen und die Kritik an der unzureichenden Eigenkapitaldecke mittelständischer Unternehmen reichen bis in die Weimarer Republik zurück und halten bis heute an. Siehe etwa Paul Thomes, Industriekredit und Kapitalmarktfinanzierung in den Westzonen und der Bundesrepublik Deutschland 1945–1990; Bernd Rudolph, Strukturwandel und Industriefinanzierung seit den 1990er-Jahren, Ursachen und Folgen, beides in: Institut für bankhistorische Forschung e. V. (Hg.), Bankkredit oder Kapitalmarkt: Alternativen zur Industriefinanzierung in Deutschland, Bankhistorisches Archiv, Beiheft 40, Stuttgart 2002.

42 So die Einschätzung Bernd Windhoffs in der hier vorliegenden Studie.

43 So der amtierende Bundeskanzler Helmut Kohl in seiner Regierungserklärung vom 1. Juli 1990 anlässlich der Verabschiedung der Wirtschafts-, Währungs- und Sozialunion zwischen der Bundesrepublik Deutschland und der Deutschen Demokratischen Republik.

44 An dieser Stelle ist nicht die Debatte über Kosten und Nutzen der Wiedervereinigung zu führen. Gerade Autoren aus der alten Bundesrepublik betonen bis heute immer wieder die enormen Kosten für die gesamte Wirtschaft und sprechen von der Wiedervereinigung sogar als „Supergau". Vgl. etwa Uwe Müller, Supergau Deutsche Einheit, Berlin 2005; Gabor Steingart, Deutschland – der Abstieg eines Superstars, München 2004.

45 Vgl. Rudolph, Strukturwandel und Industriefinanzierung, S. 55–69; Hartmut Schmidt, Die Entstehung der Deutschen Terminbörse 1988 und der Deutschen Börse AG 1992, in: Dieter Lindenlaub, Carsten Burhop und Joachim Scholtyseck (Hg.), Schlüsselereignisse der deutschen Bankengeschichte, Stuttgart 2014, S. 414–440.

46 Dem Konsortium gehörten an: die Deutsche Bank, die Dresdner Bank, die Commerzbank und die West LB

47 Zur Entwicklung des Bankhauses Trinkaus & Burkhardt und zu seinem Geschäftsmodell siehe HSBC Trinkaus (Hg.), Den Werten verpflichtet. 225 Jahre HSBC Trinkaus, Düsseldorf 2010, vor allem S. 196–250.

48 So die Einschätzung Bernd Windhoffs in der hier vorliegenden Studie.

49 Dafür spielten zudem private Gründe eine Rolle, Windhoff wollte mehr Zeit mit seiner zweiten Ehefrau verbringen, vorzugsweise in seinem Anwesen in Florida.

50 Zur Krise am „Neuen Markt" siehe: „Aufstieg und Fall des Neuen Markts", in: onpulson, das Business Magazine für den Mittelstand vom 1. August 2009.

51 Die noch an der Börse gehandelten Anteilsscheine sind praktisch wertlos. Die Finanzpresse charakterisiert sie als „penny stocks" und „Zombie-Aktien".

Burkhard Spinnen

Der Unternehmer als Holzschnitt

Sonntagabend, zwischen 20.30 Uhr und 20.45 Uhr. Die Fernsehnation hat sich am und im „Tatort“ versammelt. Die Leiche ist bereits gefunden, draußen am Kanal, der Gerichtsmediziner hat die Kommissare schon mit den üblichen Worten vertröstet; da führt eine erste Spur in ein mittelständisches Unternehmen und zu seinen Besitzern. Die Kommissare bahnen sich ihren Weg am Zerberus der Chefsekretärin vorbei und befragen einen Vorstand. Oder sie suchen den Mann (neuerdings auch: die Frau) zu Hause auf, in einem schicken Domizil am Stadtrand, mit dem ein ambitionierter Architekt sich ein eindrucksvolles Denkmal gesetzt hat.

Und jetzt kann die Fernsehnation sich sicher sein: Unternehmen und Chef oder Chefin haben Dreck am Stecken! Die Firma führt unerlaubte Testreihen durch oder bringt Medikamente mit gefährlichen Nebenwirkungen auf den Markt. Der Hersteller von Maschinenteilen liefert unerlaubterweise Komponenten für Langstreckenraketen in Schurkenstaaten. Das Speditionsunternehmen beteiligt sich an Menschen- und Drogenschmuggel, die Baufirma beschäftigt Sklavenarbeiter und pfuscht am Bau und so weiter und so weiter. Und hat sich das Unternehmen einmal gar nichts zu Schulden kommen lassen, so steht es mit einiger Sicherheit knapp vor der Pleite.

Oder werden wir doch gleich persönlich: Der Unternehmer ist ein skrupelloser Tyrann, der seine Angestellten hemmungslos ausbeutet und seine Familie mit seinem aufgeblähten Ego quält. Seine permanent von ihm betrogene Ehefrau betreibt als Alibi eine Galerie, hat ein Alkoholproblem und ein Problem mit dem jungen Künstler, der nicht länger ihr Liebhaber sein will. (Auch hier werden die Geschlechter gelegentlich, aber eher selten vertauscht.) Die jüngeren Kinder des Unternehmers werden vernachlässigt, die erwachsenen gehen an Minderwertigkeitsgefühlen und Vaterkomplexen zu Grunde, es sei denn, sie planen gerade einen gewaltsamen Coup zur Entmachtung des Patrons.

Nun gut. Wir befinden uns in einer Kriminalgeschichte, und die könnte nicht funktionieren, wenn alle Beteiligten ehrenwerte, hochmoralische und gesetzestreue Leute wären. Draußen am Kanal liegt nun mal eine Leiche, und der Krimi kann nur funktionieren, wenn man rund um diese Leiche herum lauter Leute mit Charakterschwächen und Gewaltbereitschaft arrangiert, sodass 89 Minuten lang unklar bleiben kann, wer von ihnen der Mörder ist. Für seriöse Unternehmen und ihre Leiter, so könnte man sagen, ist in diesem Format einfach kein Platz. Sorry.

Da ist natürlich etwas dran. Krimi ist Krimi. Aber die Dauerpräsenz solch immer gleicher Holzschnitte von Ökonomie und Unternehmertum müsste doch eigentlich befremden. Zumindest ein bisschen. Denn immerhin leben wir in einer Gesellschaft, die mittlerweile ganz und gar aufs Ökonomische gegründet ist. Die Konkurrenz der großen politischen Systeme wurde mit dem Mauerfall 1989 quasi offiziell beendet; und seitdem scheint es keinen diskussionswürdigen Gegenentwurf gegen den Kapitalismus mehr zu geben. Wer im 21. Jahrhundert geboren wird, muss annehmen, dass das hierzulande praktizierte Wirtschaftssystem unmittelbar der Natur des Menschen entspringt, also gewissermaßen eine anthropologische Konstante ist.

Sollte das nicht eigentlich dazu führen, dass das Bild der Wirtschaftsmenschen in der Öffentlichkeit und in den populären medialen Formaten a) wesentlich differenzierter und b) wesentlich positiver sein müsste? Um nur ein Gegenbeispiel zu nennen: In den Fernsehproduktionen der untergegangenen DDR wurde nun wirklich keine Dauerkritik an den politischen Funktionären des sozialistischen Staates geübt. Dagegen stürzen sich die populären Formate unserer unter der Flagge von Markt und Kapital wiedervereinigten Republik mehrmals täglich wie die Racheengel auf ihre Träger und Repräsentanten, eben auf die Leute aus Wirtschaft und Industrie.

Wie erkläre ich mir das?

Vielleicht mit Opportunismus? Immerhin gehört die Mehrzahl der Bevölkerung nicht zur Gruppe der selbstständigen Unternehmer. Womöglich also ist die allabendliche Hinrichtung eines Mittelständlers eine Art fishing for compliments der Drehbuchschreiber und Produzenten? Konkret gesagt: Geht es darum, Quote zu machen? Und das ausgerechnet durch die permanente Hinrichtung von Leuten, die an der heiligen Zahl unserer Gesellschaft arbeiten, nämlich an der Steigerungsquote des Bruttosozialproduktes? Sollte das der Fall sein, so müssten wir das Erscheinen der bösen Unternehmer im Tatort als eine moderne Folklore betrachten, als ein Brauchtum, das nicht nach seinem Sinn fragt, sondern diesen Sinn in der permanenten Wiederholung seiner selbst findet. Der böse Unternehmer im Krimi wäre dann so etwas wie der böse Geist einer alten Religion, dem man in der neuen Religion noch ein paar kleine Aufgaben überlassen hat, damit die Leute nicht fremdeln. Konkret gesagt: Der böse Unternehmer und sein böses Unternehmen wären dann eine folkloristische Hinterlassenschaft aus den Zeiten eines Klassenkampfes, in denen Gut und Böse, Unten und Oben noch so viel eindeutiger zu bestimmen schienen als in unserer heillos unübersichtlichen Gegenwart.

Oder gibt es noch einen anderen Grund? Ich vermute manchmal, dass die zuständigen Produzenten, Drehbuchschreiber und Regisseure beiderlei Geschlechts ganz einfach nicht genug über den lebensweltlichen Hintergrund der Figuren wissen, die sie zu Holzschnitten vergröbert in ihre Formate einbauen. Und mit demselben Unwissen rechnen sie, womöglich ganz zurecht, bei ihren Adressaten. Tatsächlich ist Wirtschaft – wie soll ich sagen? – schwierig. Sie hat mit Zahlen zu tun, und es gehört zum Habitus von Künstlern und Kreativen, Mathe und BWL grässlich zu finden. Außerdem hat Wirtschaft oft genug mit Technik zu tun; und technische Vorgänge sind schwerer zu verstehen als, sagen wir, die Psychologie eines drogenabhängigen Kleinkriminellen, die seelischen Verwerfungen eines Sexualstraftäters, die Nöte eines überschuldeten Familienvaters oder die inneren Kämpfe eines gezwungenermaßen im Zölibat lebenden Priesters, um nur ein paar populäre Beispiele zu nennen.

Das klingt vielleicht sarkastisch, ist aber immerhin, zumindest in meinem Fall, mit Erfahrung gesättigt. 1996 begegnete ich einem mittelständischen Unternehmer aus Schwaben, der mich ermunterte, seine Biografie zu schreiben, die schließlich 2003 unter dem Titel „Der schwarze Grat“ erschien. Das Buch entstand ähnlich wie die Autobiografie von Bernd Windhoff, indem ich viele Stunden lang die Tonbandaufzeichnungen unserer Gespräche abhörte und in einen Text zu verwandeln versuchte, der auch für Menschen außerhalb der Wirtschaft verständlich sein sollte. Damals lernte ich, dass man dergleichen nicht tun kann, ohne sich ein paar Fachkenntnisse anzueignen und ohne sich einigermaßen tief in die individuelle Psychologie und in die Typologie des Unternehmers (oder der Unternehmerin) hineinzudenken.

Psychologie und Typologie, Individuelles und Allgemeines. Sie bedingen einander auf vielfältige Weise und kreieren eine Vielzahl von Einzelfällen, die ganz verschieden und zugleich einander ähnlich sind. Nehmen wir nur den Fall des Familienunternehmers, dem Vermögen und Rolle mit der Geburt zufallen. Wer nicht als Sohn oder Tochter einer Firma großgeworden ist, und das sind die meisten von uns, dem wird es nicht leicht fallen, die Biografie eines Familienunternehmers als ein komplexes Ineinander von Individualität und Rollenerwartung nachzuvollziehen. Wer nicht mit der Prägung durch das anstehende Erbe groß geworden ist, nicht die Kontrolle einer bestimmten, eng umgrenzten sozialen Gruppe erfahren hat, der muss sich in eine solche Sozialisation erst umständlich hineindenken. Ich bin mir ziemlich sicher, dass die wenigsten Produzenten zeitgenössischer Formate, seien es künstlerisch ambitionierte, seien es populäre und quotenorientierte, von Hause aus wissen, was es bedeutet, mehr oder weniger freiwillig ein Firmenerbe anzutreten. Und ich bin mir sicher, die wenigsten Künstler leben in einer intimen Peergroup, in der es vor allem Firmenerben gibt und daneben ein paar Topmanager, die sich aus einem kleinbürgerlichen Elternhaus nach oben gearbeitet haben.

Nein, eher ist es so, dass Schriftsteller, Drehbuchautoren und Regisseure schon einen großen Bewusstseinsabstand zu den Menschen aus der Wirtschaft aufgebaut haben, bevor sie erstmals daran gehen, solche Figuren selbst zu entwerfen. Kein Wunder also, dass es dann zu Holzschnitten und Klischees kommt. Und kein Wunder, dass die allermeisten Rezipienten sich mit solcher Grobware zufrieden geben.

Ich bitte, mich nicht misszuverstehen. Das hier ist kein Plädoyer zur Ehrenrettung des deutschen Unternehmertums. Das wäre auch völlig unnötig. Nach meiner festen Überzeugung leben wir in der Bundesrepublik Deutschland nicht in einem Schurkenstaat oder einer Bananenrepublik. Natürlich gibt es, wo immer Menschen zusammenleben, Neid, Gier und Machtmissbrauch. Unternehmer und Unternehmen sind davor so wenig gefeit wie alle anderen auch; erschwerend kommt bei ihnen noch hinzu, dass ihre Fehler und ihre Missetaten immer das Potenzial haben, besonders viele Opfer zu zeitigen. Der Dieselskandal bei VW ist dafür ein trauriges Beispiel. Doch andererseits leben wir in einem der nicht so vielen Staaten auf dieser Welt, in denen der ökonomische Alltag nicht von Korruption, Ausbeutung und Übervorteilung bestimmt ist. Ich will nicht zu euphorisch sein; aber wenn überall auf der Welt so gewirtschaftet würde wie in der Bundesrepublik Deutschland, wäre die Welt zumindest ein Ort mit einer positiven Zukunftsperspektive.

Also kein Plädoyer für den deutschen Mittelstand, denn das ist nicht nötig. Sinnvoll aber wäre es, im zeitgenössischen Bewusstsein das Bild der Wirtschaft im Allgemeinen und das des Unternehmers im Besonderen aus seiner Verhaftung im Holzschnitt zu befreien. Wenn nicht mehr die Politik unser Schicksal ist, wie es Napoleon einmal verkündete, sondern die Ökonomie, dann sollte dafür gesorgt sein, dass möglichst viele Menschen möglichst viel davon verstehen. Der Umstand, dass demnächst das Fach Wirtschaft an den Schulen eingeführt wird, zeugt davon, dass man mittlerweile auch in der Politik so denkt.

Ebenso sinnvoll wie interessant wäre es meiner Meinung nach, das Bild der Wirtschaft und des Unternehmers in den höchst einflussreichen Popularmedien und ebenso in der Literatur differenzierter und lebensnäher zu gestalten. Noch immer wissen wir über Könige allgemein besser Bescheid als über Kanzler und über Kanzler besser als über Vorstandsvorsitzende. Dem abzuhelfen, könnte man den Betreffenden zuhören, wenn sie selbst ihr Leben in der Ökonomie schildern. Damit meine ich natürlich nicht die gängigen Biografien von Unternehmern und Managern, die sich und ihren Erfolgen ein schriftliches Denkmal setzen wollen. Aus solchen Büchern ist nach meiner Erfahrung viel Spektakuläres aus der Welt der Ökonomie zu erfahren. Aber ich finde es fraglich, ob man aus ihnen auf den Zustand der Gesamtwirtschaft schließen kann. Der Eisberg ist unterhalb der Meeresoberfläche viel größer, und er ist dort auch ganz anders. Wesentlich interessanter erscheinen mir Projekte, die Einblicke in den Alltag der Ökonomie und in das Leben der dort Agierenden geben. Ich wünsche mir sehr, dass die hier vorliegende Biografie von Bernd Windhoff dazu einen Beitrag wird leisten können.

Autorinnen und Autoren

Bernd Windhoff, geb. 1939 in Berlin als Spross der Unternehmerdynastie Windhoff. Kindheit und Jugend in Rheine, nach dem Abitur Studium der Betriebswirtschaftslehre in Berlin, Köln und Basel. Assistentenzeit in Gießen und Promotion mit einer Arbeit zum Vergleich von Planwirtschaft und sozialer Marktwirtschaft. 1970 Eintritt ins Familienunternehmen in Rheine als Assistent des Vorstands. Von 1975 bis 1997 Mitglied des Vorstandes. Organisierte unter anderem eine Ausweitung der Produktpalette und den Börsengang. 1997 Ausscheiden aus dem Unternehmen und Verkauf der Anteile. Zeit seines Lebens leidenschaftlicher und erfolgreicher Tennisspieler. Für sein ehrenamtliches und mäzenatisches Engagement in seiner Heimatstadt Rheine erhielt er 2009 das Bundesverdienstkreuz.

Sabine Kittel, Dr. phil., geb. 1960, Soziologin mit Forschungsschwerpunkten in der Holocaustforschung, Aufarbeitung der Vergangenheit, Erinnerungskultur und in der Biografieforschung. Nach Stationen an der Newcastle Universität in England und an der WWU Münster ist sie heute als Wissenschaftliche Mitarbeiterin am Institut für Stadtgeschichte Gelsenkirchen und stellvertretende Institutsleiterin tätig.

Harald Wixforth, Dr. phil., geb. 1959, nach der Promotion 1991 Geschäftsführer des SFB 177 „Neuzeitliches Bürgertum“. Ab 1995 Mitarbeiter in zahlreichen großen Forschungsprojekten, unter anderem „Due Dresdner Bank im Dritten Reich“ und „Thyssen im 20. Jahrhundert.“ Ab 2008 Lehrbeauftragter an der Universität Bremen, ab 2015 Senior Expert und Research Fellow am Deutschen Schifffahrtsmuseum Bremerhaven.

Zahlreiche Veröffentlichungen zur Banken- und Finanzgeschichte, etwa Banken und Schwerindustrie in der Weimarer Republik (Köln 1995), zur modernen Unternehmensgeschichte, etwa Vom Stahlkonzern zum Firmenverbund – Die Unternehmen Heinrich Thyssen-Bornemizsas 1926–1932, Paderborn 2019, und zur Geschichte der maritimen Wirtschaft. Geschäftsführer der Gesellschaft für mitteleuropäische Banken- und Sparkassengeschichte, sowie Mitglied in zahlreichen wissenschaftlichen Vereinen.

Burkhard Spinnen, geb. 1956 in Mönchengladbach. Studium der Germanistik, Publizistik und Soziologie; 1989 Promotion über Kurze Prosa. 1989–1995 wissenschaftlicher Assistent am Germanistischen Institut der Universität Münster, seitdem freier Schriftsteller. Mitglied des deutschen PEN und der Akademie der Wissenschaften und Künste NRW. Verheiratet, zwei Söhne.

Seit 1990 ca. 30 Buchveröffentlichungen: Romane, Erzählungen, Kurze Prosa, Biographien, Kinderliteratur und Essays. Vielfach ausgezeichnet, unter anderem mit dem Aspekte-Literaturpreis des ZDF, dem Kranichsteiner Literaturpreis, dem Literaturpreis der Konrad-Adenauer Stiftung, dem Kinder- und Jugendbuchpreis der Stadt Oldenburg, dem Caroline Schlegel-Schelling Preis für Essayistik, dem Medienpreis der Herbert-Quandt-Stiftung und dem Deutschen Hörbuchpreis.

Vortragsreihe / Kleine Schriften
herausgegeben von der Gesellschaft
für Westfälische Wirtschaftsgeschichte e. V.

Band 1: Walter Herrmann: Entwicklungslinien montanindustrieller Unternehmungen im rheinisch-westfälischen Industriegebiet, 1954, 34 S., ISBN 978-3-87023-001-2

Band 2: Heinrich Bechtel: Der Wirtschaftsstil des deutschen Unternehmers in der Vergangenheit, 1955, 28 S., ISBN 978-3-87023-002-9

Band 3: Ludwig Beutin: Die Praxis und die Wirtschaftsgeschichte, 1955, 14 S., ISBN 978-3-87023-003-6

Band 4: Bruno Kuske: Grundlinien westfälischer Wirtschaftsgeschichte, 1955, 25 S., ISBN 978-3-87023-004-3

Band 5: Ernst H. Schulz: Die Stahlqualität als Faktor in der Entwicklung der westfälischen Eisenindustrie, 1957, 16 S., ISBN 978-3-87023-005-0

Band 6: Helmut Richtering: Firmen- und Wirtschaftsgeschichtliche Quellen in Staatsarchiven, 1957, 36 S., ISBN 3-87023-006-1

Band 7: Wolfgang Kohte: Westfalen und der Emsmündungsraum, 1960, 59 S:, ISBN 3-87023-007-X

Band 15: Richard H. Tilly: Die Industrialisierung des Ruhrgebiets und das Problem der Kapitalmobilisierung, 1969, 19 S., ISBN 978-3-87023-009-8

Band 16:Wolfgang Zorn: Das Unternehmerporträt – ein Stück Sozialgeschichte, 1970, 35 S., ISBN 978-3-87023-010-4

Band 17: Jacob van Klaveren: Die Industrielle Revolution und das Eindringen des Fabrikanten in den Handel, 1972, 24 S., ISBN 978-3-87023-011-1

Band 18: Rolf Sprandel: Die Betriebsformen der Eisenproduktion in Westdeutschland in vorindustrieller Zeit; Albrecht Timm: Bergbau und Wissenschaft – ihre wechselseitige Beeinflussung zwischen dem 16. und 19. Jahrhundert, Dezember 1974, 32 S., ISBN 978-3-87023-024-1

Band 19: Paulinyi, Ákos: Industriearchäologie. Neue Aspekte der Wirtschafts- und Technikgeschichte, 1975, 32 S., ISBN 3-921467-12-1

Band 20: Karl H. Kaufhold: Das Metallgewerbe der Grafschaft Mark im 18. und frühen 19. Jahrhundert, 1976, 104 S., ISBN 978-3-87023-012-8

Band 21: Dietmar Petzina: Krisen gestern und heute. Die Rezession von 1974/75 und die Erfahrungen der Weltwirtschaftskrise, 1977, 35 S., ISBN 978-3-87023-013-5

Band 23: Werner Conze: Der Strukturwandel der Familie im industriellen Modernisierungsprozeß – Historische Begründung einer aktuellen Frage, 1978, 30 S., ISBN 3-87023-014-2

Band 24: Hans-Jürgen Teuteberg: Westfälische Textilunternehmer in der Industrialisierung. Sozialer Status und betriebliches Verhalten im 19. Jahrhundert, 1980, 93 S., ISBN 978-3-87023-015-9

Band 25: Friedrich W. Henning: Vorindustrielles Gewerbe und wirtschaftlicher Wandel im Paderborner Land im 19. Jahrhundert; Sidney Pollard: Region und Industrialisierung im Vergleich – Minden-Ravensberg und die englischen Industriegebiete, 1983, 67 S., ISBN 978-3-87023-016-6
Band 26: Harald Winkel: Der Glaube an die Beherrschbarkeit von Wirtschaftskrisen (1933–1970). Lehren aus der Weltwirtschaftskrise, 1984, 40 S., ISBN 978-3-87023-017-3
Band 27: Wilhelm Treue: Eisenbahnen und Industrialisierung. Ein Beitrag zur preußischen Wirtschafts- und Technikgeschichte im 19. Jahrhundert, 1987, 34 S., ISBN 978-3-925227-26-4
Band 28: Friedrich W. Henning: Soziale Struktur und soziale Verhältnisse vom 15. bis zum 20. Jahrhundert im Hilchenbacher Raum, 1988, 48 S., ISBN 978-3-87023-018-0
Band 29: Eckart Schremmer: Über „stabiles Geld". Eine wirtschaftshistorische Sicht, 1992, 64 S., ISBN 978-3-87023-019-7
Band 30: Ottfried Dascher, Gabriele Unverferth (Hg.): Vorträge zur Sparkassengeschichte. Wissenschaftliches Kolloquium der Stiftung Westfälisches Wirtschaftsarchiv und der Stadtsparkasse Dortmund am 26. Februar 1992, 1994, 80 S., ISBN 978-3-87023-020-3
Band 31: Tanja Bessler-Worbs, Karl-Peter Ellerbrock: Industriepioniere, Wirtschaftsbürger und Manager. Historische Unternehmerpersönlichkeiten aus dem Märkischen Südwestfalen, Dortmund/Münster 2007, 176 S., ISBN 978-3-87023-288-7
Band 32:Wilfried Reininghaus (Hg.): Ein westfälischer Kaufmann in Amerika 1783/84. Johann Heinrich Basses Bericht über seinen Konkurs in Philadelphia, Dortmund/Münster 2004, 128 S., ISBN 978-3-87023-253-5
Band 33: Karl-Peter Ellerbrock (Hg.): Erster Weltkrieg, Bürgerkrieg und Ruhrbesetzung. Dortmund und das Ruhrgebiet 1914/18–1924, Dortmund/Münster 2010, 200 S., ISBN 978-3-87023-289-4
Band 34: Karl-Peter Ellerbrock (Hg.): Zur Geschichte der westfälischen Brauwirtschaft im 19. und 20. Jahrhundert, Münster 2012, 264 S., ISBN 978-3-87023-290-0
Band 35: Wilhelm Mensing, Roman Mensing: Vom Windmühlenflügel zum Turbinenpropeller. Geschichte der Firma Drees & Co GmbH Maschinenfabrik und Eisengießerei in Werl 1894–1987, Münster 2013, 304 S., ISBN 978-3-87023-291-7

Bd. 1–16 und Bd. 19–29 der Untersuchungen zur Wirtschafts-, Sozial- und Technikgeschichte sowie sämtliche Titel der Vortragsreihe und der Kleinen Schriften der GWWG sind zu beziehen über den Ardey-Verlag, An den Speichern 6, 48157 Münster. Weitere Angaben zu den Titeln finden Sie auf unserer Internetseite www.ardey-verlag.de.